A OBRA DE ARTE VIVA
E OUTROS TEXTOS

ADOLPHE APPIA

A OBRA DE ARTE VIVA E OUTROS TEXTOS

SELEÇÃO E TRADUÇÃO
J. GUINSBURG

 PERSPECTIVA

Coordenação de texto: Luiz Henrique Soares e Elen Durando
Preparação de texto: Adriano C.A. e Sousa
Revisão: Marcio Honorio de Godoy
Capa e projeto gráfico: Sergio Kon
Produção: Ricardo W. Neves e Sergio Kon

cip-Brasil. Catalogação na Publicação
Sindicato Nacional dos Editores de Livros, rj

A6570
Appia, Adolphe, 1862-1928
  A obra de arte viva e outros textos / Adolphe Appia ; seleção e tradução J. Guinsburg ; apresentação Cibele Forjaz Simões. - 1. ed. - São Paulo : Perspectiva , 2022.
  240 p. ; 23 cm.

  isbn 978-65-5505-116-2
  1. Teatro suíço. 2. Representação teatral. 3. Teatro - Produção e direção. I. Guinsburg, J. II. Forjaz, Cibele. III. Título.

22-79396   CDD: 792
                          CDU: 792

Meri Gleice Rodrigues de Souza - Bibliotecária - crb-7/6439
12/08/2022   16/08/2022

1ª edição.

Direitos reservados à

EDITORA PERSPECTIVA LTDA

alameda Santos, 1909, cj. 22
01419-100 São Paulo sp Brasil
tel.: (11) 3885-8388
www.editoraperspectiva.com.br

2022

Sumário

	NOTA DA EDIÇÃO	6
	PREFÁCIO Adolphe Appia por J. Guinsburg [Cibele Forjaz Simões]	7
1	Notas Sobre o Teatro	19
2	A Música e o Cenário	31
3	A Ginástica Rítmica e o Teatro	35
4	A Ginástica Rítmica e a Luz	45
5	Estilo e Solidariedade	49
6	A Origem e os Primórdios da Ginástica Rítmica	53
7	A Obra de Arte Viva	61
8	A Encenação Como Meio de Expressão	129
9	A Encenação do Drama Wagneriano	211

NOTA DA EDIÇÃO

A presente seleção dos textos de Adolphe Appia traz completos *A Encenação do Drama Wagneriano* (La Mise en scéne du théatre Wagnerien, 1895) e *A Obra de Arte Viva* (L'Ouvre d'art vivant. 1921), bem como a primeira parte de *A Música e a Representação* (Die Musik um die Inscenierung /La Musique et la mise em scène, 1899) – "A Encenação Como Meio de Expressão" (La Mise em scène comme moyen d'expression). A isso aduziu-se os ensaios "Notas Sobre o Teatro" (Notes sur le théâtre), "Estilo e Solidariedade" (Style et solidarieté), "A Música e o Cenário" (La Musique et le décor), "A Origem e os Primórdios da Ginástica Rítmica" (L'Origine et les débuts de la gymnastique rythmique), "A Ginástica Rítmica e a Luz" (La Gymnastique rythmique et la lumière), "A Ginástica Rítmica e o Teatro" (La Gymnastique rythmique et le théâtre). Todas as traduções têm por base o texto francês, mesmo quando os originais foram publicados originalmente em alemão.

Foi em uma das conversas entre Jacó Guinsburg e Almir Ribeiro na sede da editora Perspectiva sobre a importância da luz e do movimento no teatro que nasceu a ideia de se traduzir os textos de Adolphe Appia. As circunstâncias impediram que essa colaboração ocorresse como eles haviam pensado e Guinsburg acabou por assumir integralmente o trabalho de seleção e tradução. Fica aqui nosso registro e reconhecimento.

PREFÁCIO
Adolphe Appia por J. Guinsburg

Cibele Forjaz Simões[1]

Estamos aqui para apresentar e, principalmente, comemorar um encontro único de dois grandes homens do teatro que se esbarram e se atravessam neste livro: Adolphe Appia, que revolucionou as artes cênicas no início do século XX e, por consequência, tudo o que veio depois nessa área, com seus textos questionadores sobre os fundamentos do teatro e da ópera, que reconfiguraram a arte do espetáculo e, principalmente, as partes que constituem a encenação moderna e suas relações; e Jacó Guinsburg, autor, tradutor, editor e pensador brilhante, que fez a teoria estética no Brasil dar saltos quantitativos e qualitativos, além de ser um professor e mestre inesquecível, que dedicou sua vida a formar e desenformar as mentes de intelectuais e artistas de gerações e gerações, do Brasil para o mundo.

Essas duas obras se interpenetram aqui, nesta publicação para lá de especial por ser o último trabalho de tradução de Jacó Guinsburg. A edição comemora o centenário do nascimento de Jacó e, ainda sim, nosso amado mestre continua a nos surpreender com sua genialidade ao revelar, de forma precisa, o pensamento intricado de Adolphe Appia.

APPIA E SEUS ESCRITOS SOBRE ENCENAÇÃO

Encenador, cenógrafo, iluminador, desenhista, pesquisador de estética teatral e escritor, Adolphe Appia foi um dos artistas da passagem do século XIX para o XX que conseguiu unir, com maior rigor intelectual, técnica, estética e reflexão, isso com a finalidade de propor uma mudança estrutural no conceito e na prática da encenação. Partindo de um estudo detalhista e pragmático de cada elemento da tecnologia teatral de

---

1 Encenadora e iluminadora teatral, docente e pesquisadora do Departamento de Artes Cênicas da Escola de Comunicações e Artes da Universidade de São Paulo (ECA-USP) e do Programa de Pós-Graduação em Artes Cênicas (PPG-AC/ECA-USP).

seu tempo, sugeriu uma reviravolta na estética e função das hoje chamadas "visualidades da cena".

No caso específico da iluminação cênica – transformada totalmente pela recente entrada em cena da eletricidade, com as lâmpadas de arco voltaico (1849) e as lâmpadas incandescentes (1879), que permitem o controle total das intensidades –, Appia foi o primeiro a escrever com propriedade sobre a potência da luz elétrica de transformar a encenação, através do uso consciente da *ação da luz* como elemento articulador das relações entre todos os elementos visíveis da cena. Dessa forma, Adolphe Appia nos apresenta, no decorrer de toda a sua obra, um entendimento absolutamente inovador da função da luz como linguagem e parte constitutiva da cenografia. Conjecturando a cenografia arquitetural, a iluminação cênica e a projeção de imagens como um organismo complexo de relações recíprocas, vislumbra de maneira profética os desdobramentos das visualidades da cena na arte do espetáculo do século XX.

Appia escreveu três livros: *La Mise en scène du drame wagnerién*, em 1892 (publicado em 1895), *La Musique et la mise-en-scène*, em 1897 (publicado em 1899), e *L'Œuvre d'art vivant*, em 1919 (publicado em 1921), síntese de suas concepções sobre o teatro. Também compôs projetos detalhados de encenação, sobretudo para as obras poético-musicais de Richard Wagner, com desenhos, notas e comentários para todas as suas propostas, além de centenas de artigos, ensaios, exposições, conferências, cartas e manuscritos[2].

Embora essa obra seja fundadora de um novo conceito de encenação e, por isso, tão importante para a pesquisa das artes cênicas, até hoje não tínhamos uma boa tradução em português de seus textos, o que se tornou uma grande lacuna para os estudos e o ensino da História e Estética da Encenação no Brasil. Essa publicação da editora Perspectiva, com tradução primorosa de Jacó Guinsburg para alguns dos textos fundamentais de Appia – incluindo o seu ponto de partida, *A Encenação do Drama Wagneriano*, e o seu ponto de chegada, *A Obra de Arte Viva* – vem finalmente preencher esse vazio editorial e trazer *mais luz* aos estudos da estética teatral.

---

2   Sua obra foi reunida em edição elaborada e comentada por Marie L. Bablet-Hahn: Adolphe Appia, *Oeuvres Complètes*. Lausanne: Société Suisse du Théâtre/L'Âge d'Homme, t. I (1983), t. II (1986), t. III (1988) e t. IV (1992).

A ENCENAÇÃO DO DRAMA WAGNERIANO

  As concepções de Appia sobre encenação têm por ponto de partida a obra poético-musical de Richard Wagner. Mas desde que entrou em contato com as montagens do poeta-músico, em 1889-1890 em sua primeira temporada em Dresden, parece-lhe existir uma incoerência fundamental entre o significado íntimo dessa obra e sua realização cênica. Para Appia, inspirado pela ideia de síntese e sugestão dos simbolistas, essa nova forma de drama tem na vida interior o seu verdadeiro sentido, portanto, já traz em si todos os elementos necessários à sua encenação: a poesia sugere os lugares onde a ação se passa e a intensidade musical, as emoções e atmosferas do drama. Porém, as montagens realizadas por Wagner continuavam carregadas de elementos realistas e demonstrativos que, para Appia, além de supérfluos, aprisionavam nas aparências a potência da própria obra. Da necessidade de responder a tais contradições, às quais considera uma "desproporção", é que partiu sua reflexão sobre a encenação, principalmente no que concerne à relação entre a música e a arte do espetáculo.

  Tomando por método de trabalho o estudo minucioso dos elementos que compõem a encenação e suas relações recíprocas, Appia cria uma hierarquia entre eles, de forma a estabelecer uma conexão orgânica entre cada elemento. Ele o faz com o objetivo primeiro de potencializar, na apresentação do espetáculo, a expressão da obra dramática em consonância com a música.

  Appia principia por recolocar o *ator* no centro da cena. Esse é o ponto basilar de seu ideário, o eixo sobre o qual constrói toda a sua reflexão a respeito da encenação. A presença viva do elemento humano é, para ele, o sentido mesmo das artes cênicas e, por isso, o primeiro e fundamental elemento da hierarquia por ele proposta. Portanto, para dar vida ao drama, não é somente ao texto que os elementos da encenação devem se remeter, mas, sobretudo, ao ator: todos os demais elementos devem ser subordinados a ele. E como o corpo do ator é móvel e tem três dimensões, o espaço no qual esse corpo evolui também deve ser construído em três dimensões, possibilitando um contato efetivo entre o movimento dos corpos e o espaço.

  Esse pensamento é absolutamente contrário à cenografia pictórica, em todas as suas formas. Appia empreende então uma batalha ferrenha contra a tela pintada, paradigma da cenografia de seus contemporâneos, porque as duas dimensões da pintura deixam sem sentido a disposição de elementos tridimensionais no espaço e torna falso o efeito da luz, porque ao iluminar uma tela cheia de sombras e luzes falsas, a iluminação precisa renunciar ao seu próprio desenho no espaço e às suas próprias sombras, para dar sentido à pintura. É, portanto, a contradição entre as duas dimensões da pintura e as três dimensões dos demais elementos cênicos e, principalmente, do corpo móvel do ator, que mata a vida do teatro. É preciso escolher entre a vida da arte dramática e a pintura.

Appia escolhe o sacrifício da pintura e propõe então, não apenas no plano da teoria, mas também no desenvolvimento de seus projetos como cenógrafo e encenador-iluminador, substituir a cenografia pictórica, figurativa e estática, pela cenografia arquitetural, composta estruturalmente de formas geométricas: colunas, planos inclinados e escadas, que favorecem de todas as maneiras, por sua configuração transformável, o movimento. Esse espaço está à mercê do ator, ele não é uma reiteração do drama, nem um signo que localiza um lugar no tempo, muito menos uma cópia da natureza, ele é pura potencialidade.

Temos aqui, portanto, o segundo elemento em sua hierarquia: o espaço.

O ENCONTRO COM JACQUES DALCROZE

Em 1906, Adolphe Appia conhece Jacques Dalcroze e a sua Ginástica Rítmica, uma experiência artística e didática criada a partir das relações intrínsecas entre a música e os movimentos do corpo humano. De 1906 até 1923, os dois artistas desenvolveram uma parceria artística com ampla troca de influências mútuas: Appia escreveu grande parte dos textos de abertura dos festivais realizados por Dalcroze, além de conferências e artigos sobre a "Rítmica" e suas relações com a música, a *mise en scène*, o espaço e a luz. São resultado direto dessa parceria profícua os textos "As Origens e os Primórdios da Ginástica Rítmica", "A Ginástica Rítmica e o Teatro" e "A Ginástica Rítmica e a Luz", escolhidos por Jacó Guinsburg por serem os mais significativos desse período.

Para Appia, o ator já era o centro da cena. A partir do encontro com a Ginástica Rítmica, o corpo, sua estrutura e movimentos serão estudados como *"medida de todas as coisas"*[3] na construção do espaço que o acolherá.

---

3   Referência à sentença de Protágoras "O Homem é a medida de todas as coisas", que serve de epígrafe à "Obra de Arte Viva".

Appia procede então à reformulação cada vez mais radical da sua concepção do espaço cênico, onde cenografia e luz se distanciam das aparências figurativas para tornarem-se estruturas a serviço da evolução dos corpos. Appia também realizou desenhos e concepções arquitetônicas, cenográficas e luminotécnicas para o Instituto Jacques Dalcroze: a grande "sala de apresentações" em Hellerau foi construída em 1911, a partir das concepções de Appia e Dalcroze, pelo arquiteto Heinrich Tessenow.

A OBRA DE ARTE VIVA

A Obra de Arte Viva é uma síntese das concepções de Appia sobre a arte dramática, seus elementos e relações. Ele parte do princípio de que a arte dramática empresta das outras artes os elementos que a compõem. A organização desses elementos, por sua vez, cabe à encenação. Portanto, para um pleno desenvolvimento da encenação é necessário entender a natureza desses elementos e suas relações.

De fato, em toda a sua obra esse foi o cerne de sua pesquisa. Porém aqui ele não tem mais o que tatear, sabe qual seu objetivo e para chegar lá segue uma linha de pensamento de uma argúcia quase socrática. Primeiro, parte de uma análise crítica da *Gesamtkunstwerk* wagneriana, conceito geralmente traduzido por Obra de Arte Total, ou Obra de Arte Conjunta. Em seguida, serve-se da própria estrutura do conceito para reconstruí-lo sob uma perspectiva própria, uma nova concepção específica desse conjunto orgânico: *uma obra de arte viva*. Dessa forma, Appia recoloca o problema da *arte dramática como síntese harmoniosa das artes*, princípio do *Gesamtkunstwerk*, acrescentando-lhe o ingrediente da dúvida e da contradição na busca dos *elementos específicos do teatro como obra de arte autônoma* e, aí sim, passível de se tornar "obra de arte integral", orgânica e viva.

Ao analisar os elementos que cada arte empresta ao teatro, divide as artes considerando que uma trabalha com o espaço – pintura, escultura e arquitetura, (presentes nos elementos visíveis do teatro, como a cenografia e o figurino) – e outra tem como seu elemento principal de elaboração o tempo – poesia e música. Em seguida, expõe uma tensão fundamental entre elas. As artes do espaço são imóveis no tempo e as artes que se desenvolvem no tempo são igualmente imóveis em relação ao espaço. Como seria possível a "reunião harmoniosa" entre artes de naturezas tão diversas na arte dramática?

É através dessa contradição exposta, que Appia propõe uma superação possível: a articulação entre as artes do espaço e as artes do tempo só pode ser realizada em cena pelo movimento. Mas o movimento não é um elemento, "o movimento, a mobilidade é um estado, uma maneira de ser"[4]. Trata-se então de descobrir e destrinchar a cada novo elemento dessa Obra de Arte Viva como criar a mobilidade capaz de articular tempo e espaço.

Ele encontra a solução desse problema no homem e, assim, completa um ciclo. O ator, fator vivo do teatro, é o princípio, meio e fim da arte dramática:

> Com uma mão o ator se apodera do texto, com a outra, ele tem, em um feixe, as artes do espaço, depois ele reúne, irresistivelmente, suas duas mãos e cria, pelo movimento, a obra de arte integral. O corpo vivo é assim o criador dessa arte e detém o segredo das relações hierárquicas que unem diversos fatores, visto que estão à frente dela. É do corpo, plástico e vivo, que devemos partir para retornar a cada uma de nossas artes e determinar seu lugar na arte dramática.[5]

ADOLPHE APPIA E A LUZ

A partir da segunda metade do século XIX, existe outro elemento móvel e flexível em cena: *a iluminação cênica*.

Dessa forma, o homem ocupa e evolui num espaço tornado vivo pela ação da luz. Os *movimentos do ator e da luz* jogam as artes do espaço na roda do tempo, transformando o espaço com sua ação, revelando-o de diversas formas, por ângulos diversos, criando uma dialética entre ver e esconder, de forma que, através do movimento, as artes do espaço ganhem "temporalidade". Assim, aquilo que era, em sua origem, estático, entra em ação, ganha vida e vira *actante* da cena.

A Luz viva é aquela que age em cena em consonância com a ação do ator. E através dessa ação, possibilita uma articulação entre os fatores visuais da arte do espetáculo (presentes no espaço) e os fatores temporais, a música e o texto. Dessa forma, a luz pode evocar o lugar (sem que seja necessário determiná-lo através do signo da pintura), sugerir um tempo, criar uma atmosfera emocional ou mesmo espiritual, através da claridade ou da sua ausência. Pode também criar espaços, animá-los, fazê-los desaparecer ou transformá-los através do seu movimento. A luz, a serviço do ator, porta a metamorfose do

---

4 Infra, p. 67.
5 Infra, p. 68.

espaço. Segundo a conclusão de Appia, portanto, cabe à luz ser o elemento de fusão dos elementos visuais, no tempo, ou seja, no desenvolvimento dramático e musical do espetáculo, e de confluência entre eles e o ator, um fator essencial do espetáculo. A luz é, desse modo, o terceiro elemento fundamental da hierarquia composta por Appia no decorrer de toda a sua obra.

A concepção de uma linguagem da encenação pressupõe uma tradução entre um corpo técnico e sua resultante estética, incluída aí a relação de conjunto entre os vários elementos que constituem o espetáculo formando um "organismo complexo". Nesse organismo proposto por Appia em *A Obra de Arte Viva*, a iluminação não perde suas funções de instrumento da visibilidade, ou mesmo de elemento artístico e expressivo da encenação, mas ganha um novo papel de articulação entre os vários elementos da encenação, na medida em que através do movimento a luz confere temporalidade ao espaço. Para essa nova função da luz, Appia cria o conceito de LUZ ATIVA.

Appia instituiu, portanto, no plano das ideias, as bases para o conceito da iluminação cênica como linguagem estrutural e estruturante da arte do espetáculo; ou, em outras palavras, fundou a gramática para uma dramaturgia do visível através da iluminação cênica.

A CATEDRAL DO FUTURO

Será, portanto, a partir do ator e sua vida, que Appia construirá a sua noção de "encenação do futuro". O Homem, "fator essencial" da encenação, será, para ele, cada vez mais, no desenvolvimento de suas reflexões, motor e motivo do seu trabalho. A ponto de chegar o momento, em sua maturidade artística, em que ele proporá não somente a junção do palco e da plateia em uma única sala, a "catedral do porvir", mas também o fenômeno teatral como comunhão máxima entre atores e espectadores. É para o futuro que ele escreve – para quem vier depois dele e quiser se unir a ele nessa obra sempre inacabada –, é para cada momento presente desse futuro, para nós e muito além de nós, que ele clama por um novo teatro no texto "L'Avenir du drame et de la mise en scène", um teatro como comunhão, através da arte de homens livres para homens livres: "E – quem sabe – chegaremos depois de um período de transição a festas majestosas onde todo mundo será participante; onde cada um de nós expressará sua emoção, sua dor e sua alegria; e onde ninguém consentirá mais em restar espectador. O autor dramático então triunfará!"[6]

Considerado por muitos como o profeta da arte do espetáculo, dado o caráter visionário de suas propostas e concepções, Appia foi com certeza um precursor das concepções de encenação, arquitetura cenográfica e iluminação cênica desenvolvidas no decorrer do século xx. Suas influências diretas podem ser verificadas de perto no trabalho de Wieland e Wolfgang Wagner (netos de Richard Wagner), que finalmente realizaram, a partir dos anos 1950, as propostas de Appia para a encenação do drama wagneriano na nova Bayreuth; nas concepções do amigo e discípulo direto, Jacques Copeau, e, através dele, no famoso cartel francês Jouvet, Baty, Dullin e Pitoëf (quanto a Pitoëf, principalmente no que se refere justamente à ação da luz na construção do espaço); nos expressionistas, por um lado, nos formalistas russos, por outro, nas concepções construtivistas de Meierhold; nas novas concepções arquitetônicas do espaço teatral que foram dar no projcto do "Teatro Total" de Piscator e Walter Gropius; nas fortes imbricações entre a projeção de imagens e o teatro, no cenário-luz de Robert Edmund Jones e Svoboda, entre inúmeros outros. O teatro é e sempre será, na concepção de Appia, a grande "Arte do futuro".

JACÓ GUINSBURG PROFESSOR E TRADUTOR

Tive a grande honra de ter aulas nos anos 1980 com Jacó Guinsburg, uma das principais personalidades da cena intelectual e teatral entre nós nas últimas seis décadas e professor de Estética Teatral do curso de Bacharelado em Artes Cênicas da Escola de Comunicações e Artes da Universidade de São Paulo. Guinsburg traduziu e publicou, sozinho ou em colaboração, pela sua Perspectiva e outras editoras, obras ensaísticas e dramatúrgicas de Diderot, Lessing, Büchner, Nietzsche, Pirandello, Canetti, An-Ski, Strindberg, Pavis entre outros. Isso sem falar de sua própria obra ensaística voltada para a teoria teatral e os teatros russo e ídiche, dos quais era um dos maiores especialistas no Brasil. Pelo menos três gerações de encenadores(as),

---

6 Idem, L'Avenir du drame et de la mise en scène (1919), *Oeuvres Complètes*, Lausanne: Société Suisse du Théâtre/L'Âge d'Homme, 1988, t. III, p. 338.

dramaturgos(as), atores e atrizes foram seus alunos e alunas – e alguns, em seguida, também seus orientandos, orientandas e autores(as).

Depois de dezesseis anos da nossa formatura, em 2005, Jacó Guinsburg, que é nosso grande mestre e com certeza "fez a cabeça" da minha geração, me chamou para escrever sobre iluminação cênica, porque era um tema ainda pouco pesquisado e muito importante para o teatro do século XXI. Um chamado de Jacó era uma responsabilidade pública, uma ideia do mestre, um presente que era preciso honrar. Ele foi meu orientador de mestrado e doutorado no Programa de Pós-Graduação em Artes Cênicas (PPG-AC/ECA/USP) de 2006 a 2013. Durante esse período, tínhamos o prazer de encontrá-lo uma vez por mês, para uma reunião com o seu grupo de orientandos(as): Abílio Tavares, Alice K, António Araújo, Lucia Romano, Maria Thaís, Miriam Rinaldi e eu. Acho que fomos a última turma de orientandos(as) de Guinsburg e tivemos o privilégio de ter discussões de alto nível, orquestradas por Jacó, que sempre nos surpreendia com seu conhecimento multidisciplinar, suas referências bibliográficas originais sobre tudo e todos, sua forma sempre inesperada de pensar os diferentes temas de nossas pesquisas, todas vinculadas ao teatro moderno e contemporâneo: processo colaborativo; o teatro da USP e a história do Departamento de Artes Cênicas; o teatro feminista e as mulheres nas artes cênicas; a tradição oriental do teatro nô e a iluminação cênica, de instrumento da visibilidade à "Scriptura do Visível" (neologismo criado por Jacó), ou seja, a assunção da iluminação cênica como linguagem, estrutural e estruturante, da arte do espetáculo.

Foi Jacó que me introduziu aos textos de Adolphe Appia, por sua importância para a Estética e História da Iluminação Cênica, mas também pela beleza de seus textos. Uma vez, quando conversávamos a respeito da importância da luz elétrica para o surgimento da encenação moderna, ele me contou sobre a concepção radical da luz para Adolphe Appia e me instigou a pesquisar o conceito de Luz Ativa, em seus textos teóricos. Para isso, me estimulou ferrenhamente a ler sua obra em francês, o que na época me parecia impossível. Mas para Jacó Guinsburg, o intelectual mais brilhante que já conheci, gênio autodidata, aprender a ler e, inclusive, a traduzir um texto em uma nova língua, porque era um autor ou obra necessária para uma pesquisa específica ou para o pensamento no Brasil, era a sua praia, ou melhor, a sua prática diária. Servir ao pensamento crítico, traduzir e editar o que fosse necessário, pesquisar ou ensinar o que fosse importante para o desenvolvimento intelectual no Brasil, para inovar a estética do teatro, instigar novas práticas para a "arte do futuro", formadora de novas humanidades, esse era seu super objetivo. Jacó foi e ainda é o grande revolucionário da cena intelectual e teatral do Brasil e, por isso, a tradução desta obra importante e ainda inédita no Brasil é um fecho de ouro, coerente com sua trajetória e com o seu amor pela pesquisa, pelos livros e pelo teatro. Degustem com prazer esse privilégio.

1
Notas Sobre o Teatro

> A obra de arte tem por objetivo manifestar algum caráter essencial e saliente, portanto alguma ideia importante, de modo mais claro e mais completo que o fazem os objetos reais. Ela chega aí empregando um conjunto de partes ligadas, cujas relações modifica sistematicamente.
>
> HIPPOLYTE TAINE

I

Uma noite, no teatro, me foi dado ser vizinho de duas damas que acompanhavam um escolar. Claramente, o garoto estava pela primeira vez sentado em face desse grande quadro misterioso fechado por uma cortina atrás da qual deviam resplandecer inconcebíveis maravilhas. Em um tom protetor e experiente, essas damas procuravam iniciar seu jovem amigo: "Veja, aquilo é a cortina; ela não é na realidade assim, ela está pintada. Eis o proscênio, depois vêm os camarotes" etc.

A orquestra retumba; a sonoridade faz tremer de apreensão deliciosa o infeliz menino. "É a abertura, aquilo que se toca antes de começar." Leio nos traços da criança alguma coisa desse gênero: "Então, tudo ao mesmo tempo..., o concerto, a cena, os camarotes..., e fica-se sentado a noite inteira...!" A indiferença que o envolve lhe é incompreensível.

Uma pausa, angustiante, depois a cortina se ergue: "É o levantar da cortina; você vê o cenário! Dos dois lados estão os bastidores, no fundo, a tela está pintada; é noite porque a luz é azulada. Este é o tenor. Eis o duo do primeiro ato." E assim por diante, quase em voz alta.

Entrementes, essas damas trocavam opiniões: "Ele faz bem o diálogo, não é?" – "Veja, é o ator substituto!"

Maravilhado, oprimido, o estudante olhava; uma decepção indefinível começava a imobilizar seus traços.

O teatro! Ver coisas divertidas e belas e que parecerão ser a realidade, tal é a concepção do teatro na criança. Ao entrar, é a sala que lhe parece fictícia: para ele, a realidade que procura está atrás da cortina. Esse nosso amigo, saindo ontem de tal sala ainda tão plena de promessas, devia gritar: "É apenas isso!"

■ ■

Eh, sim, meu pobre amigo; e essas damas tinham razão; porém, seria preciso dizer isso alguns meses antes e, por conseguinte, em outros termos. A ideia do teatro, tão absorvente, sobretudo para a juventude, nós a entregamos ainda aos acasos de uma representação de repertório; e é somente no tumulto de suas sensações extremamente agudas que a criança deve procurar orientar-se[1].

Elas tinham razão e marcaram com justeza que o teatro deve ser, como toda obra de arte, "um conjunto de partes ligadas" cujas "relações modificamos sistematicamente"; o que, para o teatro, se traduziria superficialmente assim – um conjunto de artifícios agrupados pelos autores dramáticos, consagrado por seu domínio e transformado em convenção aceita pelo público. Essas damas assinalavam isso grosseiramente; nossas atuais convenções cênicas são grosseiras; seu instinto, todavia, não as enganava, e a criança não esquecerá jamais essas palavras decepcionantes que saíram tão cruelmente da floresta de seus sonhos, para introduzi-lo em um caminho sólido e nitidamente traçado, em um caminho que leva à estética teatral. Tomara que todos nós tivéssemos tido semelhantes iniciadores...!

Nós confundimos ainda teatro e espetáculo. Distrair-se olhando coisas próprias para vos distrair, eis a etapa pré-histórica na estrada da qual falamos! Entre a boa mulher que olha durante horas por sua janela, e o romano de outrora sentado no seu circo, não há diferença a não ser na quantidade; a qualidade permanece a mesma[2].

Um espetáculo torna-se obra de arte quando suas partes ligadas são sistematicamente "modificadas" em suas relações. Isso é próprio da arte. Nosso escolar, desprevenido, esperava da cena um conjunto de partes ligadas segundo o modo dos "objetos reais" – ao menos na aparência. Não reincidiremos todos nós em seu erro, se abandonarmos o princípio das convenções tão ingenuamente expressas por minhas honradas vizinhas?

---

1 Eis por que não introduzir no ensino um capítulo cujo objetivo seria o de regularizar a ideia de teatro na criança, e embotar aí, por conseguinte, a atração um pouco corruptora.
2 Até onde o retrocesso pode levar, o cinematógrafo nos ensina de maneira saborosa: em vez de ser um meio inapreciável de instrução e de observação, uma redução portátil da natureza – tal como o piano, da música – ele quer fazer concorrência... ao teatro.

As representações ao ar livre e o teatro realista não falseiam sempre de novo nosso julgamento?

Uns exigem uma *mise-en-scène* estilizada (por qual meio?, em que estilo?), outros uma encenação reduzida. Por quê? Outros, ao contrário, um luxo crescente, uma pesquisa sempre mais escrupulosa de reconstituição histórica e social, buscando um máximo de ilusão... Outros só querem agir por contrastes de luz; outros, fazer um teatro de marionetes a fim de escapar ao incômodo dos atores; outros, um teatro de cores etc....; e tudo isso exclusivamente... Por quê?

O fato é que nós nos tornamos singularmente loquazes e confusos tão logo a *mise-en-scène* vem à baila na conversa: a ilusão, o que se deve pensar a seu respeito? Onde detê-la? Como defini-la, é ela o objetivo do cenário? (Um brincalhão de mau gosto nos responderá, a partir de seu canto, que essa ilusão está para a arte dramática como o museu Grévin está para a arte de um Rodin; mas não o escutemos; sem dúvida, ele exagera.) E a iluminação? (A mesma personagem inquietante imediatamente nos dirá em sussurros que ver com clareza ainda não é ver a luz; que para os mochos a noite é pleno dia. E com uma voz forte, proclamará: "Sem sombra, não há luz; sem sombra, não há plástica!") No mesmo minuto, ouve-se gabar como a última palavra da arte cênica uma representação de "teatro da natureza" (!), um novo cenário de Jusseaume, uma reconstituição laboriosa de Antoine, alguma luxuosa e disparatada montagem em Bayreuth...! Sobre ruínas majestosas, arbustos são dispostos, às vezes cenários, pranchas cobertas de ouropéis, inclusive uma ribalta...; depois, nesse quadro falsificado, representa-se uma tragédia falsificada, diante de uma multidão cosmopolita sentada sobre as arquibancadas de pedra... Em nossos teatros modernos, os lugares destinados ao público são tão distintos quanto possível do espaço onde a ação se desenrola; e a perfeição nos parece atingida em Bayreuth – aí, o quadro da cena não é mais do que um imenso buraco de fechadura (que me perdoem!) através do qual surpreendemos o indiscreto modo de mistérios que não nos são destinados. Em um lugar onde a cena e o anfiteatro formam apenas um único conjunto estético tal como o teatro dos antigos [gregos], a presença de nosso triste público moderno é um *nonsense* bárbaro; tão bárbaro quanto o desejo manifesto do encenador de reduzir às relações dos "objetos reais" entre si as relações tão maravilhosamente "modificadas" da tragédia grega.

Aqui, no entanto, nos detemos. Esse conjunto de partes ligadas compreende no teatro a luz, assim como o ator e o cenário. "Modificar sistematicamente" as relações dessas partes entre si implica que nós as tenhamos cada uma em nosso poder. A luz do dia nos escapa completamente. Ao ar livre, a encenação está, portanto, privada de um dos mais poderosos meios da expressão[3]; o equilíbrio estético entre as partes é rompido e todas as "modificações sistemáticas" se veem anuladas. É provável que os gregos fossem sensíveis a esse fato, e isso explicaria algumas de suas "modificações" que nos parecem excessivas, e das quais um dos objetivos talvez fosse o de acomodar ao elemento indócil (a luz) o aspecto das partes dirigíveis e modificáveis.

Nós chegamos em um dos problemas essenciais de nossa encenação: a luz! E importa nos darmos conta exata disso.

A obra dramática integral não poderia escapar à definição de [Hippolyte] Taine. Devemos, pois, encontrar um meio de tornar cada uma de suas partes flexível e obediente. A peça escrita, com ou sem música, já o é pelo autor; permanece a *mise-en-scène*, da qual eis os fatores por ordem hierárquica – o ator, a disposição do cenário, a iluminação, a pintura das telas.

Ao deixar para o ator a independência necessária à vida dramática e ao interesse de uma interpretação textual, resta-nos sempre bastante autoridade sobre ele para impedi-lo de sair dessa hierarquia organicamente fundamentada. Os três outros fatores são solidários; a luz possui, entretanto, a vantagem de ser idealmente flexível e de uma perfeita docilidade, o que a situa em primeiríssimo lugar entre os meios de expressão, depois do ator.

O problema se coloca assim: nos teatros fechados, como manter a superioridade da iluminação diante das outras partes da encenação; e como substituir sua onipotente expressão nos teatros ao ar livre?

Trata-se, como se vê, da ordenação dos fatores que não constituem a iluminação, uma vez que, ao ar livre, esta última nos escapa e que, na cena fechada, ela nos é dócil.

Ao analisar os elementos constitutivos da encenação moderna, seu efeito recíproco, seu uso simultâneo tal como opera efetivamente e sua influência sobre o jogo do ator e sobre a própria concepção da ação dramática, nós compreendemos por que a supremacia da iluminação permanece ainda mal conhecida e chegaremos talvez a basear a *mise-en-scène* em uma economia diferente.

Essa análise nos levará necessariamente à própria peça nas suas relações mais ou menos estreitas, mais ou menos legítimas, com a encenação,

---

3   Inútil dizer que na arte os acasos do barômetro não têm vez!

e poderemos determinar sua influência sobre os elementos da representação cênica.

A música, quando é parte integrante do drama, "modifica" profundamente a duração, o que acarreta ou deveria acarretar uma modificação igualmente profunda do aspecto geral no drama cantado. Além disso, partindo do simples recitativo, a música permite elevar-se até uma inverossímil intensidade na expressão; essa envergadura é por si só uma "modificação" estética do mais alto valor.

Considerada desse ponto de vista, a música contém para a encenação um poder estilizador inapreciável, provavelmente o único que possa regularizar a representação em definitivo, isto é, despojá-la dos artifícios inúteis que prejudicam o efeito daquelas coisas que são indispensáveis.

Entre a música e a luz existe uma relação misteriosa: "Apolo não era somente o deus do canto, mas também da luz." (H.S. Chamberlain). Não separemos mais o que foi divinamente unido, e procuremos obedecer-lhe.

II

Os sons e a luz! Dois elementos que, do ponto de vista estético, se furtam à análise.

"Onde as outras artes dizem: isso significa, a música diz: isso é!" (R. Wagner).

Quando as formas e as cores buscam exprimir alguma coisa, a luz diz: eu sou; as formas e as cores só serão por mim.

Como abordar esses elementos onipotentes; quem nos ajudará a uni-los indissoluvelmente?

Grandes músicos nunca... consideraram a luz; grandes pintores ou escultores jamais consideraram a música. Que nos importa, dir-se-á: os meios técnicos estão em nossas mãos.

Parece-me, ao contrário, que somos culpados dessa indiferença recíproca, e que interessaria tornar a luz visível ao olho amiúde distraído do músico, e a música mais acessível ao ouvido com frequência refratário do artista. Pois somente então poderemos partir para a conquista da *mise-en-scène*.

Trata-se de um motivo interior e profundo que afasta os artistas do teatro. Permitirão eles a um leigo respeitoso buscar sua origem?

"A falta de arte?" Sem dúvida, e todos nós sofremos disso. Mas há muito mais.

O artista está acostumado a contemplar com ardor, isto é, a saborear "como artista" somente as obras que necessitem de sua parte uma atividade pessoal, um aporte específico. Nós denominamos isso: compreender uma obra de arte. Nossos espetáculos usam tudo de modo a contribuir para tornar esse aporte inútil, ou mesmo simplesmente impossível. Sem dúvida, a ilusão tão apreciada de nossos cenários somos nós que devemos constituí-la de minuto a minuto por um hábito demasiado indulgente. Mas..., será essa a atividade pessoal tão cara ao artista?

Infelizmente, não; e a simples ideia disso lhe repugna. Ora, nosso teatro moderno não exige nenhuma outra de nós... salvo, é verdade, a mais pavorosa das passividades.

O que faria o artista de um espetáculo semelhante? Pois o artista quer fazer qualquer coisa, e o horror que lhe causa o teatro provém daquilo que injuria seu supremo desejo: a atividade estética do contemplador.

Se quisermos restabelecer a união entre a luz e os sons – a visão do artista e a expressão do músico –, será indispensável encontrar uma economia cênica própria para satisfazer o desejo essencial do artista, e uma forma musical que não possa existir sem essa nova economia da qual ela será a expressão.

Por sua vez, a música atualmente desandou a desenvolver sua virtuosidade sem controle, até a demência, e a se distanciar assim sempre cada vez mais do ritmo integral do ser humano, do qual ela, no entanto, proveio.

A encenação fez o mesmo: a pintura dos cenários tornou-se uma virtuosidade que quase não se preocupa mais com a presença do ator.

A reunião dessas duas formas de arte, tais como nos são oferecidas na hora atual, não pode, portanto, conduzir à harmonia.

O artista deve desejar – e isso por si próprio –, a vida dos sons; e o músico, sentir imperiosamente a necessidade de uma exteriorização artística de sua arte. Dessas relações, tornadas então necessárias, e por conseguinte orgânicas, sairá para desabrochar a arte conciliadora.

Apolo viverá de novo entre nós!

Mas sobre qual ponto fazer convergir os sons e a luz em uma mesma obra de arte? Como, *a priori* e sem experiência ainda possível, realizar a união desejada tendo em vista a obra futura?

O ritmo une estreitamente a vida dos sons aos movimentos de nosso organismo. Eis aqui uma baliza, uma transposição importante. De outra parte, as formas plásticas são indispensáveis à luz para se exprimir[4].

---

4   Apenas para a luz, e sem obstáculo onde ela se quebre, nós não possuímos, infelizmente, senão um vidro fumê...

Resta unir os movimentos transmitidos pelo ritmo ao nosso organismo – e que são a essência da música relançada no espaço –, às formas plásticas reveladas pela luz, que são a essência da luz para os nossos olhos.

O *foyer* para onde convergem, de um lado, pelo ritmo, as ondas sonoras, e, de outro, pela plástica, os raios luminosos é o corpo humano. Eis o termo conciliador, a encarnação temporária do deus do canto e da luz.

Apolo junta com uma das mãos as ondas sonoras e com a outra os raios luminosos; depois, irresistivelmente, contrapõe uma à outra as duas mãos, e um ao outro esses dois feixes e lhes confere a onipotência por sua penetração recíproca.

A nova economia cênica será fundamentada na presença do corpo humano, do corpo plástico e móvel. Tudo lhe será subordinado.

"A música, tão logo alcance sua expressão mais nobre e mais alta, reveste necessariamente uma forma exterior."[5]

Nessas palavras admiráveis, Schiller se torna o precursor da arte para a qual queremos nos voltar. Há um século que o grande mestre lançou ao mundo esse "alto lá" profético. Escutemo-lo; prestemos-lhe confiança; e proclamemos ousadamente que toda música que não tenda a uma forma exterior se afasta de "sua mais nobre e mais alta expressão".

Por certo, há tempo para isso! Teremos nós somente guardado a lembrança da bifurcação em que, solicitados pela volúpia dos sons, desprezamos o caminho mais rude de sua elevada nobreza...?

Voltemos à nossa marcha. A luz irá nos conduzir, nos preceder mesmo; em vez de lançar diante de nós a sombra sempre mais espessa de nosso egoísmo e passividade.

E eis a atividade estética da qual eu falava há pouco, que se torna parte integrante dessa renascença... – O artista, atraído pela luz que ele conhece bem, ao contrário dos sons, que ele conhece mal, se vê obrigado a "fazer alguma coisa" para operar sua união e saborear o fruto. O músico, cansado enfim de uma escola gazeteira pouco estimável, volta a alimentar melhores sentimentos e retoma o contato com a arte que ele não conhecia mais.

Regularização, de duas partes.

Em vez de imitar o isolamento voluntário, desumano e contra a natureza do músico, o artista tomará consciência das limitações solenes de sua arte; saberá que mais adiante é a música que ele encontra; e o público de nossas

---

[5] "Die Muzik in ihre höchsten Veredelung muss Gestalt werden" (Schiller).

exposições lhe será agradecido... – O músico, igualmente, encontrará diante de si o artista por toda a parte em que sua fantasia o induziria a se perder fora de seu vasto domínio.

Nós esperamos todos um último acerto. E, não obstante, cada qual se obstina em guardar as viseiras que ele crê serem uma salvaguarda, embora elas lhe mascarem sorrateiramente os perigos crescentes do atalho sem saída em que enveredamos.

Nas minhas próximas e últimas notas sobre o teatro, esboçarei os elementos de uma encenação baseada na presença plástica e móvel do ser humano e não mais na exposição de pinturas mortas em telas verticais. E procurarei sobretudo estabelecer a influência dessa nova arte cênica sobre a concepção dramática do que antecede a representação.

III

> A música, por si só, não exprime jamais o fenômeno, mas a essência íntima do fenômeno.
>
> SCHOPENHAUER

Em matéria de teatro, "o fenômeno" é o realismo; é a indicação histórica, geográfica, social; aquilo que apresenta uma espécie de árvore, de casa, de indivíduo. "A essência íntima do fenômeno" será, portanto – no fenômeno escolhido pelo autor da peça –, os elementos que têm um valor imperecível.

O "motivo da espada" em *O Anel do Nibelungo* não poderia exprimir o objeto de uma espada, mas bem o valor defensivo dessa arma, com aquilo que ela comporta de associações de ideias e de sugestões no drama. Por isso, é a resolução de Wotan em face de Walhall – ao fim de *Ouro do Reno* – que obriga esse motivo a repercutir: a resolução de colocar-se doravante na defensiva e de conceder o recurso às criaturas (Sigmund). O "motivo da espada" exprime uma atitude interior. Eis a essência íntima do fenômeno.

Uma ação dramática é uma combinação dessas duas noções, tão bem distinguidas por Schopenhauer. E o segredo da encenação será compreender como esses dois elementos dramáticos se realizam aos nossos olhos; como será possível de algum modo dosá-los na cena, a fim de obter uma constante e perfeita concordância com a intenção do dramaturgo.

Ora, essa intenção não depende dos recursos que lhe oferecem no teatro? O teatro se distingue das outras artes naquilo que ele é ou então ele é... um livro (para alguns é a sua única existência!), portanto isso não é o teatro e tampouco um livro...; ou é apenas uma realização integral que exige o encontro de vontades distintas e todas avassaladas a uma única e tirânica direção.

Como exigir a um só tempo do mesmo homem quer o gênio dramático, quer o conhecimento dos recursos técnicos de sua época, em favor da *mise-en-scène*? A divisão de trabalho se impõe, aí como alhures. O pintor não tece sua tela, o dramaturgo não poderia adquirir o saber necessário à reforma da encenação. Efetuemos os primeiros passos; ele nos alcançará bem depressa para caminhar conosco ao encontro de uma arte cênica flexível e consciente de sua flexibilidade.

O fenômeno é representado na cena pela pintura dos cenários. Nós quase não temos, pois, atualmente, nada além do fenômeno; elemento necessário, sem dúvida, à arte dramática, mas que deve ser subordinado ao seu superior. Além disso, ele não tem contato possível com a música e, a música sendo por excelência o elemento estilizador, afastar-se dela não é a direção que procuramos tomar. Possuímos duas formas dramáticas: a peça falada e a peça cantada. A primeira, privada do elemento estilizador ou "modificador", oscila forçosamente entre um realismo exasperado (e exasperante) e um idealismo que tende a se aproximar da expressão que só a música detém. A segunda, a peça cantada, é por definição privada do realismo; e, no entanto, ela se apoderou dele com violência e conta atualmente com obras sedutoras, mas bastardas, em que cada palavra deverá ser compreendida para justificar o realismo cênico, e do qual infelizmente seria preciso desviar os olhos durante toda a noite de apresentação para seguir o libreto... na obscuridade. Eis para onde leva a confusão dos princípios essenciais[6].

Quanto aos cenários, nós temos o luxo extraído furtivamente da grande ópera de outrora ou então o realismo extraído oficialmente da peça moderna. Isso é tudo.

Então o músico permanece lá, sozinho, diante de seu sonho irrealizável desde o germe. O dramaturgo que não quer se dobrar à lei do realismo obrigatório e... tão restrito, permanece lá, solitário, com todas as possibilidades latentes de um pensamento dramático flexível e profundo. O encenador corta o que excede. A concepção dramática se dobra sobre si mesma para entrar

---

[6] O culpado por isso é Richard Wagner, e o abuso que se faz de sua obra incomparável.

no quadro rígido que se lhe oferece como definitivo. O "fenômeno" triunfa! Ele triunfa com ou sem música; e mesmo, desde muito tempo, passou-se a basear trechos sinfônicos nesse seu princípio; o que é uma violação.

Por isso, os nossos pintores – nada de cenários – exprimem seu horror a esse estado de coisas, lançando-se de cabeça baixa na direção oposta; há alguns que nos dão mais do que "a essência íntima"... o que os torna ininteligíveis. Vamos satisfazê-los, e aproveitemos de seus exageros instrutivos para voltarmos, com nossas peças, nossa música e nosso teatro, a uma atmosfera estética.

Para a peça falada, o elemento estilizador – à falta da música – é o corpo humano: o espetáculo terá estilo apenas enquanto derivar dessa presença plástica e viva. Uma reconstituição, por mais sapiente e engenhosa que seja, só terá valor estético na medida em que sua organização estiver baseada nessa presença indispensável. Todo o resto será fenômeno morto, porque não vivificado. – Nós fomos gravemente atingidos por esse fenômeno mórbido.

Na peça cantada, o equilíbrio depende unicamente da música – quero dizer, da partitura integral –, que oscila (como a peça falada, mas com um campo bem mais extenso) entre as noções que se dirigem ao nosso intelecto somente – vamos chamá-la de *signo* – e o apelo direto que é a maneira de ser da música – *a expressão*.

Mostrar toda praça de São Marcos para uma cena que se passa em um canto das *Procuraties* (Procuradorias), eis o reino do signo. Assim como pintar junquilhos embaixo das molduras, para indicar a primavera; recortar minuciosamente a floresta ali onde o ator não pode se encontrar, para dar a compreender que o ator está em uma floresta; acumular os cordames e acessórios marítimos com o objetivo de exprimir... o mar; ou os acessórios campônios, os bibelôs burgueses etc., onde o ator não tem o que fazer com isso. É a tralha requentada da encenação moderna em que se supõe um público de compreensão bem lenta; quando uma palavra do ator, um signo do cenário basta para orientá-lo. E isso lembra certa cozinha afogada em molho em que o gosto se perde; ou então esses contadores de piadas que repetem a palavra do fim, para serem fixadas em vossa hilaridade.

Nós nos acostumamos a essa falta de respeito, por isso o teatro está em descrédito. Um diletante sem arte pinta de marrom troncos vistos a contraluz em pleno meio-dia, porque ele sabe que são marrons. Nossa encenação faz o mesmo, não na pintura – é conhecida a engenhosa virtuosidade de nossos pintores de cenários –, mas de fato na intenção. No futuro, queremos ver em cena não aquilo que sabemos que são as coisas, mas como nós as sentimos; e o dramaturgo, possuindo enfim o meio de exprimir o que sentimos das coisas, terá livre carreira.

Nas notas precedentes, constatamos a supremacia da luz; se a pintura representa excelentemente o Signo na cena, a luz proclama o reino da Expressão. Pela luz podemos espalhar as cores, vivas, no espaço, tornar o espetáculo flexível, manter em xeque o Signo, a indicação morte, e mergulhar assim o ator em uma atmosfera que lhe será destinada.

É para escapar – ou dar-se ao menos a ilusão – às limitações austeras da encenação, que foi desenvolvida tão prodigiosamente a pintura dos cenários e com ela o realismo cênico. Ora, ao contrário, essas limitações são nossa salvaguarda; são elas que, ao nos obrigar a "modificar as relações das partes entre si" (para falar com Taine), garantem ao teatro sua qualidade de obra de arte.

É evidente por si que, renunciando a uma grande parte da ilusão produzida pela pintura, nós mudamos a direção de nosso gosto; e é aí, me parece, o ponto mais interessante da questão, quero dizer, da influência da encenação sobre a produção dos autores, sobre sua própria concepção dramática, sobre os motivos que eles escolherão para desenvolvê-los e fazer deles uma peça. Pois o realismo no teatro é a monotonia definitiva, o estancamento no lugar e, sobretudo, a morte da imaginação. Ademais, é uma infantilidade. Um conflito de paixões deve nos ser apresentado não tal como ele seria em aparência na realidade quotidiana, mas como é na sua realidade interior, se não a arte do teatro não é uma arte e não é justificável sob esse título.

É culpa de nossos autores que eles não possam conceber o teatro de outro modo além do realista? O próprio Richard Wagner não o concebia diferentemente no que concerne à encenação. Para ele, como para os outros, era preciso produzir a ilusão; e o que se passava em cena, passava-se aí exatamente, da mesma maneira, para o ator como para o público.

Ora, em última análise, aí está o que caracteriza o princípio do realismo.

Com uma nova economia cênica, o autor saberá que a representação de sua obra é capaz das mesmas "modificações nas relações" que aquelas que ele deseja produzir na sua ideia dramática a fim de salvá-la do realismo, torná-la expressiva e colocá-la no terreno da arte; e então, certo de ser seguido com respeito e compreensão pelo encenador, ele sentirá sua fantasia liberta.

É impossível medir o alcance de uma tal reforma – e a influência que exercerá sobre o público um teatro que exige de cada espectador o aporte inteiramente pessoal que é o próprio do prazer estético, em lugar de entregá-lo à inércia.

Considerações puramente técnicas não têm lugar aqui. Em um estudo comparativo, tratando de nossos espetáculos atuais, procurarei seguir mais de perto a questão por meio do exemplo.

Se por essas notas eu puder encontrar o desejo do leitor – desejo cuja fórmula talvez ele buscava –, terei atingido meu objetivo.

Somente a música pode nos guiar na nova via; mas cumpre, como os servidores das *Mil e Uma Noites*, "lhe responder pelo ouvido e pela obediência".

2
A Música e o Cenário

Uma exposição musical ocorreu em Viena há cerca de vinte anos, aproximadamente. Via-se aí uma profusão de instrumentos, estatuetas, esboços, quadros, manuscritos. Via-se até figurinos de teatro e, atrás do vidro, vestidos longos concebidos exclusivamente para cantoras de ópera: a única coisa que não se via aí era a música, porque não se pode expor a música.

A ideia de uma exposição de arte teatral parece conter em si essa contradição. Vamos ao teatro para olhar e ouvir seres vivos em seus corpos e movimentos e, ao redor deles – estranho contraste – objetos de papel e sem vida que estão pintados sobre a tela das armações dos bastidores. O melhor meio de expor a arte teatral seria o de nos oferecer representações irrepreensíveis, com atores e encenação, em todos os gêneros, em todos os estilos de arte cênica.

Qual pode ser, portanto, o objetivo da presente exposição? Esta não teria nenhum sentido há alguns anos, quando a encenação se baseava ainda, em toda parte, em um esquema convencional em evidente contradição com uma arte dramática sã; breves explicações teriam bastado para saciar a sede de conhecimento do público teatral. Agora, tudo mudou; hoje em dia, a cena procura libertar-se dos laços artificiais que a sufocavam para que ela própria edifique um sistema independente que esteja de acordo com sua essência.

Aquilo que se vangloria ainda hoje de ser um drama musical, uma grande obra de arte, procura sua salvação em um excesso incrível de ostentação exterior, mesmo que, aí, a mais estrita simplicidade fosse uma bênção. E o drama falado crê haver criado para si um estilo pela ilusão da realidade; mas aí, como em toda parte, o estilo só pode vir da limitação e da economia. Por isso, um progresso não é possível para nenhum dos dois gêneros. E devemos ainda ser gratos ao cinematógrafo, porque nos prova diariamente para onde conduz afinal a busca de exterioridade e de ilusão da realidade. Entretanto, desde alguns anos muitos artistas esforçaram-se para marcar a encenação com um selo puramente artístico. Suas tentativas não foram vãs e, embora essa reforma esteja ainda em seus inícios, pode-se desde já esperar uma renovação total da arte cênica. Hoje, uma exposição de teatro só pode, portanto, ter um único objetivo, um objetivo elevado, o de mostrar a seus visitantes esse caminho novo e de levá-los a compreender a harmonia interior existente entre as novas formas e os votos mais secretos do poeta quanto à realização exterior de sua obra.

Como chegar a isso quando a exposição não pode mais representar as obras de maneira efetiva? Devemos apelar para a amável colaboração de cada visitante, ou os quadros mudos que nós lhes apresentamos continuarão inanimados. Talvez seja justamente a encenação de nosso teatro de repertório que desviou seu gosto; o espectador crê que essa forma, herança do passado, é inevitável. Para que possa adquirir a independência de julgamento que ele não pôde alcançar, embora se tenha tentado destruir esse esquema, que o visitante me permita explicar as bases de uma arte cênica puramente estética que paire acima de todas as convenções; ele tirará daí, por si próprio, as conclusões para a realização de uma arte racional da encenação.

Constatemos de início que entre a tela pintada dos cenários e dos praticáveis e a forma plástica, móvel, do ator, há uma contradição inconciliável. É evidente que o ser vivo jamais poderá ter uma boa relação com sombras, luzes e objetos pintados.

Além disso, os cenários pintados no espaço obscuro da cena demandam uma luz que não pode harmonizar-se com a iluminação que exige o ator vivo.

Por fim, isto resume em um único os dois primeiros pontos: quanto mais um cenário for fabricado de acordo com as regras utilizadas para um quadro, menos efeito de uma obra de arte com a presença viva dos atores ele produzirá. Ou, ao contrário: quanto mais o ator domina a cena de modo plástico e vivo, menos se atribuirá existência autônoma ao cenário.

Este último ponto acarreta uma questão: o teatro é um panorama no qual tudo deve ser submetido ao cenário pintado? Não seria ele uma arte viva, em que o jogo de atuação, a palavra e o canto do ator constituem toda a vida da obra artística? Ele deve se sacrificar ao artista que pratica sua arte ou ao simples quadro que o envolve?

A resposta é evidente. Quais são então os sacrifícios que a presença viva do ator exige de nós? Há qualquer coisa que, queiramos ou não, proporciona ao ator a eficácia máxima na hierarquia dos meios cênicos, e que nos mostra claramente aquilo que não podemos sacrificar e deixar de lado?

De forma incontestável, esse elemento está contido na música. Dando-nos a possibilidade de exprimir ritmicamente, sem a ajuda da razão, nossa vida espiritual mais íntima, (as palavras não chegariam jamais a uma tal profundidade), ela nos dá a ordem imperativa da duração musical. A duração musical é independente da duração da vida comum e, no entanto, totalmente mensurável, suas proporções podem se transformar para a cena em proporções espaciais. Todavia, a música só pode entrar em relação com a cena por intermédio do ator; unicamente o corpo e o canto do ator podem servir de intermediários entre a duração musical e a força expressiva, de um lado, e a possibilidade de sua representação, de outro. Na cena, é, pois, a música que deve determinar o lugar hierárquico que cabe à forma humana do ator – isto é, o primeiro de todos – e lhe subordinar em seguida os outros meios cenográficos, e isso de maneira completamente independente de nossa vontade. Mesmo para o cenário de ópera, a música é o princípio ordenador e estético "por excelência"; ela será, portanto, o único guia.

Não há dúvida de que até hoje a *mise-en-scène* deixou a música totalmente fora do jogo de atuação e que nós não colocamos nossa invenção criadora sob sua bandeira, como deveríamos tê-lo feito. Cumpre, pois, que nos empenhemos por um novo caminho e que a fantasia do cenógrafo – que permanece sem efeito na cena se ela estiver submetida tão somente a si mesma – se deixe guiar totalmente pela doce e poderosa mão da música. Quando tivermos nos apropriado desse axioma, será fácil firmar os passos hesitantes do encenador e dar-lhe um objetivo, submetendo-os ao ritmo, à cor, à dinâmica da música.

Em suma: a invenção do encenador só deve encontrar sua fonte de inspiração na maneira como o ator precisa exprimir a musicalidade em todos os movimentos mutantes da ação: as formas humanas animadas devem sempre servir-lhe de base e determiná-la. A encenação que se apoia unicamente na forma "quadro" está em contradição aberta com a arte dramática: somente a consideração tridimensional da ação, que não é compatível com as representações bidimensionais, sobre a tela, pode fornecer ao drama vida e plenitude artísticas. Como essa concepção é incompatível com a ilusão tradicional da realidade – e esta última não é senão um jogo pueril e pesado – devemos por fim renunciar a toda ilusão. Há muito tempo que os grandes artistas plásticos a rejeitaram; eles a substituíram pela estilização. As leis que regem as outras artes são igualmente válidas para a cena.

Nós rogamos aos visitantes dessa exposição que sigam as sendas que nos conduziram às nossas pesquisas.

Os desenhos que eu aqui exponho estão sob o signo da música. Uns são destinados aos dramas musicais de Richard Wagner; os outros me foram inspirados pela ginástica rítmica de Jaques-Dalcroze.

Já disse alhures que todas as indicações para a encenação das óperas de Wagner estão contidas nas partituras e que não é necessário ter em conta as indicações cênicas que figuram no início de cada ato. Infelizmente é para mim impossível demonstrar isso, aqui, em pormenor. Eu gostaria apenas de especificar que esses desenhos não são obra de minha imaginação; e tudo o que aqui se encontra eu pesquisei e achei nas partituras de Wagner. Ora, como na partitura a questão é quase exclusivamente de atores, esses desenhos devem ser acompanhados de minuciosos comentários explicativos com respeito à sua utilização; do contrário, são inutilizáveis e mortos. Mas, como não posso comunicar esse cenário aos visitantes, eu lhes peço que se refiram às palavras e à música das quais eles são expressão direta. Todos eles datam dos anos de 1896 e 1897, portanto, de uma época em que as pessoas se apegavam de modo estrito às encenações bayreuthianas. Os três cenários de *Parsifal* foram totalmente concluídos apenas em 1904.

Os esboços que a ginástica rítmica de Jaques-Dalcroze me inspirou foram desenhados em 1909 e 1910, antes que surgisse a questão no Instituto em Hellerau. Nessa época, a arte de Jaques-Dalcroze levava ainda uma vida miserável em uma pequena sala de Genebra pouco inspiradora. O tratamento diversificado das diferentes partes do lugar cênico, os obstáculos que serviam para suscitar e desenvolver o movimento e a valorização do corpo, uma iluminação flexível e artística faziam ainda totalmente falta; eu só fiz esses desenhos para sustentar a imaginação criadora de Jaques-Dalcroze. Com exceção dos cenários para *Prometeu* e *Orfeu*, nenhum desenho foi feito para ser realizado.

Não obstante, foi neles que se baseou a *mise-en-scène* dos *Festspiele* de Hellerau, particularmente os do *Orfeu* de Gluck. Hellerau é um instituto de formação: a beleza incomparável de suas representações não constitui seu objetivo, mas a consequência natural de uma educação que repousa unicamente na música. Aí é dado naturalmente ao corpo humano o primeiro lugar; tudo aquilo que o envolve lhe é submetido. As representações de *Orfeu* nos forneceram a prova da justeza da hierarquia dos princípios acima enunciados: nenhum espectador (de Hellerau) lamentou a falta das armações e das telas de fundo pintadas; a maior parte nem mesmo notou a sua ausência. Apenas quando ela é assim apresentada à vista que a ação dramática atinge o máximo de sua potência e que a obra de arte aparece sob uma luz que lhe dá valores novos e mais profundos.

3
A Ginástica Rítmica e o Teatro

Na qualidade de disciplina corporal, a ginástica rítmica terá certamente uma grande influência sobre o teatro, e é interessante pesquisar de que natureza será essa influência.

Por teatro deve-se entender aqui tanto a sala como a cena, o espectador assim como o ator. Comecemos pela cena, e visto que a música preside a ginástica rítmica, vejamos de que música o ator dispõe nos dias atuais para se exprimir corporalmente no palco.

Em nosso drama lírico, em seu apogeu, o ator é de fato considerado o representante da ação; nela, é ele quem canta o texto acompanhando-o de uma mímica apropriada; apesar disso, a expressão dramática permanece encerrada na partitura; não obstante o canto e a mímica do ator, ela não pode incorporar-se nele em definitivo. O ator oscila a custo entre a música que exprime um conflito totalmente interior, que, portanto, não poderia lhe fornecer motivos a serem realizados com plasticidade; e a música que busca, ao contrário, projetar-se de maneira violenta para fora, mas cuja origem igualmente sinfônica não oferece mais desenhos e ritmos capazes de se incorporar ao ator. Sem dúvida há exceções, mais aparentes do que reais; e sem dúvida também uma encenação inteligente poderia melhorar muito essa situação. Nada impede que resulte daí uma simples justaposição da música e do ator; a união *orgânica* permanece impossível, pois a música dramática moderna é, afinal de contas, apenas o desenvolvimento especial e desmedido de uma arte que há muito tempo abandonou suas relações com a forma corporal. Daí a mentira inevitável de nossas cenas líricas[1].

---

1 Acontecerá o mesmo, naturalmente, em relação ao sentimento artístico dos atores do drama falado; é para simplificar o raciocínio que o autor se limita a tratar do ator lírico.

Será necessário, portanto, evitar aplicar cegamente a essa arte, extraordinária, porém já caduca, os princípios de uma arte ainda *im Werden* (em vir-a-ser) tal como aquela que a ginástica rítmica prepara. Pode-se perguntar então qual será para nossos atores a utilidade dessa ginástica, pois não encontram nela quase nenhuma aplicação direta na cena.

É evidente que, incorporando-lhes o ritmo por um procedimento normal, revelando-lhes assim a harmonia puramente (*rein*) estética de seu organismo, essa disciplina terá a melhor influência sobre a musicalidade dos atores, sobre a pureza e a oportunidade de seu jogo de atuação, e os aproximará de uma moderação vizinha do estilo. Mas isso é uma consequência geral, especialmente musical e restritiva, e que resulta antes da pedagogia; aqui não podemos mais que mencioná-la, pois é o ritmo corporal que nos ocupa.

Se o ator não encontra no teatro uma arte equivalente àquela que o iniciou no ritmo corporal, ele reencontra aí, não obstante, um elemento comum e essencial: o *espaço*. A disciplina do ritmo o terá tornado particularmente sensível às dimensões no espaço que correspondem às variedades infinitas das sucessões musicais. De modo instintivo, ele procurará realizá-las na cena, e deverá constatar então com estupor o dano que lhe causaram ao colocá-lo, um ser plástico e vivo, em meio a pinturas mortas e recortadas sobre telas verticais! Assim como em relação a nossos dramas líricos, aí ainda ele sentirá a impossibilidade de sua união orgânica com o cenário. Nova justaposição. Preso entre essas duas contradições, uma de uma música que não pode se incorporar nele e que, não obstante, ele deve representar no palco, a outra de uma montagem decorativa que não tem nem relação nem contato com seu organismo plástico e móvel e que por consequência prejudica seu desenvolvimento rítmico no espaço, o ator se tornará consciente do papel doloroso que o fazem desempenhar; ele poderá fazer valer seus direitos, e, *em pleno conhecimento de causa*, colaborar assim na reforma dramática e cênica em que já estamos empenhados quase a despeito de nós mesmos. A ginástica rítmica, ao efetuar a educação estética propriamente dita do ator, lhe conferirá essa autoridade. Trata-se aí de um resultado de inestimável valor.

Na cena, encontra-se ainda uma personagem que, embora invisível, é a mais presente de todas: trata-se do autor, do poeta-músico. Se ele realizou a experiência do ritmo em si próprio, se constatou no fundo de sua personalidade a centelha de alegria e de beleza que aí ilumina a incorporação autêntica da música, como ator ele se tornará consciente da justaposição discordante que é nosso drama lírico e que, por conseguinte, é para ele a sua obra. Doravante, de um lado ele ouvirá sua música, de outro, verá a ação cênica e não poderá mais, como antes, confundi-los. Ao interrogar suas lembranças de rítmica corporal, ele reencontrará em si mesmo uma harmonia que não soube nem pode criar na cena, e um acordo tácito se estabelecerá assim entre o autor e seu intérprete, o ator; eles *duvidarão* todos os dois da obra deles. Ora, a dúvida em toda parte é o começo de uma pesquisa da verdade. Como chegar a essa verdade, a essa harmonia?

O autor não poderá iludir-se por muito tempo: os meios atuais de expressão dramática (partitura, ator, encenação) desenvolveram-se cada um por si, de maneira desigual; resultou daí a anarquia. Utilizando-os tais como se apresentam a nós atualmente, não se poderá fazer o menor progresso pelo lado de sua colaboração harmoniosa. *É preciso mudar de direção!* Trata-se aí de uma conversão no sentido próprio do termo. Não será modificando-se de forma arbitrária uma música, que se apresentou desde há muito inteiramente só, que poderemos aproximá-la do organismo vivo do ator, tampouco estilizando do mesmo modo arbitrário o material inanimado de nossos palcos. A conversão consiste aqui em tomar resolutamente o corpo humano como ponto de partida, tanto para a música como para o material cênico e por fim para a própria concepção do drama, e sofrer todas as consequências que essa resolução acarretará! Uma conversão é sempre acompanhada de sacrifícios. Esta última os exigirá, e de maneira considerável. Ela exige sobretudo um desapego completo, uma submissão perfeita. O músico deve retroceder caminho e se entregar corajosamente à pesquisa do corpo que ele largou durante séculos. O organismo vivo deve, sem dúvida, vir em sua ajuda, constituindo-se para ele em um instrumento cada vez mais flexível, mais favorável, mais consciente de sua harmonia latente. O ponto de contato estava perdido: *a ginástica rítmica procura reencontrá-lo.* Aí reside sua importância capital para o teatro.

Resta-nos ver que influência a ginástica rítmica terá sobre o espectador. Talvez isso nos levará, com o que precede, a uma concepção nova da cena.

É perfeitamente legítimo prever que em um futuro próximo a disciplina rítmica será não apenas parte integrante do ensino de nossas escolas, mas estará suficientemente difundida entre os adultos para que o público de nossos teatros contenha uma proporção marcante de espectadores que estejam imbuídos disso, e mesmo que tenham feito a sua experiência direta. Qual será sua atitude interior diante do espetáculo?

Até aqui exige-se do público apenas tranquilidade e atenção. Para encorajá-lo se lhe oferece um assento cômodo e o mergulham em um claro-escuro

△ No Teatro Antoine, em 1918, Firmin Gémier (que tinha colaborado duas vezes com Dalcroze) encena uma verdadeira "orgia sobre a escada" para *Antônio e Cleópatra*... (em Jean Jacquot, *Shakespeare na França*).

◁ Após "Hellerau", as "escadas" se tornaram um pouco moda em todos os lugares. Em 1920, o encenador Léopold Jessner faz da "escada" de *Ricardo III* o símbolo da ascensão depois da queda de Ricardo (Doc. KÖLN). O expressionismo chega à sua plenitude.

▽ Muito "teatral" em sua sobriedade, esta escada serve de base para o dispositivo de Emil Pirchan para *Guilherme Tell* em Berlim, em 1919 (Doc. KÖLN).

favorável ao estado de completa facilidade que, segundo parece, deve ser o seu. Isso significa dizer que, aí como alhures, buscamos nos distinguir o mais possível da obra de arte: nós nos constituímos em eternos espectadores!

É essa atitude passiva que a disciplina rítmica vem subverter. Penetrando em nós, o ritmo musical vem nos dizer: a obra de arte, a obra de arte *é você!* E, efetivamente, nós a sentimos e não poderemos jamais esquecê-la.

"Ta tvan asi" (você é isso), diz o brâmane diante de toda criatura viva. Doravante, diante de toda obra de arte nós nos sentiremos *nós mesmos* e nos perguntaremos: o que ela fez *de mim?* A atitude mudou; em vez de aceitar passivamente, nos tornamos parte ativa e teremos adquirido o direito de nos revoltar se nos fizerem violência. Para permanecermos no teatro que é o que nos ocupa aqui, é evidente que nossos espetáculos nos façam uma violência perpétua. Aquele que sente assim como acabamos de ver ficará naturalmente revoltado. Com o autor, com o ator, ele duvidará, e como eles, procurará a verdade *alhures*.

Eu não exagero, por certo! O despertar da arte em nós mesmos, em nosso organismo, em nossa própria carne, é o sino que dobra por uma parte considerável de nossa arte moderna e por nossa arte cênica, em particular. Mas por que então substituir essa arte cênica tão estimada, que toma tanto lugar e sem a qual parece que não podemos passar?

À mudança de direção, à conversão que devem operar o autor e seus intérpretes, o espectador deve, por sua vez, se lhes submeter. É dele próprio, de seu próprio corpo que lhe cumpre partir; é desse corpo que a arte viva deve irradiar e se expandir no espaço para lhe conferir a vida; é esse corpo que comanda as proporções e a luz; é ele quem cria a obra de arte!

A transição será lenta e exigirá a cada etapa uma fé robusta na verdade entrevista. Os *Festspiele* (festivais) de Hellerau constituirão certamente a etapa mais significativa, a mais decisiva no caminho da conquista da arte viva. Eles agruparão, um ano após o outro, de modo homogêneo, os exercícios do instituto, até nos seus resultados mais avançados, até nas grandiosas tentativas de dramatização. Eles serão a festa dos executantes! E o público convidado a assisti-la deverá experimentar profundamente que esses alunos, de todas as idades e de todas as condições, se encontram ali reunidos *para representá-lo*, para ser, tal qual o coro antigo em torno do altar aceso, o seu porta-voz direto e maravilhoso junto à arte viva.

Então – após tantos séculos de isolamento – ele poderá exclamar cheio de gratidão, contemplando-os:

"Ja, Das bin Ich!" (Sim, sou eu!).

Nosso teatro será vencido por ele.

Assim como se vê, a ginástica rítmica e o teatro (tal como nós o apreciamos atualmente) são duas noções que se excluem. Recolocando o corpo em seu lugar de honra, não aceitando nada que não emane dele ou que não lhe seja destinado, a ginástica rítmica deu seu passo decisivo para uma reforma completa de nossa concepção cênica e dramática.

No entanto, nossos teatros existirão ainda por muito tempo e podemos prever que a influência da ginástica rítmica, ao mesmo tempo que continua a ser benfazeja e estilizadora para o ator, irá se manifestar mais particularmente na *mise-en-scène*. Em vez de uma mostra de pinturas mortas sobre telas verticais, a encenação se aproximará sempre mais da plasticidade do corpo humano para fazê-la valer no espaço. Resultará daí uma grande simplificação e uma notável diminuição de objetos que só a pintura podia nos apresentar. A iluminação deixa de ser absorvida pela necessidade de fazer ver a pintura, poderá se espalhar *gestaltend* (criando formas) no espaço, penetrando-o com a cor viva, criando aí uma atmosfera móvel, com variações infinitas, inteiramente a serviço não mais do pintor do cenário, porém... do dramaturgo. E a ilusão que procura nos dar presentemente pelo cenário pintado em detrimento do ator, nós a investiremos, de acordo com o autor, na mais perfeita valorização do próprio ator. Não é possível entrar aqui em mais pormenores sobre os resultados de semelhante reforma; mas compreender-se-á que, libertando a encenação do jugo da pintura inanimada e da ilusão que supostamente ela deve produzir, que lhe conferindo assim a máxima flexibilidade e a mais perfeita liberdade, no mesmo lance, liberta-se *a imaginação do dramaturgo*! As consequências dessa reforma cênica na própria forma dramática não podem, nem de longe, serem apreciadas!

Por sua vez, a ginástica rítmica, ao conservar seu princípio cênico essencial, que é o de nada tolerar em torno dela que não emane diretamente do ritmo incorporado, criará por si mesma, em uma progressão normal, uma encenação que será como a emanação necessária das formas plásticas do corpo e de seus movimentos transfigurados pela música.

Então a toda poderosa Luz, dócil à música, virá associar-se a ela; a luz sem a qual não há plástica, a luz que povoa o espaço de claridades e sombras moventes; que cai em lençóis tranquilos, ou que jorra em raios coloridos e vibrantes. E os corpos, banhados em sua atmosfera vivificadora, reconhecerão nela e saudarão *a Música do Espaço*.

Pois Apolo não era apenas o deus da música, ele era também o deus da Luz.

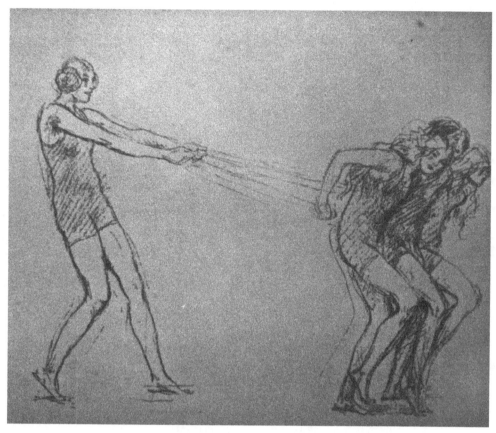

△ Os rítmicos esboçados a partir de modelos vivos, durante representação de *Orfeu e Eurídice*.
Desenho de Hugo Böttinger, Praga. Portfólio editado pela Galerie Arnold, Dresden, 1912 (Doc. FIER, Inst. Jaques-Dalcroze, Genebra).

◁ Hellerau, 1912. Demonstração de rítmica. Note-se os elementos de madeira combináveis à vontade, tais como peças de um jogo de construção.
▽ Ocupam-se em torno ao fosso da orquestra. Ao fundo, terraços, escadas, muros, patamares... (Doc. J. Mieczinska / Marie Wieman, Varsóvia)

4
A Ginástica Rítmica e a Luz

Nós não esperamos das festas de Hellerau uma solução definitiva e, por conseguinte, prematura de certos problemas estéticos, mas de fato uma indicação firme e precisa que nos mostre a direção a tomar para chegar progressivamente, ano após ano, a essa solução. Assim, é evidente, novos problemas surgirão!

Isso, como tudo o que diz respeito ao Instituto Jaques-Dalcroze, advém da pedagogia. Ser-me-á permitido, portanto, dar aqui uma curta exposição de princípio e algumas reflexões sobre um dos pontos essenciais deste ensinamento, a saber: que papel deverá desempenhar a luz em uma escola dominada pelo ritmo musical.

Nossos sentidos raramente estão em presença uns dos outros em uma relação de igualdade harmoniosa. Sua correlação mantém na verdade uma espécie de equilíbrio no que concerne em um mesmo indivíduo à soma de seus poderes: se um dos sentidos aumenta, o outro diminui; mas é claro que a soma total permanece constante, pois ela caracteriza uma personalidade. Nós só temos, pois, ação sobre nossos sentidos naquilo que diz respeito às suas relações *recíprocas*, e as variações sensoriais são infinitas e diferenciam os seres bem mais do que nós estamos dispostos a crer.

Para ficar no âmbito da pedagogia, a que meios recorrer se quisermos regularizar o jogo de nossos sentidos? Em nossas escolas, onde se trata de comunicar ao aluno o que os homens pensaram e descobriram antes dele, o problema permanece simples; nós só nos dirigimos à parte intelectual e ordenadora da personalidade. Mas, o que seria se devêssemos nos dirigir *diretamente* aos próprios sentidos do aluno com o fito de regularizar harmoniosamente seu valor recíproco? Aí, mais do que nunca, as divergências de personalidade se manifestarão, pois entre o ensino e os sentidos não haverá mais intermediários possíveis. Em primeiro lugar, será necessário iniciar a personalidade em seu próprio organismo; cumpre que ela se torne *consciente* do estado recíproco de seus sentidos, pois é claro que somente então ela poderá procurar equilibrar harmoniosamente o jogo.

É dirigindo-nos aos nossos dois sentidos mais nobres, a audição e a visão, que despertaremos melhor esse estado de consciência que repercutirá em seguida em todo o organismo e desvelará seus defeitos e suas faltas de equilíbrio.

A ginástica rítmica parece efetivamente o procedimento mais exato para esse estudo; por seu intermédio, a personalidade afirma-se como corpo e alma sem dissimulação possível. Em um *Landeserziehungsheim* (internato campestre) moderno, por exemplo, o aluno consegue de fato afirmar-se integralmente, mas o faz de uma maneira que não coloca em questão aquilo que podemos chamar de sua vontade estética corporal; desperta-se aí o sentimento completo da vida sem penetrar até a fonte mesma do equilíbrio, e a personalidade carece de uma pedra de toque irrefutável que a instrua a esse respeito. Ora, visto que é com nossos próprios sentidos que devemos julgar seu equilíbrio – o que não poderá ser feito a não ser por uma *modificação* momentânea daquilo que eles costumam sentir –, nós poderemos torná-los sensíveis às suas proporções comuns. A música constitui aí um meio por excelência, pois vive uma contínua modificação de durações; ela possui assim um poder pedagógico de primeira ordem. É dela que nasce a ginástica rítmica, e não precisamos repetir aqui como esta atua, pela arte de modificar as durações, em todo o nosso organismo. Mas o trabalho de iniciação para nós mesmos não poderá se deter aí; nosso segundo sentido principal, a visão, só parece tocar nisso de modo indireto. Cumpre encontrar um procedimento que a atinja *diretamente*, e isso, assim como a música, modificando as proporções comuns.

É aí que a luz deverá entrar em jogo! Sob qual forma? A claridade do dia não está em nosso poder; nós podemos até obstruí-la (cortina, vidros coloridos etc.), mas não a atingimos, não chegamos a *ela mesma*, para modificar as suas proporções à nossa vontade. É preciso, pois, recorrer à luz artificial, aquela que nós próprios criamos, isto é, à iluminação. Para nossos olhos, essa luz aí está para a simples claridade do dia como a arte do som está para o grito em nossas orelhas; ela será *a ordenadora estética* da claridade, aquela que pode modificar suas vibrações.

Eis-nos, portanto, em posse de dois elementos estilizadores que vão se completar mutuamente para a educação estética de nossos sentidos. Ora, há,

A GINÁSTICA RÍTMICA E A LUZ

sabe-se, uma íntima relação entre a música e a luz! Os antigos o perceberam muito bem ao converter Apolo no deus desses dois elementos reunidos. Tal relação irá nos permitir utilizar a música e a luz *simultaneamente*, qual uma única arte, e assim agir com soberania sobre nossa personalidade.

Mas, se conhecemos perfeitamente a arte do som, nossos conhecimentos *artísticos* sobre a arte da luz são ainda bastante rudimentares: é preciso, portanto, estudar a luz e estudá-la por meio e sob as ordens da música! Esse estudo, absolutamente novo e cuja importância para o futuro não se poderia apreciar de modo satisfatório, nos reserva, com certeza, grandes surpresas. Para começar, aprenderemos que "ver claro" não é ainda de modo algum a Luz, e que, ao contrário, a Luz tem necessidade de uma atmosfera luminosa para que ela própria se manifeste como criadora [de formas] (*gestaltend*). O que é, por consequência, de um equilíbrio oportuno, e variável ao infinito, entre "ver claro" e a lua criadora [de formas] (*und das gestaltende Licht*) que nascerá o... *som luminoso*, apropriação exata das vibrações luminosas no espaço e das vibrações musicais. O Instituto, por seus estudos e pesquisas sistemáticas da luz, feitas em comum com os alunos, criará em cada um deles um novo sentido, que se poderia denominar *o sentido musical luminoso*, que lhe permitirá procurar equilibrar harmoniosamente suas sensações auditivas e visuais e encontrar nesse equilíbrio uma nova fonte de inspiração.

Esse estudo será longo! Assim, não é essencialmente de belas coisas que se trata de descobrir. Da mesma maneira, o estudo do Ritmo não produz a beleza a não ser que seja o resultado normal, orgânico, de algum modo fatal, como a beleza da Luz associada indissoluvelmente à música só poderia ser um resultado; sob pena de permanecer um jogo dissolvente. Devemos lentamente aprender que ver e ouvir podem ser uma única e mesma coisa, e compreender por meio da intuição que a arte inteira deverá doravante se basear nessa experiência capital.

Mas é só a música que pode nos guiar nesse novo caminho, pois somente ela possui o poder da evocação.

É preciso, portanto, como os servidores das *Mil e Uma Noites*, que lhe respondamos "pelo ouvido e pela obediência", associando-lhe, se pudermos, olhos sinceros e submissos.

As Festas de Hellerau apresentarão então ao público os resultados deste estudo naquilo que eles podem ter de instrutivo e sugestivo para seu desejo de harmonia e beleza. Os progressos, marcados a cada ano, serão a prova de um trabalho escrupuloso e perseverante; eles não poderão deixar de abrir aos espectadores, sempre de novo, novas perspectivas de desenvolvimento.

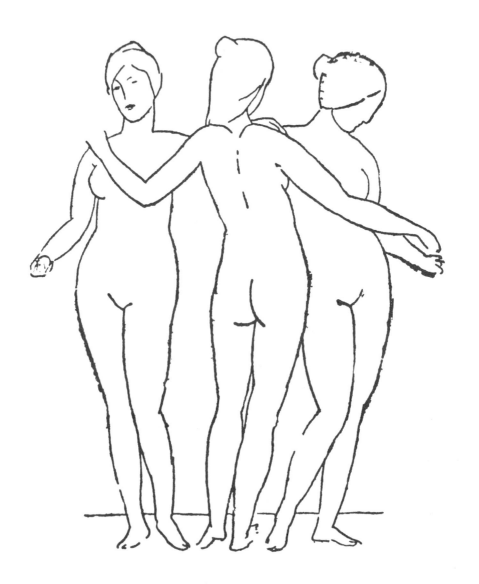

5
Estilo e Solidariedade

> Alles Halben sich entwöhnen
> Und im Ganzen, Vollen, Schonen
> Resolut zu leben.
>
> GOETHE[1]

A palavra *estilo*, sabe-se, vem de punção, instrumento de que se serviam os antigos para escrever sobre a cera mole de seus tabletes. A alta significação que lhe atribuímos tem, portanto, sua origem no fenômeno da escritura.

Quando pegamos uma pena e a conduzimos de uma maneira regular sobre uma folha de papel para fixar nosso pensamento, nós nos sentimos *responsáveis* pelas linhas que daí resultam; a menor contrafação da escritura nos aparece como uma mentira, pois essa linguagem muda é produto de nossa vontade mais secreta, é a imagem de nós mesmos. Se a grafologia pode desfalecer às vezes diante de circunstâncias acidentais em que não poderia penetrar, ela não deixa de continuar sendo um juiz, e um juiz tanto mais temível quanto seu assento aí é permanente.

Para além da escritura propriamente dita, denominamos *estilo* o modo de ordenar suas ideias e de exprimi-las pela linguagem escrita. E dizemos com razão: o estilo é o homem; no pensamento que destinamos a outrem, nós nos revelamos igualmente tão bem quanto nos traços de nossa escritura. Qualquer um que dê um sentido para a arte epistolar, por exemplo, sabe até que ponto uma carta é um dom de si – seja qual for o seu conteúdo – e, por consequência, a relevância psicológica da correspondência.

O estilo é o homem! Mas, ampliando ainda a significação do vocábulo, nós o aplicamos a todas as artes, todavia com uma distinção: dizemos *ser* de um estilo, e *ter* estilo. Um designa somente uma classificação; evidentemente, aqueles que criaram uma forma de arquitetura ou um gênero de

---

[1] "Para se desligar disso e, no geral, viver plena, gentil e resolutamente."

pintura não os nomearam com mais precisão do que um guerreiro poderia fazê-lo ao dizer que partia para a Guerra dos Cem Anos. Trabalhar em tal ou tal estilo é copiá-lo. A outra acepção, *ter* estilo, distingue uma qualidade pessoal e viva, derivada diretamente daquilo que nós sentimos ante o aspecto de uma escritura ou quando nós mesmos escrevemos: é uma qualidade da qual o artista é *responsável*.

No entanto, aqui entra um novo elemento: o público. O artista, ao expor o seu trabalho a todos os olhares, deve perguntar-se se o sonho, objeto de sua obra, merecia a expressão da qual ele o revestiu. Ele se sente responsável por aquilo que é ele próprio e, por conseguinte, pelo dom que ele fez de si.

Esse sentimento diz respeito apenas ao artista? Somos nós somente seu público? E não temos de tomar parte alguma no próprio objeto de seu sonho?

Qualquer ser dotado de respeito pode hoje em dia sentir-se feliz e calmo entre as colunas do Partenon, na igreja de São Marcos, em algum santuário egípcio? Não entramos com certo constrangimento no Louvre ou na Pinacoteca? E após a *Nona Sinfonia* não achamos estranho deixar placidamente o assento em que ficamos sentados durante duas horas? Enfim, em todos esses lugares não evitamos cuidadosamente olhar para nós mesmos no espelho tão bem conservado de nossa consciência moderna?

Sim, por certo! Temos o sentimento da *responsabilidade* diante da obra de arte; e é ele que nos obriga a mentir. Sabemos perfeitamente que a arte deve ser vivida, e não apenas contemplada; e vemos com desprezo a ideia de um diletante... porque com esse olhar nos menosprezamos a nós próprios.

Há, pois, *solidariedade* entre nós e o artista; e é por prudência que alinhamos os quadros e as estátuas em nossos museus, as peças de música nos programas; que outra coisa poderíamos fazer? É também por prudência que deixamos as salas de espetáculo no escuro e que procuramos por toda parte e sempre separar o mais nitidamente possível a obra de seu público, a arte de nós mesmos.

Ora, ao fazê-lo, esquecemos que é em nossa vida que o artista sorve – ou deveria sorver – suas inspirações! Privamos o artista de seu objeto; nós o obrigamos a uma criação artificial. O crime estético, somos nós que o consumamos, para acusar, em seguida, os artistas de se afastarem de nós e de não mais *oferecerem* obras inteligíveis! Mas, em nome do céu, o que lhes oferecemos nós, portanto – nós – para ter tais exigências?

Consideramos a arte como uma fabricação de objetos de luxo: eles nos são mostrados, escolhemos, como na confeitaria, aqueles que afagam a

ESTILO E SOLIDARIEDADE

nossa gulodice e constrangemos muitos artistas a se tornarem confeiteiros. As obras daqueles que não se preocupam com o nosso paladar, nós as deixamos na vitrine e delas conhecemos apenas o seu aspecto. Classificamos, aceitamos, recusamos, sem ter vivido um segundo da vida de uma obra que nos permanece estranha. Ora, como experimentar uma obra de arte se a gente não percebeu desde o início aquilo que lhe serviu de modelo? As lágrimas bem-aventuradas do prazer estético não correm nela *tão somente* quando nos reconhecemos na obra de arte; por isso, quem voltará a derramá-las ainda?

Nós todos somos responsáveis pelo estilo de nossas artes. Se a música vive na libertinagem, cabe a nós a culpa, e se os pintores criaram para as suas obras uma sociedade fictícia, afastando-se por esse meio da vida e com ela da qualidade que perseguem mais obstinadamente, o estilo, cabe a nós a culpa: é preciso cultivar em nós o sentimento dessa responsabilidade esmagadora. Cumpre aprender a desprezar a inevitável barbárie de nossos museus de arte, quer seja em programas de concerto, em salas de exposição de quadros ou em edifícios falsificados. É necessário alimentar o estorvo e a confusão que nos esmurra diante das obras antigas oriundas de uma sociedade solidária, de todo esse passado que parece nos desafiar; não entrar na Notre Dame para ser feliz, mas para estar pouco à vontade…

Por esse sofrimento repetido, implantado em nossa alma e em nossa carne, pelo desejo apaixonado de nos livrar disso, podemos reencontrar e pegar as armas esquecidas e vencer *o público* em nós mesmos.

Já se realiza na arte cênica um movimento pronunciado por esse lado. Nossos olhos se abrem, revoltados pelos espetáculos que se lhes faz aceitar. Estamos indignados com a especulação organizada sobre nossa preguiça; com a inferioridade social onde colocamos lassamente nossos teatros; e estamos enojados por haver entregue os elementos todo-poderosos da *mise-en-scène* nas mãos servis do primeiro adventício, quando as formas, as cores, a luz e suas mil combinações maravilhosas nos pertencem!

Nossas festas [populares] – especialmente na Suíça – nos ensinaram que é de nosso coração, a *todos nós*, que a arte deve jorrar, e que nossos corpos, a *todos* nós, tem de representá-la. Às vezes mesmo nós teríamos desejado não mais oferecer essas festas em… espetáculos! A dignidade de nossos instintos dramáticos desperta; em tempo! Pois a ficção viva é a porta triunfal que dá acesso a todas as outras artes; nela testemunhamos nossa consciência estética e nossos sentimentos de estreita solidariedade. Somente ela poderá nos conferir de novo alguma dignidade ante a obra de arte e nos dirigir à conquista do *estilo*.

A arte transfiguradora, aquela que pelo ritmo une nosso organismo à indubitável expressão de nossa alma, parece evadir-se; no entanto, não é ela que se extraviou, é sua sombra! Ao contrário, a música está bem perto de nós. Não lhe resistamos: nós, que havíamos abandonado a expressão ardente de nossa vida interior, cedamos a suas novas solicitações, entreguemos-lhe sem reservas o ritmo de nossos corpos que ela quer transfigurar e mergulhar no espaço estético das sombras e das luzes, das formas e das cores, ordenadas, vivificadas por seu sopro criador.

Enveredando pelo caminho da arte viva, quem não sentiu a lei da solidariedade estética lhe abrasar o fundo da alma e perturbar definitivamente sua quietude diletante? Ah! É que a arte é uma grande escritura coletiva! A gente não a contrafaz de modo algum impunemente; e quando a caneta que deve traçar seus caracteres vivos tremia em nossa mão, uma voz nos bradou: cuidado! O estilo é você!

Tomemos cuidado, de fato: cuidado com as falsificações da escritura e com os conselhos dos calígrafos que zombaram de nós até aqui.

Acreditemos em nossa mão: os traços serão de início desajeitados; que importa; eles serão os nossos e *eles terão estilo porque nós seremos responsáveis por eles e porque a arte, em nós, viverá*!

6
A Origem e os Primórdios da Ginástica Rítmica

A origem de uma obra, qualquer que seja, encontra-se na personalidade do autor e não nas circunstâncias: essas são secundárias, elas poderiam impedir ou favorecer o sucesso e a expansão da obra, elas não a conceberam... Aqui, como alhures, a personalidade prima em tudo.

Sabe-se que a qualidade essencial da ginástica rítmica é a de não ter jamais, desde o seu início, tomado os elementos de sua *disciplina* de fora, e de ter, ao contrário, se desenvolvido progressivamente como um arbusto que extrai sua seiva do solo nutridor onde mergulham suas raízes. Buscando na personalidade de Jaques-Dalcroze as razões desse fenômeno, chegaremos sem dúvida a uma compreensão mais íntima e mais sólida de sua grande obra e de suas origens.

Duas correntes distintas conduziram-no à busca de uma união *orgânica* entre a música e o corpo; duas correntes que correspondem nitidamente às suas duas faculdades mestras, a saber, de um lado, seu *gênio pedagógico*; de outro, o que eu chamaria de seu *gênio sintético*.

É evidente que, ao dividir assim, eu analiso um pouco convencionalmente uma das personalidades mais inteiras e menos analisáveis que possam existir. Creio, todavia, que me aproximo da verdade. E sabe-se que, para apreender com palavras inapreensíveis pelos sentidos, é preciso sistematizar.

Um dos traços mais notáveis do gênio pedagógico de Dalcroze é que o mestre não pode considerar seus alunos em bloco; eles são, para ele, uma reunião de personalidades perfeitamente distintas e, instintivamente, ele deve tratá-los como tais. Daí resulta-lhe um senso agudo de observação, e de uma observação eminentemente produtiva. Se acrescentarmos a isso aquilo que é quase seu corolário – de não cristalizar nada, não sistematizar nada;

a necessidade de ver diante de si o campo sempre livre para criar sempre de novo *com seus alunos* uma vida sempre renovada –, compreender-se-á melhor os inícios da ginástica rítmica, que de tão simples se tem alguma dificuldade em determiná-los e que, entretanto, apresentam atualmente um interesse vivo mesmo fora de toda cronologia.

Por gênio sintético, é preciso entender a necessidade imperiosa de reunir os meios de expressão para uma vida artística integral. Dalcroze possui em um raro grau o *dom da vida*; e se poderia dizer que para ele os elementos isolados quaisquer que sejam só têm valor na medida em que tomam parte no concerto da vida. Toda a atividade desse homem de ação por excelência tendeu sempre a subordinar os meios de expressão uns aos outros tendo em vista um fim superior. De fato, ele próprio não duvidava disso e esse era o segredo de sua irresistível ascensão.

Portanto, de um lado as observações individuais feitas no curso de suas aulas, em particular nas suas aulas de solfejo, que constituíam para ele uma fonte inesgotável de informações; de outro, as tentativas de síntese, tais como, por exemplo, suas canções infantis mais ou menos mimetizadas e dramatizadas, cujo charme e sucesso são conhecidos; depois, mais tarde, as canções calistênicas para os alunos mais velhos etc., eis as duas correntes que, ao se reunirem, forneceram a Dalcroze a documentação e a experiência necessárias para os seus primeiros ensaios de rítmica corporal.

Do lado pedagógico, ele exigia de seus alunos, durante suas aulas de solfejo, que batessem o compasso, experimentando a vantagem de um movimento que os aproximava de algum modo materialmente da música. Na maioria, esse gesto despertava um sentimento de equilíbrio e até de beleza; não se tratava de um simples adjuvante técnico. Enquanto pedagogo-artista, Dalcroze observava o efeito dessa disciplina e constatava que os corpos perdiam então um pouco de sua passividade, como para tomar parte no gesto da mão e se deixar assim penetrar pelo ritmo musical.

Do outro lado, o sintético, ele teve de constatar durante a execução de suas canções infantis a alegria inteiramente especial que causava à criança a possibilidade de unir ao canto movimentos apropriados, e a ação benfazeja que ela exercia sobre seu organismo; isso mesmo, além do prazer que a criança sente sempre diante de uma ficção qualquer. Mas isso ocorreu sobretudo nas canções compostas para seus alunos do Conservatório, e que não eram mais necessariamente um jogo dramatizado como aqueles dos petizes, nos quais as relações entre a música e os movimentos começaram a se revelar ao mestre.

Ele viu que o gesto e a atitude acompanhavam bem a música, mas isso sempre em uma simples justaposição; e que, por mais preciso que pudesse ser o jogo dos alunos, os dois elementos não se uniam orgânica e indissoluvelmente para formar uma única expressão. Ele observou a resistência que os corpos opunham, mesmo a essa simples justaposição; ele compreendeu que não chegaria a nada antes de ter harmonizado a vontade de agir e os atrasos do organismo, por meio de uma disciplina rítmica rigorosa... e as observações se multiplicavam: parecia que elas queriam obrigar o mestre a encontrar a solução de um problema ainda, no entanto, mal formulado por ele.

A situação tornava-se certamente perigosa. As cenas calistênicas o induziam a pesquisar a pura plástica, a beleza exterior, a imitação de obras de arte; e sua extraordinária facilidade unida ao entusiasmo juvenil de seus alunos encantavam a todos, forçosamente, para o prazer superficial do ouvido e dos olhos, sem a disciplina que deve dominar esse prazer e o apurar. Qualquer outro que não Dalcroze teria partido numa cruzada a fim de construir um belo método e desenvolver imprudentemente o lado plástico, negligenciando a base indispensável de um solfejo corporal. *É então que o gênio pedagógico vem salvar o mestre.*

O que fez a ginástica rítmica tal como a conhecemos é que, para Jaques-Dalcroze, seus alunos são, nós o dissemos, individualidades. Jamais teria chegado à prudência e ao respeito estético que garantissem daí em diante o futuro de sua arte, sem o *reinmenschliche Gefühl* [sentimento puramente humano] que ele experimentava em relação a cada um de seus alunos, pois nunca seus alunos lhe teriam testemunhado essa inabalável fidelidade de que o homem de gênio não pode dispensar, se elas, individualidades, não se sentissem cada qual um indivíduo distinto na afeição e na solicitude de seu professor. É essa *troca* absolutamente pessoal que permitiu ao gênio de Dalcroze encontrar sua direção e persegui-la vitoriosamente.

Se, portanto, aquilo que chamei de gênio sintético de Dalcroze lhe forneceu experiências próprias para despertar sua atenção, é não obstante *retornando à pedagogia* que ele encontrou o primeiro passo a dar para a conquista do ritmo corporal; foi o solfejo que, com a fórmula do problema, lhe proporcionou a chave para resolvê-lo.

O mestre e seus alunos – eles serão de agora em diante inseparáveis – se perguntaram se não poderiam, batendo o compasso com os braços, indicá-lo também de alguma maneira com as pernas e os pés... Eles realizaram esse ensaio e chamou-se isso de "fazer o passo".

Esse foi o começo da ginástica rítmica.

O trabalho se efetuava em comum. O mestre era, sem dúvida, o inspirador incomparável, mas nem por isso ele deixava de pedir o conselho e a opinião de seus alunos. Só nos resta um gesto de profunda reverência e a emoção diante de tais inícios. Pouco a pouco, uma espécie de ABC foi constituído; para os elementos do solfejo musical, foram encontrados equivalentes corporais, e as coisas se desenvolveram de modo tão satisfatório que Dalcroze pediu ao diretor do conservatório, em Genebra, M. Held, autorização para criar um curso especial destinado a fazer "os passos" que haviam estudado até então em seus instantes de lazer e sem colocar nisso nada de oficial. Essa autorização fora-lhe recusada. Acusaram-no de "assumir uma mentalidade de mestre de dança".

Então, no outono de 1904, Dalcroze alugou uma pequena sala nas proximidades do Conservatório, onde o belo trabalho heroico, a lenta e angustiante conquista do desconhecido, continuou durante as horas que o programa oficial deixava livre. Enquanto Genebra ignorava ou queria ignorar a grande obra que germinava em seus muros, algumas jovens, as alunas do mestre, e seus pais davam o exemplo da confiança e da fidelidade e preparavam assim, no silêncio e sem que soubessem, o luminoso futuro de Hellerau.

Em maio de 1905, os resultados foram suficientes para que se pudesse tentar uma demonstração pública dos "passos" por ocasião da festa anual dos músicos suíços em Soleure. O êxito foi considerável e a opinião dos pedagogos e dos músicos encorajou Dalcroze a apresentar ao Comitê do Conservatório de Genebra um relatório circunstanciado com o pedido renovado para introduzir cursos regulares. Recebeu uma recusa categórica, acompanhada da mais completa indiferença. Para esclarecer o público, Dalcroze proferiu, naquele mesmo ano, em setembro, uma grande conferência, mas sem demonstração de alunos. Ouviram-no com prazer, como sempre; compreenderam-no?

Enfim, o desejo de abrir cursos regulares prevaleceu: uma sala conveniente foi alugada pelo mestre. E nessa sala começou o grande ano de descoberta!

O artista de gênio se vê colocado em face de sua obra acabada como diante de um enigma. Ele o interroga; o enigma às vezes responde. Quando essa obra é um todo definitivo, quadro, estátua, sinfonia ou poema, a resposta é mais nítida. Mas quando a obra não se eleva definitivamente diante do público, e quando, ao contrário, ela deve desenvolver-se lenta e progressivamente no infinito do tempo, quando concluída, pois teve um começo, ela, no entanto, não se acabará jamais, porque é viva, o enigma é angustiante; o gênio em vão questionou, sua obra só pode responder que: "Eu represento *a obediência* à

A ORIGEM E OS PRIMÓRDIOS DA GINÁSTICA RÍTMICA

tua *innere Noth* [aspiração mais profunda], ao teu desejo eterno; continue a desejar, eu continuarei a te obedecer; *und je reiner dein Wunsch, je veredelt deine innere Noth, je besser werde ich Dir gehorchen* [e quanto mais puro teu desejo, quanto mais enobrecedora tua aspiração, melhor poderei te obedecer]."

É assim que pode ser definida a situação de Jaques-Dalcroze com seus alunos no momento em que os cursos regulares de ginástica rítmica foram instituídos.

O solfejo corporal já estava fixado, mas para onde ele devia conduzi-lo? Como desenvolvê-lo, e para que fim? Eles não sabiam e iam dia após dia em busca de algo desconhecido. Não é possível fornecer aqui os pormenores sobre o trabalho daquele ano de exploração, maravilhoso. Além disso, como torná-los *anschaulich* [visíveis]?

Naquele inverno, ocorreu uma intervenção que exerceu uma feliz influência sobre a obra de Jaques-Dalcroze. O artista sofre frequentemente por não poder converter em elementos de reflexão e de análise aquilo que sua alma extravasa e aquilo que sua vontade quer com tanta insistência. Ele precisa de uma terminologia. A biografia de grandes artistas nos dá com frequência exemplo disso. M. Edouard Claparède, professor de psicofisiologia na Universidade de Genebra, muito interessado pelo que havia visto e compreendido da ginástica rítmica, teve com Dalcroze algumas entrevistas que, ao proporcionar ao mestre a terminologia indispensável, permitiram-lhe relacionar, pela reflexão auxiliada por diversas leituras, suas pesquisas pedagógicas e estéticas a fatos científicos. Compreende-se com que avidez um tal pedagogo se apoderou desses dados positivos para transformá-los em úteis experiências. É daí que data sua atenção especial à inibição, à inervação, aos tempos perdidos, ao "Hop!", imperativo que obriga o corpo a se manter sob pressão a fim de obedecer às ordens mais inesperadas etc. É daí que data, não uma sistematização por certo, porém um método consciente e racional de ensinamento e de observação.

Na primavera de 1906, uma grande demonstração de ginástica rítmica e de plástica acompanhada de explicações foi realizada em uma sala da cidade. O público estava muito curioso, mas não duvidava de modo algum do alcance daquilo que lhe apresentava. O mestre precisou deixar o piano muitas vezes e deslocar-se até diante do pódio para suplicar aos espectadores que não tomassem aquilo como teatro... e para lembrar-lhes que se tratava de uma tentativa *pedagógica* nova, de um ensaio de transfusão do ritmo musical no organismo. A sessão teve sucesso, sem resultados positivos.

No verão daquele mesmo ano, ocorreu o memorável primeiro curso normal, em que Dalcroze pretendia apresentar durante quinze dias o resultado de suas pesquisas. Todos os participantes imaginavam que esse curso consistiria de uma série de conferências ilustradas pelos exercícios dos alunos, e que, assim edificado, o curso faria com que cada um deles entrasse em sua casa sabendo o que é a ginástica rítmica. Errado! Errado! Após cinco minutos, o mestre os fez compreender que se tratava de descer à arena e de realizar por si mesmos a grande experiência! Todos se recusaram a isso. O quê?, a inteligência não bastava, então, e o corpo inteiro devia se envolver? Era preciso expor-se a si próprio a essa prova ridícula! O momento era ao mesmo tempo cômico e solene. Sim, solene, pois para a ginástica rítmica, era ser ou não ser; *era preciso* que doravante cada qual compreendesse que a ginástica rítmica é uma *experiência pessoal* e não um método. Era preciso a qualquer preço. Oh, prestígio da personalidade! Um quarto de hora mais tarde, senhores e senhoras de todas as idades e nacionalidades e em trajes citadinos evoluíam, submetidos e atentos às ordens do mestre... Eles apresentavam assim, evidentemente, pelo não previsto, o mais incompreensível dos espetáculos.

Cursos semelhantes se repetiram durante os verões de 1907, 1908 e 1909. Eles foram cada vez mais frequentados e mais cosmopolitas e cada vez mais notados, visto que os estudos a cada novo inverno acumulavam as experiências e consolidavam a forma de ensino. Ao fim do curso normal de 1909, houve o primeiro exame para a obtenção do diploma de ensino, que se tornou necessário devido aos abusos de algumas pessoas que, tendo assistido a um único curso normal, ou seja, de quinze dias de estudo, se apressavam em criar cursos no estrangeiro, embora fossem completamente ineptas.

Enquanto isso, Dalcroze fazia *tournées* de conferências e de demonstrações com alguns de seus melhores alunos. Como exprimir a soma de trabalho, de esforços, de iniciativa, como medir a resistência indomável e a heroica coragem de que esse Intrépido deu prova durante esses cinco anos! Em Genebra, onde, no entanto, ele estava cercado de amigos, sua obra praticamente só encontrou a indiferença, e até a reprovação; ou então, o que é mais deprimente ainda, a fútil e passageira admiração de alguns estetas. Foi apenas em um país germânico que encontrou eco e uma séria atenção. Aí, procuraram retê-lo; mas ele recusou ainda tudo o que devia arrancá-lo de seu país.

Durante esses tempos de experimentação, uma holandesa, Nina Gorter, tornou-se para o mestre uma aliada fiel, uma colaboradora cada vez mais indispensável; e assim permaneceu. Gorter era professora em um conservatório de Berlim. Começou bem cedo a montar canções infantis que traduzia em parte para o alemão. Cativada pelo gênio de Dalcroze, abandonou logo

A ORIGEM E OS PRIMÓRDIOS DA GINÁSTICA RÍTMICA

a situação estável de que dispunha em Berlim e foi para Genebra, dois anos antes dos inícios da ginástica rítmica; tomou parte, portanto, no próprio nascimento da obra. Na Basileia, Paul Boepple, professor de música, com o apoio e o inteligente interesse do diretor da *Töchterschule* [escola de moças] dessa cidade, pôde fazer com que se adotasse aí rapidamente o modo de ensino de Jaques-Dalcroze e introduzissem a ginástica rítmica desde o início. Ele, uma espécie de Kurwenal incorruptível, de natureza sensível, generosa e profunda, era talhado para compreender em primeiro lugar o mestre, e segui-lo na medida em que ia realizando sua criação; por isso, seu nome permanecerá aí inseparável! Alguns outros amigos sinceros ainda se encontravam por lá, mas, infelizmente, eles não podiam dar ao gênio de Dalcroze nada além do seu entusiasmo e sua devoção.

Na primavera de 1910, após uma triunfal demonstração em Dresden, Karl Schmidt-Hellerau, fundador da cidade-jardim [*Stadtteil*, bairro] de Hellerau, perto de Dresden e da fábrica de *Werkstätte* que aí se localiza, propôs a Dalcroze organizar e dirigir a vida musical dessa pequena cidade em criação. O mestre pediu um tempo para refletir e retornou a Genebra.

É então que o dr. Wolf Dohrn, fundador da [Deutscher] Werkbund (Associação Alemã de Artesãos) e interessado na fundação de Hellerau, foi para Genebra acompanhado de seu irmão Harald. Ele foi até lá para oferecer a Jaques-Dalcroze a construção de um instituto modelo nas cercanias de Hellerau e lhe dar, com esse grandioso estabelecimento, todas as possibilidades necessárias ao desenvolvimento e à expansão de sua obra. Além dos alunos de todas as nacionalidades que afluiriam para esse centro de vida, o Mestre teria ocasião de formar a infância e a juventude da pequena cidade-jardim e de encontrar assim um terreno virgem mais apropriado para receber seu ensinamento do que uma juventude já deformada pela rotina de nossas escolas. Ao artista de gênio que até então podia contar apenas consigo próprio, e que, há anos, se debatia em face do impossível, o dr. Dohrn estendia com respeito e sorrindo a grande mão poderosa! E com essa mão, ofereceu ao infatigável trabalhador aquilo que podia ter para ele o maior valor: o meio de trabalhar mais ainda, porém colhendo os frutos e o sucesso!

Como recusar tal oferta? Após as indispensáveis conversas sobre a segurança do empreendimento, Dalcroze aceitou e partiu para Dresden.

Esse relance retrospectivo sobre a origem e os inícios da ginástica rítmica nos mostrou uma vez mais que uma obra que deve *viver* deve também se desenvolver segundo os princípios da vida; que nenhuma violência poderia apressar seu florescimento; e que apenas uma cultura paciente e perseverante, facilitando a expansão de suas raízes no solo, determina, ao mesmo tempo, o crescimento e o desenvolvimento da árvore em pleno sol.

Assistimos às lutas e aos sofrimentos inseparáveis do trabalho de criação. Mas nos esquecemos de uma coisa... Com o belo dom de expandir a Vida, Jaques-Dalcroze possui mais um outro dom; ele possui o dom sagrado de procurar a Alegria! Seus alunos sabem muito bem disso; e nos dias mais sombrios – porque sempre os há –, a chama da alegria, acendida pelo Mestre, os aclara e os dirige. Suas vidas estarão por ela para sempre iluminadas.

Aquele que respirou profundamente o ar do instituto, que sentiu vibrar em torno de si aquela atmosfera única de solidariedade fraternal, de ajuda mútua e de esforço em comum para um ideal ardentemente perseguido e que, agora, pode evocar diante da fachada tranquila do novo edifício a figura do Mestre cercado de seus alunos e da alegre trupe de crianças de Hellerau, e dizer a si próprio que esses seres de idades, de nacionalidades e de posição social diferentes se encontram todos, não obstante, estreitamente unidos em um único pensamento, esse ser não pode impedir-se de exclamar:

> Deine Zauber binden wieder
> Was die Mode streng getheilt;
> Alle Menschen werden Brüder
> Wo dein sanfter Flügel weilt.

> Tua magia reúne
> O que foi separado pela moda;
> Sob a tua doce influência alada,
> Todos os homens voltam a ser irmãos.

["Hino à Alegria", Schiller]

7
A Obra de Arte Viva

Para Emile Jaques-Dalcroze
O amigo fiel a quem devo por ter uma pátria estética.
...e a ti
Ô Walt Whitman
que me compreenderá porque tu estás vivo – sempre!

O homem é a medida de todas as coisas.
PROTÁGORAS

"Camarada, isto não é um livro:
Quem o tocar, tocará um homem."
W. WHITMAN

PREFÁCIO

Este estudo tinha inicialmente a extensão de duas vezes este volume. O autor imaginava tornar seu pensamento mais claro e de uma abordagem mais fácil, se a cada passo ele a documentasse e a desenvolvesse sob todos os aspectos. Ele acreditava poder extrair assim o suco de um fruto que, no curso de seu trabalho, se mostrou inexprimível – desse modo ao menos. Além disso, ele precisou convencer-se de que não se arrasta um hóspede amável e indulgente por um caminho que lhe é desconhecido e para fins que ele ignora de início se, por um chamado contínuo para a rota costumeira e seus aspectos familiares, ele já desvia seu olhar, e provavelmente também seus passos, da nova e imprevista direção.

Em todos os domínios a documentação é um estudo que se faz estacionando. Ela é uma preparação ao ato voluntário da partida. As pernas do *Caminhante* de Rodin são "documentadas" – e por isso elas se decidem partir! Um turista detém-se para consultar um mapa, depois dobra-o e avança para o caminho que ele crê lhe ter sido indicado por sua compreensão.

Durante muitos anos, o autor consultou os outros e se interrogou a si mesmo. Irresistivelmente atraído por um desconhecido que ele imaginava ser maravilhoso, no entanto, desejava munir-se de todas as garantias possíveis antes de se comprometer com ele. Entendia que esse compromisso devia ser definitivo; de início, ele o sentia de modo obscuro; mas logo a apreensão que o oprimia, pouco a pouco, não lhe deixava mais dúvida: *não havia retorno possível* e, não obstante, era preciso partir.

Então, ele partiu. Atrás dele desprenderam-se, um a um, os laços tão queridos que o ligavam a um passado que ele havia acreditado jamais dever, e sobretudo poder, abandonar.

E o objetivo desta obra é oferecer ao leitor uma espécie de preparação para a viagem e, assim, fazê-lo participar da documentação da qual o autor se encarregou, sem lhe comunicar as hesitações ou as angústias. Mudar de direção e abandonar o conhecido, que se ama, por um desconhecido, que não se pode ainda amar, é consumar um ato de fé. Não importa em qual domínio de nossa vida, uma conversão – isto é, para falar justa e propriamente, uma mudança de direção – é, portanto, um acontecimento grave e sempre infeliz, pois comporta numerosos abandonos, um despojamento progressivo, que nada parece dever nem substituir nem compensar. Ele o é ainda mais porque não se lhe poderia consentir a abandonar nada, nem se despojar de nada, antes de ter constatado a insuficiência ou a indignidade de suas vestes e da atmosfera, vestida dessa maneira, que se respirou até aqui.

Para voltar àquilo que chamamos de nossa documentação, é evidente que o autor de um guia bem concebido não facilitará uma viagem descrevendo o país que os senhores devem percorrer, mas antes dando noções exatas e noções técnicas a seu respeito. Cabe aos senhores, em seguida, saber se fizeram bem em empreender a viagem.

Aqui, o autor se encontra ao mesmo tempo na situação de guia e viajante; e este estudo traz esse duplo caráter, que implica uma responsabilidade e uma confidência, um conjunto técnico e um diário de viagem. Porém, como se trata mais particularmente de uma questão de estética, o caráter técnico prevalecerá sempre. É seu *fatum*, porquanto a arte não se descreve; e é por isso que este estudo é trágico.

O leitor há de realmente perdoar de antemão o autor e não esquecer que a maior e mais profunda alegria que a arte pode nos proporcionar é de essência trágica, pois se a arte tem o poder de nos fazer "viver" nossa vida, sem nos impor simultaneamente os sofrimentos, ela nos exige, em compensação – para senti-la com alegria –, termos sofrido antes.

OS ELEMENTOS

A linguagem nos fornece muitas vezes a explicação de nossos próprios sentimentos e a chave de certos problemas. Sem dúvida, nós nos servimos dela com inconsciência e, se mesmo aí ela nos dirige, é imperfeitamente, e nosso pensamento escapa assim de uma maneira lastimável à sua benfazeja autoridade. Eis aqui um exemplo que interessa ao objeto deste estudo.

Sob o vocábulo "arte", agrupamos diversas manifestações de nossa vida; e, para nos poupar o trabalho de situá-las com precisão, a linguagem vem em nosso socorro. Assim, temos as belas-artes: pintura, escultura, arquitetura; e nós não dizemos a arte da pintura, a arte da escultura ou a arte da arquitetura a não ser durante uma análise inteira de reflexão; na linguagem usual, o simples nome dessas artes nos basta. Dizemos também "a poesia" e, apesar disso, não a colocamos entre as belas-artes; o que é justo, visto que a beleza das palavras e de sua ordem não age senão indiretamente sobre nossos sentidos. Dizemos também "a arte poética", que implica mais especialmente a técnica do verbo, sem querer introduzir essa técnica nem seu resultado estético na noção de belas-artes. Essas distinções são nítidas; não temos mais do que nos tornar conscientes disso cada vez que fazemos uso delas.

Há, no entanto, uma forma de arte que não encontra seu lugar nem entre as belas-artes, nem na poesia (ou na literatura), e que nem por isso constitui menos uma arte na força do termo. Eu falo da *arte dramática*. Aí, ainda, a linguagem procura nos orientar. A palavra "dramaturgia", que raramente empregamos e com um pouco de repugnância, está para a arte dramática naquilo que, inversamente, a arte poética está para a poesia; ela concerne exclusivamente à técnica do dramaturgo e, mesmo, apenas a uma parte dessa técnica.

Eis, portanto, uma forma de arte relevante que não podemos denominar sem fazer com que seja precedida pela palavra "arte". Por quê?

Em primeiro lugar, a extrema complexidade dessa forma resultante do grande número de meios dos quais ela deve dispor para se manifestar em uma expressão homogênea. A arte dramática comporta de início um texto (com ou sem música); é sua parte de literatura (e de música). Esse texto é confiado a seres vivos que o recitam ou o cantam e o fazem representando a vida em cena; é sua parte de escultura e de pintura, se excetuarmos a pintura dos cenários, da qual trataremos mais adiante. Enfim, a arquitetura pode ser também mais ou menos evocada no entorno do ator, assim como no entorno dos espectadores, pois a sala faz parte da arte dramática por suas exigências de óptica e de acústica; no entanto, aí, a arquitetura está absolutamente subordinada a fins precisos que só lhe dizem respeito indiretamente. A arte dramática parece, pois, emprestar de cada uma das outras artes alguns elementos. Pode ela assimilá-los?

Graças a essa complexidade, a imagem que a arte dramática evoca em nós é sempre um pouco confusa. De repente, nós nos detemos na composição de um texto em que as paixões humanas estão expressas de uma forma que possamos partilhar delas. Após termos nos demorado por um momento sobre esse ponto – sem dúvida essencial – percebemos, com algum embaraço, que além desse texto, qualquer que ele possa ser, há ainda alguma coisa que é parte integrante da arte dramática; uma coisa qualquer da qual não temos ainda a noção exata, e à qual estamos inclinados a não atribuir muita importância, provavelmente porque tivemos dificuldade de formar uma ideia clara disso. Chamamos sumariamente essa alguma coisa de *mise-en-scène*, encenação, e fechamos rapidamente o parêntese que mal acabamos de abrir para aí introduzir essa noção delicada e embaraçosa. Do mesmo modo que no tocante a certas tarefas fastidiosas, abandonamos a encenação para os especialistas, aos quais cabe, no fim de contas, a incumbência, cremos nós, para nos voltarmos, com uma nova quietude, para o texto da arte dramática, como sendo, ao menos ele, imperturbável, e se oferecendo, nessa qualidade, generosamente ao nosso senso crítico. Ao fazer isso, não conservamos, a despeito de nós mesmos, um sentimento de mal-estar? Teríamos nós jamais abordado de frente a noção de arte que chamamos de arte dramática? E se tomarmos coragem – tal qual *monsieur* Emile Faguet em seu belo livro *Le Drame ancien, le drame moderne* (O Drama Antigo, o Drama Moderno) –, não teremos consciência do momento exato em que o fôlego vai nos faltar e, como *monsieur* Faguet, não abandonaremos, desde que isso nos pareça decentemente possível, uma parte de nossa bagagem, para consagrar nossa análise somente aos pacotes facilmente portáteis?

O tema desta obra é precisamente a análise daqueles fatores da arte dramática sobre os quais olhamos de relance e mui prudentemente; e isso tendo por meta tornar as noções claras e próprias para se converterem em objetos de reflexão e de especulação estética proveitosos ao progresso e à evolução da arte.

Um aforismo dos mais perigosos nos induziu e continua a nos induzir em erro. Homens dignos de fé nos afirmaram que a arte dramática era a reunião harmoniosa de todas as artes e que, se ainda não conseguiu se efetivar, ela devia esforçar-se para no futuro, criar assim a obra de arte integral. Eles a denominaram, inclusive, provisoriamente: a obra de arte do futuro.

Isso é sedutor, sedutor pela simplificação imperturbável que assim se nos oferece; e aceitamos esse *nonsense* com presteza. Nada em nossa vida artística moderna o justifica; nossos concertos, nossas exposições de arte, nossa arquitetura, nossa literatura, nossos teatros mesmo o desaprovam; nós o percebemos, nós quase o sabemos, e persistimos em repousar artificialmente nosso senso crítico sobre esse travesseiro de preguiça, pronto a nada mais compreender de qualquer de nossas manifestações artísticas; pois é evidente que falseando a esse ponto uma definição para aí introduzir objetos que nada têm a fazer, falseamos, no mesmo lance, nosso julgamento sobre esses objetos considerados isoladamente. Se a arte dramática deve ser a reunião harmoniosa, a síntese suprema de todas as artes, então eu não compreendo mais de modo algum cada uma dessas artes, e menos ainda a arte dramática: o caos é completo.

Então, o que diferencia tão totalmente cada uma de nossas artes, mesmo a literatura, dos fatores que compõem, por sua subordinação recíproca, a arte dramática? Examinemos, desse ponto de vista, essas artes.

Nas circunstâncias favoráveis de plástica, de luz, de cores, a vista da cena pode nos sugerir um mosaico de *pintura*, um agrupamento *escultural*. Em circunstâncias semelhantes, naquilo que concerne à declamação (ou ao canto e à orquestra), nós nos aproximamos por um instante – por um instante somente – do prazer puramente *literário* (ou puramente *musical*). Sentados de maneira confortável e em um estado de completa passividade, quase não notamos a *arquitetura* da sala, ela escapa ao menos de nossos olhos; e as ficções fugidias do cenário não evocam senão de modo muito indireto a arte do volume e da gravidade. Confusamente, devemos constatar a presença de um elemento desconhecido que escapa à nossa reflexão, impondo-se aí ao nosso sentimento – dominando no todo nosso sentido receptivo de espectadores. Entendemos, olhamos, escutamos e contemplamos, remetendo para mais tarde o exame do mistério. Ora, mais tarde, a reconstituição integral da representação nos cansa; renunciamos a procurar em nossas lembranças muito fragmentárias e exclusivamente voltadas para o conteúdo inteligível da peça, aquilo que durante a apresentação nos perturbou escapando-nos sempre; e uma nova experiência nos reencontra similarmente distraídos, até que tenhamos renunciado à pesquisa em definitivo.

Durante esse tempo, os museus e as exposições estão abertos; a arquitetura, a literatura e a música são facilmente acessíveis; voamos de uma para outra colhendo os tesouros e, no entanto, sem serenidade e, digamos francamente, sem real felicidade.

A arte dramática dirige-se, como nossas artes respectivas, aos nossos olhos, aos nossos ouvidos, ao nosso entendimento – em suma, à nossa presença integral. Por que todo esforço de síntese fica reduzido, de antemão, a nada? Saberão nossos artistas nos informar?

O poeta, com a caneta na mão, *fixa* sobre o papel o seu sonho. Fixa o ritmo, a sonoridade e as dimensões. Essa escritura, ele a fornece à leitura, à declamação; e, de novo, ela se fixa no olhar do leitor, na boca do recitante. O pintor, com o pincel na mão, *fixa* sua visão tal qual ele a quer interpretar; e a tela ou a parede determinam as suas dimensões; as cores imobilizam as linhas, as vibrações, as luzes e as sombras. O escultor *detém*, em sua visão interior, as formas e seus movimentos no ponto exato que deseja; depois as imobiliza na argila, na pedra ou no bronze. O arquiteto *fixa* minuciosamente, por meio de seus desenhos, as dimensões, a disposição e as formas múltiplas de sua construção; depois ele as produz no seu material de construção. O músico *fixa* nas páginas de sua partitura os sons e seu ritmo; ele possui até, em certo grau matemático, o poder de determinar sua intensidade e, sobretudo, a duração; enquanto o poeta só poderia fazê-lo aproximadamente, visto que o leitor pode ler depressa ou devagar à sua vontade.

Eis, portanto, os artistas, cuja atividade reunida deveria constituir o apogeu da arte dramática: um texto poético definitivamente fixado; uma pintura, uma escultura, uma arquitetura e uma música definitivamente fixadas. Coloquemos tudo isso em cena: teremos a poesia e a música que se desenvolverão no tempo; a pintura, escultura, a arquitetura, as quais se mobilizam no espaço, e quase não se vê como conciliar a vida própria a cada uma delas em uma harmoniosa unidade!

Ou então haveria um meio de fazê-lo? O tempo e o espaço possuiriam um termo conciliante – um termo que lhes seja comum? A forma no espaço pode tomar sua parte das durações sucessivas de tempo? E essas durações encontrariam a ocasião de se estender no espaço? Pois a isso se reduz o problema, se queremos reunir as artes do tempo e as artes do espaço em um mesmo objeto.

No espaço, a duração se exprimirá por uma sucessão de formas, portanto, pelo movimento. No tempo, o espaço se exprimirá por uma sucessão de palavras e de sons, isto é, por durações diversas que ditam a extensão do movimento.

O *movimento*, a mobilidade, eis o princípio diretor e conciliante que regulará a união de nossas diversas formas de arte para fazê-las convergir, simultaneamente, a um ponto dado, para a arte dramática; e, como ele se anuncia como sendo o único e indispensável, ordenará hierarquicamente essas formas de arte, subordinando-as umas às outras, aos fins de uma harmonia que elas sozinhas teriam buscado em vão.

Eis-nos no nó da questão, a saber: como aplicar o movimento ao que chamamos de belas-artes, que são, por sua natureza, imóveis. Como aplicá-lo à palavra, e à música sobretudo, cuja existência flui exclusivamente no tempo, e que são, portanto, igualmente imóveis em relação ao espaço? Cada uma dessas artes deve sua perfeição, seu acabamento à sua própria imobilidade; não perderão elas sua única razão de ser se nós as privarmos disso? Ou, ao menos, seu valor não será reduzido a pouca coisa?

E uma segunda questão se impõe aqui; sua solução determinará nossas pesquisas e dirigirá nossa demonstração. O movimento não é, em si, um elemento: o movimento, a mobilidade, é um estado, uma maneira de ser. Trata-se de examinar quais elementos de nossas artes seriam capazes de abandonar a imobilidade que lhes é própria, que está em seu caráter.

Ganharemos talvez noções úteis a esse respeito se, deixando por um instante a forma de cada uma de nossas artes – artes que têm de se unir, nos afirmaram, para criar a obra de arte suprema –, considerarmos essa união como já realizada na cena. Admitamos o caso. Isso nos leva a definir primeiramente o que é uma cena.

A cena é um espaço vazio, mais ou menos iluminado, e de dimensões arbitrárias. Uma das paredes que limitam esse espaço é parcialmente aberta para a sala destinada aos espectadores, e forma, assim, um quadro rígido, para além do qual a ordenação dos assentos é definitivamente fixada. Somente o espaço da cena espera sempre uma nova disposição e, por consequência, deve ser preparado para contínuas mudanças. Ele é mais ou menos iluminado; os objetos que aí serão colocados necessitarão de uma luz que os tornem visíveis. Esse espaço não se apresenta, pois, de alguma maneira, senão em potência (latente), tanto para o espaço quanto para a luz. Eis dois elementos primordiais de nossa síntese, o espaço e a luz, que a cena contém em potência e por definição.

Examinemos agora o movimento sobre a cena. Ele possui, para o texto e para a música – as artes do tempo – exatamente a mesma serventia que tem para os objetos imóveis do espaço: ele é o ponto de reunião, o único possível. Nele, opera-se em cena a síntese anunciada. Resta saber como.

O corpo, vivo e móvel, do ator, é o representante do movimento no espaço. Seu papel é, pois, capital. Sem texto (com ou sem música), a arte dramática cessa de existir; o ator é o portador do texto; sem movimento, as outras artes não podem tomar parte na ação. Com uma mão o ator se apodera do texto, com a outra, ele tem, em um feixe, as artes do espaço, depois ele reúne, irresistivelmente, suas duas mãos e cria, pelo movimento, a obra de arte integral. O corpo vivo é assim o criador dessa arte e detém o segredo das relações hierárquicas que unem diversos fatores, visto que está à frente dela. É do corpo, plástico e vivo, que devemos partir para retornar a cada uma de nossas artes e determinar seu lugar na arte dramática.

O corpo não é apenas móvel: ele é plástico. Essa plasticidade coloca-o em relação direta com a arquitetura e o aproxima da forma escultural, sem poder, não obstante, identificar-se com ela, porque ele é móvel. Em compensação, o modo de existência da pintura não poderia lhe convir. A um objeto plástico devem corresponder sombras e luzes positivas, efetivas. Diante de um raio de luz pintado, uma sombra inclinada pinta, o corpo plástico permanece em sua atmosfera própria, na luz e na sombra dele. Ocorre o mesmo com as formas indicadas pela pintura; essas formas não são plásticas, não possuem três dimensões; o corpo tem três dimensões; sua aproximação não é possível. As formas e a luz pintadas não encontram assim lugar na cena: o corpo humano aí as recusa.

O que restará então da pintura, visto que, no fim de contas, parece que ela tem de tomar parte da arte integral? A cor provavelmente. Mas a cor não é o apanágio exclusivo da pintura; poder-se-ia inclusive adiantar que na pintura a própria cor é fictícia, pois é encarregada de mobilizar um segundo de luz, sem poder seguir o raio nem a sombra na sua carreira. A cor, de resto, está tão estreitamente ligada à luz que é difícil separá-la desta; e, como a luz é móvel no mais alto grau, a cor o será igualmente. Eis-nos longe da pintura! Pois se a cor aí é uma ficção, a luz o é também; e tudo aquilo que a pintura quer exigir da luz verdadeira é torná-la visível; o que não tem nada a ver com a vida luminosa. Um quadro bem iluminado é um conjunto fictício de formas, de cores, de claridades e sombras, apresentado sob uma superfície plana, que foi colocada, o mais favoravelmente possível, em evidência e não na obscuridade. Mas isso é tudo.

A ausência de plástica priva a pintura de um dos elementos mais poderosos e mais maravilhosamente expressivos de nossa vida sensorial: a luz. E nós desejaríamos unir organicamente a pintura ao corpo vivo! Procuraríamos conferir-lhe um grau na hierarquia cênica! Como se sua qualidade de bela arte nos obrigasse a acolhê-la necessariamente na composição da arte integral, sempre enganados que fomos pela ideia de que essa arte representa a síntese harmoniosa de todas as artes.

Vemos aí com clareza a grosseira falsidade desse aforismo. Ou então, a pintura deve renunciar à sua existência fictícia em favor do corpo vivo, o que equivale a suprimir a si própria; ou ainda, o corpo deve renunciar à sua vida plástica e móvel, e dar à cultura um grau superior ao seu, o que é a negação da arte dramática. Não temos, portanto, escolha[1].

Mas, para isso, é preciso de fato renunciar totalmente às sugestões que a pintura nos oferece? Lembremo-nos que suas restrições lhe são uma garantia de perfeição; e essa perfeição imobilizada nos permite contemplar com vagar um estado da natureza, da vida exterior, em geral fugidio, e de observar nela as relações múltiplas e as gradações. Ademais, esse instante foi *escolhido* cuidadosamente entre todos os outros: é *uma espécime de escolha*, o que implica por parte do pintor um gênero de interpretação à qual a plasticidade móvel do corpo vivo não poderá jamais pretender. Vamos mais longe. O pintor não imobiliza apenas um estado fugaz do mundo exterior; ele procura exprimir, por meios sutis que lhe são próprios, o estado precedente e aquele que irá seguir, ou que poderia realmente seguir. Sua pintura contém, portanto, o movimento em potência; não mais expresso no espaço ou no tempo, porém na forma ou nas cores. E por isso, estas devem ser fictícias.

Começamos a duvidar do papel que desempenha a pintura na arte dramática. Tal papel é indireto, mas, por ser indireto, ele não deixa de ter certa importância. *A obra do pintor determina as restrições que a mobilidade nos impõe, e nos torna sensíveis a isso*. Vemo-nos forçados a renunciar à perfeição, ao acabamento, que só a imobilidade confere; e se, para nos iludir sobre esse ponto, imobilizarmos um instante do jogo dos atores, sacrificaremos o movimento, sem, por esse sacrifício, obter a menor compensação; por isso, um "quadro vivo" repugna sempre ao artista, pois ele dá a imagem congelada do movimento, porém sem o seu contexto.

E a escultura? Ela tem em comum com a pintura o fato de fixar e imobilizar um instante *escolhido* do movimento e possui, talvez em um grau superior, o poder de exprimir o contexto desse movimento. Do mesmo modo que a pintura, ela representa uma espécime de escolha que tem nela as qualidades de perfeição, de acabamento. Mas a diversidade infinita da luz, das sombras e das cores *fictícias*, lhe é recusada. Em compensação, ela tem a plasticidade que

---

[1] Nossa encenação atual optou pela pintura: talvez seja inútil dizê-lo?

chama a luz efetiva. Eis, com certeza, uma grande compensação! Do ponto de vista no qual nos encontramos aqui, a escultura é aquela entre as artes que parece nos importar mais, porque o seu objeto é o corpo humano[2]. A única coisa que lhe falta é a vida, portanto é o movimento que ela deve sacrificar para a sua perfeição; mas aí está seu único sacrifício. É evidente que uma estátua pintada, como o eram as dos gregos, não tem nada a ver com a pintura; ela é apenas colorida, mas não pintada. A escultura não tem contato com a pintura. A arquitetura é plástica; assim como a escultura, ela pede a luz efetiva e pode ser colorida. Ela é, pois, nesse sentido, da mesma ordem que a da escultura. O afresco, expressão suprema da pintura, e provavelmente a única a que ela deveria se permitir, não poderia nos iludir; ao oferecer à pintura superfícies planas, a arquitetura não entra por isso em contato orgânico com ela; as linhas, os relevos de uma construção enquadram as ficções pintadas, e só as farão valer sob a condição de se diferenciarem dela de modo absoluto. Sabemos que os *trompe l'oeil* onde a pintura se esforça em continuar, em ampliar as linhas e a perspectiva arquiteturais, são de um gosto deplorável; tal como uma música tocada diante de um quadro para nele se identificar, ou qualquer outra justaposição *naif* de elementos de arte estranhos um ao outro. A arquitetura é a arte de agrupar massas no sentido de sua gravidade; o peso é seu princípio estético; exprimir essa gravidade em uma ordenação harmoniosa medida na escala do corpo humano vivo, e destinada à mobilidade desse corpo, tal é o objeto supremo da arquitetura. A arquitetura gótica exprime bem a gravidade da pedra, mas por sua negação; entra aí um esforço *moral* que percebemos em toda parte onde essa negação não tem nada de moral a exprimir e torna-se supérflua. Que diríamos nós de um salão de baile ou sala de espetáculo em estilo gótico? Ademais, um edifício gótico, que fosse construído em cartão ou em madeira, seria uma monstruosidade, porque a vitória sobre a gravidade – única justificativa de um estilo no fim de contas desviado – não seria mais expresso pela matéria da construção. É até mesmo penoso pensar nisso[3]. Essa arte da pesantez, em contato estreitamente orgânico com o corpo humano, não existindo mesmo a não ser por ele, se desenvolve no espaço; sem a presença do corpo ela permanece muda. A arte do espaço, por excelência, é concebida pela mobilidade do ser humano. Ora, vimos que o movimento é o princípio

---

[2] Qualquer outro objeto da escultura resulta da arquitetura, da qual ela é, portanto, um dos ornamentos. O animalista é somente um derivado do escultor, sem rivalidade possível, embora sua arte seja notável.

[3] As construções em ferro estão apenas indiretamente sob a lei da gravidade e, por conseguinte, apenas realçam de maneira indireta a estética específica da arquitetura.

A OBRA DE ARTE VIVA

conciliatório que une formalmente o espaço ao tempo. A arquitetura é, portanto, uma arte que contém, em potência, o tempo e o espaço.

Assinalamos o caráter de fixidez, de acabamento definitivo de cada uma de nossas artes; depois, nós as classificamos em artes no tempo e artes no espaço. O movimento, verificou-se, era o único termo conciliatório entre as duas categorias, porque une o espaço e o tempo em uma mesma expressão. O corpo humano, vivo e móvel, representa na cena, portanto, o elemento conciliador e deve, como tal, obter o primeiro grau. Sua plasticidade o aproxima da escultura e da arquitetura, mas o afasta definitivamente da pintura. Além disso, vimos que a plasticidade pede a própria vida da luz, enquanto a pintura é apenas sua representação fictícia. Tudo isso estando determinado, resumamos ainda os dados precedentes, especialmente os relativos àqueles que denominamos as belas-artes, artes do espaço. Todas as três – pintura, escultura, arquitetura – são imóveis; elas escapam ao tempo. A pintura, não sendo plástica, escapa ademais ao espaço e, por meio dele, à luz efetiva. Seus grandes sacrifícios são compensados pelo poder de evocar o espaço em uma ficção de escolha; e sua técnica a autoriza a um número quase ilimitado de objetos, que ela tem o meio de fixar sugerindo o contexto do instante escolhido. Sua participação na ideia de duração é, de algum modo, simbólica. A escultura é plástica, vive no espaço e participa assim da luz viva. Como a pintura, ela sabe evocar o contexto dos movimentos de sua escolha para imobilizar; e isso não mais em um símbolo fictício, porém numa realidade material. A arquitetura é a arte de criar espaços determinados e circunscritos, destinados à presença e às evoluções do corpo vivo. Ela exprime esse fato tanto em altura quanto em profundidade, e por uma superposição de elementos sólidos cujo peso assegura a solidez. Trata-se de uma arte realista; o uso da ficção aí é um luxo. A arquitetura contém o espaço por definição e o tempo em sua aplicação. É, pois, a mais favorecida das belas-artes.

Acabamos de analisar os três elementos reunidos em uma das mãos do ator: as três artes imóveis, as artes do espaço. Procuremos nos esclarecer da mesma maneira acerca das artes do tempo – o texto e a música – que o ator atrai com sua outra mão e quer irresistivelmente a elas associar-se.

Cumpre lembrar aqui que, examinando o texto e a música do ponto de vista da encenação, não abordamos, ao menos por enquanto, as questões de composição dramática, literária ou musical em si.

Saindo do espaço, com ou sem duração latente, eis-nos propriamente no tempo. O caráter ideal e arbitrário da noção de tempo é muito conhecido para que seja necessário a isso retornar. Notemos apenas que essa idealidade do tempo se afirma de maneira bastante particular na arte. Do mesmo modo que um longo sonho pôde ocorrer em cinco minutos e, por causa disso, conter uma duração desproporcionada à do tempo normal, da mesma forma, as artes do tempo não utilizam o tempo normal senão como um continente, para aí introduzir sua duração especial. Durante o sonho, acreditamos em sua duração; durante o texto ou a música de um drama, cremos em sua duração especial, e não temos a ideia de consultar a esse respeito nosso relógio; sentimos que ele mentiria! As artes do tempo dispõem livremente do tempo e o dominam. Não é assim com o espaço, para as outras artes; é o nosso corpo, por suas dimensões e possibilidades, são os nossos olhos, com faculdades limitadas, que o determinam. Uma pintura que nos obrigasse a tomar o trem para ver toda a sucessão dela no espaço é quase inimaginável. A escultura, por gigantesca que seja, conserva, no fim de contas, nossas proposições relativas e nossos olhos as transpõem automaticamente. No entanto, essas dimensões são igualmente dependentes de nossas faculdades visuais[4]. A arquitetura que ultrapassa em dimensões a escala aplicável à nossa presença, afasta-se sempre, mais ou menos, de sua função artística, até abandoná-la completamente. Infelizmente, tais exemplos abundam, e importaria que fôssemos seriamente conscientes disso. Em arquitetura, as civilizações que admitiram o colossal não são jamais as dos povos verdadeiramente artistas, os povos cuja arte é viva.

Por que, então, o tempo não tem uma norma que seja comum à de nossa vida de vigília e à de nossas artes na duração? É precisamente por causa de sua idealidade. O tempo somos nós. Nesse sentido, as artes que se voltam aos nossos olhos são igualmente nós, mas elas o são no espaço; e o espaço não tem idealidade; nossa visão é muito limitada para isso. Ora, se é evidente que nosso ouvido tem também seus limites para a duração de uma obra de arte *mensurada pelo tempo normal*, a obra de arte é, não obstante, suscetível de adotar, ocasionalmente, um tempo fictício, desproporcionado, para mais ou para menos, a esse tempo normal. Nosso senso auditivo, quando é atingido pelas ondas sonoras, no-las transmite *diretamente*, sem nenhuma operação intermediária. Lá onde as outras artes *significam*, isto é, fazem uso dos signos visuais para chegar à nossa sensibilidade, a música, ela *é*; os signos dos quais se serve identificam-se com a ação direta dela. Ela é a própria voz de nossa alma: sua idealidade no tempo é, portanto, perfeitamente fundamentada e

---

[4] Em escultura a expressão *maior do que a natureza* não concerne à qualidade artística da obra.

legítima. Quais poderão ser suas relações com o espaço, pois é bem disso que se trata no tocante à encenação? A mobilidade exprime o espaço em uma sucessão, portanto em duração, nós o vimos antes. As artes do tempo encontram, assim, na mobilidade, o intermediário indispensável à sua presença invisível na cena. E, visto que há reciprocidade, as artes do espaço se encontrarão em condição, graças às artes do tempo, de se manifestar em uma duração que lhes teria permanecido estranha sem elas. Dessa maneira, participarão, implicitamente, na idealidade do tempo!

Antes de examinar como a mobilidade pode tomar seu lugar em uma obra de arte – e a questão é de primeira importância – nos resta ainda considerar, segundo a arte dos sons e de seu ritmo, a arte da palavra, do texto recitado[5]. O timbre da palavra, sem música, pode sugerir, em certos casos, alguma analogia com o som musical, mas, na arte, este não tem nada de comum com ele e, acima de tudo, se diferencia definitivamente dele devido ao fato de ser apenas um *intermediário* entre a significação das palavras e sua inteligência em nosso entendimento; enquanto os sons atingem *diretamente* nossa própria sensibilidade e a operação de nosso raciocínio, se é verdade que ela se torne necessária, só se efetua posteriormente. Palavras cujos sentidos ignoramos são ruídos, mais ou menos agradáveis, e não sons. Quando começamos a compreender uma língua estrangeira, esses ruídos adquirem uma significação: sua vibração age progressivamente sobre o nosso entendimento e tão bem que chegamos a percebê-los de maneira totalmente diferente. Eles, os ruídos, são os portadores *indiretos* do pensamento; e os sons, os portadores *diretos* de nossos sentimentos. Por meio da palavra, a idealidade do tempo não se exprime senão de um modo rudimentar, muito limitado e completamente dependente de nossas faculdades cerebrais de assimilação. Uma frase pronunciada demasiado rapidamente não é aceita por nosso entendimento; da mesma maneira que, se ela durar demasiado longo tempo, seu papel de intermediária se vê anulado. A diferença estética entre a palavra e o som musical seria total se esses dois fatores não tivessem o tempo em comum. E, mesmo no que concerne ao tempo, como poderíamos medir com precisão e segurança as diversas durações da palavra? Possuímos para isso um signo gráfico transponível no tempo da recitação? O autor em vão teria marcado à margem suas intenções a esse respeito – intenções que, pelos signos escritos, se dirigem já tão somente ao nosso entendimento – para nos assegurar a

---

5   Recitado e não lido. Toda leitura destaca a literatura como tal. Um ator que lê ou canta lendo seu papel em cena é apenas um leitor ou cantor que se desloca sem motivo.

precisão indispensável à obra de arte? Jamais. E é por isso que todo vestígio de idealidade na duração da palavra nos parece ilusório.

Concluamos afirmando que a palavra flui bem no tempo, mas é incapaz de criar no tempo normal um tempo novo que lhe pertença em particular. Não é, pois, senão na aparência que ela alcança a arte pela duração; na realidade, ela não a alcança a não ser pela significação das palavras e pela ordenação necessária à sua justa compreensão; abstração feita aqui da beleza que disso pode resultar. É pela ordenação inteligível da palavra que o texto se torna obra de arte: seu papel junto à mobilidade do corpo não tem autoridade de lei, ele é indireto. Transmitido à sensibilidade do ator por palavras, o texto lega ao ator o cuidado de decidir em última instância o que convém fazer para exteriorizá-lo no espaço.

Essas noções, que podem parecer obscuras ou paradoxais, são de uma importância capital para a justa apreciação dos valores em matéria de *mise--en-scène*. E devo lembrar ainda uma vez que é sob esse único ponto de vista que essa demonstração se coloca.

Retornemos à música. Os sons não têm significação que possa ordená-los; seu agrupamento é uma operação espontânea da própria sensibilidade do músico. Sua notação abstrata sobre as folhas da partitura não nos transmite a significação dos sons, mas simplesmente sua ordenação, matematicamente fixada em sua duração e intensidade; e essa duração depende da sensibilidade afetiva do músico-compositor, sem passar primeiramente por seu entendimento. É, portanto, a sensibilidade do músico, o grau de afetividade de seus próprios sentimentos, que cria a duração musical. Nossos sentimentos, sabemos disso, são independentes do tempo normal: assim, o músico cria um tempo fictício *contido*, sem dúvida, no tempo normal, mas independente dele no plano estético; e ele tem o poder quase miraculoso de fixar essa criação em definitivo, esse tempo fictício. De tal modo que, durante a duração de sua música, o músico nos obriga a medir e experimentar o tempo segundo a duração de seus próprios sentimentos: ele nos coloca em um tempo verdadeiro, visto que é duração e, no entanto, fictício. A realidade estética da música é, por isso, superior a de todas as artes; ela sozinha é uma criação imediata de nossa alma.

Alegar-se-á que sua execução constitui de fato um intermediário entre ela e nós. De modo algum. A execução correta de uma partitura está para a música do mesmo modo que para um afresco, por exemplo, está o posicionamento e a iluminação apropriados. A música *representa o tempo* sem outro intermediário que não ela mesma; isso é sua existência formal, para a arte dramática em particular. A música *é* a expressão imediata de nossos sentimentos; isso é sua vida oculta.

O aforismo perigoso da arte dramática resultante da reunião de todas as artes nos obrigou a analisar a natureza particular de cada uma delas desse ponto de vista, e somente desse ponto de vista. Podemos entrever, agora, o trabalho que nos resta fazer. Para se unir e, portanto, se subordinar umas às outras, em quais sacrifícios devem nossas artes consentir e quais compensações nós lhes ofereceremos nesse novo modo de existência?

A DURAÇÃO VIVA

"Quando a música atinge seu mais nobre poder, ela se torna forma no espaço."

Vejamos! Faz mais de um século que Schiller lançou ao mundo esse grito profético, e podemos nos perguntar qual de seus contemporâneos terá sabido compreendê-lo. Ele próprio terá captado o alcance de sua afirmação, e não seria ela um lampejo de intuição, mais do que a decisão de um espírito reflexivo? É provável que seja o estudo da Arte Antiga que o tenha impulsionado a esse extremo de visionário. Talvez tenha começado por *ver* um rapsodo no grande ou rápido fogo da improvisação mimada; ou então, terá ele representado vivamente em sua imaginação algum ato religioso ou dramático da Grécia antiga? Como teria ele encontrado semelhante consequência na vida mesquinha e convencional de seu tempo e de seu país à época?

Schiller diz de fato – e apenas – "forma no espaço". Ele não especifica; sua visão reveste o caráter incompleto e enigmático comum a toda profecia. Quem sabe? Talvez a contemplação de uma gravura do Partenão o tenha inspirado; seu olhar ia de coluna em coluna, como em uma sucessão de acordes mudos; o friso e o frontão testemunharam a seus olhos uma ordenação definitiva, uma harmonia doravante fixada. Descendo ao solo, ele terá sentido o peso da construção repousar diretamente, sem fundações intermediárias, sobre as lajes do templo, pelas bases toscas e sinceras das colunas... Uma voz lhe murmurou então: "Esse templo está vazio?"

Eis, porém, uma teoria de oficiantes que sobe os degraus da Acrópole: ela se aproxima das colunas... e do poeta; os pés nus tomam posse dos degraus; os corpos, divisados na prega das túnicas, são medidos ao contato das pregas caneladas das colunas!... Schiller teria compreendido? Em seguida, ele se transportou, sem dúvida, às arquibancadas do teatro; terá procurado representar na sua imaginação as evoluções do coro. Ali, é o espaço livre e nu em torno do altar. Mais colunas benévolas; mais balizas reveladoras... Então, como saber? Como medir e apreciar as proporções cambiantes e que nos parecem escapar, mal entrevistas? Fora do templo, estaríamos nós entregues ao arbitrário, sem controle possível?

Disso tenho a convicção, é o ardente desejo de apreender a inapreensível relação do som e das formas, a divina e fugaz centelha acesa por seu contato, a inimaginável volúpia que sua identidade constatada proporciona, que obrigou o grande visionário àquela afirmação, que nada ao seu redor veio justificar. Ele nos legou seu desejo e seu apelo: temos a felicidade infinita de poder, agora, responder-lhe.

Não, não são as proporções e as linhas do templo que ordenam o desenvolvimento de teorias solenes ou jubilosas; os degraus da acrópole não ditam aos pés nus sua marcha; no teatro, no livre espaço em torno do altar, o coro não evolui segundo um ritmo arbitrário. Um princípio de ordem e de medida lá se encontra, inteiramente presente, sempre presente e todo-poderoso; até o espaço lhe deve submissão. Foi ele que edificou o templo, mediu as colunas e os degraus. Invisível, fala ao espaço visível; anima as formas, magnifica a linha. Seu intérprete é o corpo humano, o corpo vivo, móvel; desse corpo, ele sorveu a vida. Esse princípio é *vivo*; é pela vida que ele ordena; sua linguagem é compreendida pelo corpo, que a transmite em seguida, vibrante, a tudo que a envolve.

"Quando a música atinge o seu mais nobre poder, ela se torna forma no espaço."

A matéria inanimada, o solo, as pedras, não ouvem os sons, mas o corpo os ouve!

Quanto melhor se sabe obedecer, melhor se sabe comandar. A subordinação recíproca permanecerá sempre a única garantia séria de uma colaboração. Subordinar-se implica um trabalho de análise: o que tenho a receber e o que devo dar em retorno? Todos os erros sociais e estéticos provêm do fato de que se negligenciou, mais ou menos voluntariamente, esse trabalho preliminar. O devotamento deslocado não consente receber. O egoísta quer conservar somente para si sua riqueza; seu móvel é muitas vezes nobre: é para mais tarde oferecer vantagens que ele acumula seu tesouro. Todavia, a direção de seu gesto permanece a mesma e sua oferenda à cooperação jamais se produz. Se a música quer ordenar a mobilidade do corpo, ela deve informar-se primeiramente daquilo que o corpo espera da música. A seguir, interrogar-se-á acerca desse ponto e procurará desenvolver nela mesma a faculdade que se lhe exige e que dependerá estritamente daquilo que se lhe oferecerá em troca. A música não pode dar nada de vivo ao corpo se ela não receber dele, primeiramente, a vida. Isso é evidente. O corpo abandona, pois, sua própria vida à música, para recebê-la de novo de sua mão, mais ordenada e transfigurada.

A duração dos sons musicais se exterioriza, no espaço, em proporções visuais. Se a música só possuísse um som e uma duração para esse som, ela permaneceria cativa do tempo. São os agrupamentos de sons que tendem a aproximá-la do espaço. As durações variáveis desses agrupamentos combinam-se entre si ao infinito e produzem assim o fenômeno do ritmo, o qual não somente alcança o espaço, mas pode se unir indissoluvelmente a ele pelo movimento. E o corpo é portador do movimento.

Sob o império das necessidades materiais, o corpo age. Mas as emoções da alma repercutem igualmente no espaço pelo gesto. No entanto, os gestos não exprimem diretamente a vida de nossa alma. Sua intensidade variável e sua duração estão apenas em relações muito indiretas com as flutuações dessa vida interior e oculta. Nós podemos sofrer durante horas e só tê-lo *indicado* pelo gesto por um segundo. O gesto, em nossa vida cotidiana, é um signo, um índice; nada mais. Os atores o sabem e regulam seu jogo de representação pela contradição dessas durações: a da vida de nossa alma e a que lhe é diferente, a das revelações que nosso corpo faz. No tempo, nós vivemos, por consequência, diferentemente do que no espaço; e essa oposição anula, forçosamente, todas as manifestações de nossa existência integral; e talvez permaneceríamos, a esse respeito, enigmas vivos se não possuíssemos na música o soberano corretivo e ordenador, saído diretamente de nossa vida afetiva, e exprimindo-a sem outro controle que o de nossos sentimentos.

A música corresponde às durações de nossa vida interior; partilha, pois, com ela, da incompatibilidade com as durações de nossos gestos cotidianos; e, se eu acabo de chamá-la de o corretivo e o ordenador, é por antecipação, pois é por aí, justamente, que abordamos o problema da duração viva.

Declaramos sem demora que, sob pena de ela própria se renegar, a música deve conservar as proporções no tempo que constituem a forma característica de sua existência. Nisso, o verismo na arte dramática, assim como na pantomima, é a negação grosseira da vida musical. O corpo, se modificasse as proporções e a duração de seus gestos, suprimiria ele sua existência?

Evidentemente, não. Por exemplo, a ginástica, no fito de fortificar nosso organismo, lhe impõe gestos cuja proporção não se encontra em nossa vida cotidiana e natural; a vida de nosso corpo não é, por isso, suprimida. Nesse simples exercício técnico, nós o exprimimos de um modo particular; eis tudo. Em compensação, o exercício técnico, na música, já não é mais música, e essas proporções não nos concernem. A diferença pode parecer sutil; ela é, no entanto, evidente, uma vez que é da *vida* que tratamos aqui. Nosso corpo traz o movimento em potência, não importa qual movimento; e o movimento é o signo da vida. Em compensação, a música encerra de fato a duração em potência, mas não qualquer duração. Ela é a expressão de nossa alma. Não há paralelismo entre a ação normal do corpo e a existência efetiva da música. Se existisse, o problema estaria resolvido de antemão; a reunião da música se produziria automaticamente. Não é o caso; e a solução está ainda para ser encontrada.

De acordo com o precedente, são as manifestações do corpo que possuem maior independência; serão, portanto, elas que terão de se oferecer, com flexibilidade e docilidade, às proporções mais dependentes da música. E pode-se concluir – coisa estranha – que nosso corpo, para se colocar a serviço da expressão de nossa vida interior, para exprimi-la em vez de dar apenas seus índices, tem a obrigação de modificar de maneira bastante sensível sua vida normal. Ora, submetendo-se assim, não perderá ele todo valor dessa vida – de sua vida normal? Uma modificação tão profunda seria desejável e o resultado seria proporcional à grandeza do sacrifício?

A resposta a tais questões se encontra no princípio mesmo da arte. [Hippolyte] Taine a determina, sem dúvida, magistral e definitivamente nos seguintes termos: "A obra de arte tem por objetivo manifestar um caráter essencial e saliente, partindo de uma ideia importante, mais clara e completamente do que o fazem os objetos reais. Ela chega a isso empregando um conjunto de partes ligadas, cujas relações ela modifica sistematicamente." O próprio da arte está, pois, em uma modificação de valores naturais. Um pintor que copia a natureza a transpõe tão somente pelo procedimento que o leva a aplicar cores sobre uma superfície plana. O escultor, se copia seu modelo, limita-se, como o pintor, a imobilizá-lo, sem razão válida; ele transpõe, como o pintor, e empobrece igualmente a natureza. O arquiteto parece mais favorecido; ele nada tem a copiar; sua obra já é por si própria uma modificação de formas naturais, mas se perde de vista as proporções do corpo humano e os diversos movimentos da vida, suas modificações serão arbitrárias e permanecerão sem objeto. As artes do tempo têm a mesma sorte da arquitetura; são as que mais se aproximam dela, por seu parentesco comum com o ser vivo. Poder-se-ia quase nomear de um só fôlego a poesia, a música e a arquitetura. O poeta modifica a forma e as durações de nosso pensamento cotidiano; e o músico, nós o vimos, modifica as durações de nossa vida normal. A música seria, nesse sentido, um cúmulo de arbitrário, se nossa vida afetiva não a guiasse, justificando-a de uma maneira constante.

O corpo humano, se ele aceita voluntariamente as modificações que lhe impõe a música, assume, na arte, a posição de meio de expressão; abandona sua vida acidental e facultativa para exprimir, sob as ordens da música, um caráter essencial, alguma ideia importante, mais clara e completamente do que o faria na vida normal.

Schopenhauer, o filósofo-artista, assegura-nos que "a música não exprime jamais o fenômeno, mas apenas a essência íntima do fenômeno". Sua convicção, na sua forma condensada, é semelhante à de Taine, pois é, por certo, evidente que a essência do fenômeno reveste outra forma que não o fenômeno.

A *duração viva* será, portanto, a arte de exprimir, simultaneamente, no tempo e no espaço, uma ideia essencial. Ela chega a isso tornando a sucessão das formas vivas do corpo humano e a sucessão das durações musicais *solidárias* umas com as outras.

O ESPAÇO VIVO

Até aqui estivemos mais particularmente ligados à música e ao corpo vivo. A ideia do espaço só nos foi dada pelos movimentos dos corpos, proporcionais às durações musicais. Esses movimentos irão agora se desenvolver no espaço que os circunda, na atmosfera que os envolve, e procurar neles aliados.

O corpo é o intérprete da música junto a formas inanimadas e surdas. Nós podemos, então, abandonar momentaneamente a música; o corpo a absorveu e saberá nos guiar e representá-la no espaço.

O corpo deitado, sentado ou de pé sobre um ponto do solo exprime-se, no espaço que ele ocupa e que mede, pelos movimentos dos braços combinados àqueles, mais limitados, do torso e da cabeça. As pernas conservam, sem mudar o lugar onde repousa o corpo, uma aparência de mobilidade; mas sua atividade normal é, no entanto, a de percorrer o espaço. Podemos, portanto, desde o início, distinguir duas ordens de planos: os planos destinados à marcha, mais ou menos rápida e mais ou menos interrompida, e os planos consagrados a valorar o corpo em seu conjunto, com a exclusão da marcha. Essas duas ordens, é evidente, penetram-se; são os movimentos do corpo que lhes conferem tal ou qual destinação. Sobre o solo, os planos inclinados e, sobretudo, as escadas, podem ser considerados como participantes das duas ordens de planos. O obstáculo que opõem à marcha livre e a expressão que eles suscitam no organismo derivam da vertical.

Teremos, pois, de contar com duas linhas principais: a horizontal, em primeiro lugar, porquanto o corpo repousa, antes de tudo, sobre um plano, para exprimir sua gravidade; em seguida, a vertical, que corresponde à estação de parada do corpo e o acompanha. A estrutura do solo, derivada da horizontal, nunca perderá de vista a gravidade, e procurará exprimi-la do modo mais simples e claro possível. Eu me explico.

Os diversos móveis que fabricamos para o conforto de nossa vida cotidiana e o repouso de nosso corpo são combinados para atenuar o contato que estabelecemos com a matéria. Temos molas, acolchoamentos, linhas curvas que esposam as nossas formas; arredondamos os ângulos, amolecemos superfícies rígidas por meio de estofos que abafam os ruídos e ensurdecem os contatos. Levamos tão longe essa atenuação do plano simples, que a expressão de nossos movimentos fica em si mesma profundamente diminuída. Para se convencer disso, basta se despir completamente em um quarto bem mobiliado: nosso corpo, sem cobertura, sem o intermédio das vestes, torna-se subitamente estranho àquilo que o cerca; torna-se indecente, no sentido etimológico da palavra, isto é, deslocado, e sua expressão ronda a obscenidade de muito perto. Mas, dir-se-á, uma dama, arrumada com as vantagens de seus encantos femininos, que se instala com elegância em uma poltrona, apresenta uma expressão deliciosa. Sem dúvida; mas e se ela se despir e se sentar da mesma maneira na mesma poltrona? ... – Uma sala de banho onde se encontram cosméticos, divãs, almofadas, evoca ideias contrárias à verdadeira expressão do corpo ao passo que se a mesma sala de banho só oferece superfícies planas e rígidas, o corpo nu parece aí, de antemão e implicitamente, presente e valorado esteticamente. Pés nus subindo uma escada recoberta por um tapete serão pés descalços e procurar-se-á a razão disso. Sobre uma escada sem tapete, eles estarão simplesmente nus e cheios de expressão. É evidente que os pés de muçulmanos sobre os tapetes de suas mesquitas estão descalços e não nus; eles exprimem uma intenção religiosa e não estética. Saiam da mesquita e olhem os pés nus da mulher que desce os degraus de uma fonte: seus pés estarão ditosamente nus...

Toda alteração da gravidade, pouco importa o objetivo que ela persiga, enfraquecerá a expressão corporal. O primeiro princípio, talvez mesmo o único do qual todos os outros derivam em seguida, automaticamente, consistirá, portanto, para a arte viva, em que as formas que não são as do corpo procuram pôr-se *em oposição* a essas últimas e não as desposam jamais. Contudo, se se apresentasse o caso em que a flexibilidade de uma linha fosse desejável a fim de atenuar momentaneamente a expressão de um movimento ou de uma atitude, o simples fato dessa afirmação excepcional faria disso um objeto de expressão. Mas, se isso se prolonga, a presença efetiva do corpo se enfraquecerá mais, até sua completa supressão: o corpo estará presente, mas sem efeito corporal; seus movimentos se tornarão supérfluos e, por conseguinte, ridículos, ou se reduzirão a índices; recairemos, então, na vida cotidiana e no teatro de costumes. Igualmente, em arquitetura, vimos que a gravidade é a condição *sine qua non* da expressão corporal. A gravidade, e não o que é pesado! A gravidade é um princípio; é por ela que a matéria se afirma; e as mil gradações dessa afirmativa constituem sua expressão. O volume, por si só, pode escapar pelos ares, como um balão; sua consistência é ilusória; ele é uma porção de espaço momentaneamente encerrada, e nada mais. É a boneca de bexiga e, nesse sentido, a dançarina italiana parece um balão cativo, que sempre é trazida de volta e, em geral, ao seu ponto de partida. Para receber do corpo vivo sua parte de vida, o espaço deve fazer oposição a esse corpo; ao esposar nossas formas, ele aumenta ainda sua própria inércia. Por outro lado, é a oposição do corpo que anima as formas do espaço. O espaço *vivo* constitui a vitória das formas corporais sobre as formas inanimadas. A reciprocidade é perfeita.

Esse esforço nos torna sensíveis de duas maneiras: seja pela oposição das linhas quando olhamos um corpo em contato com as formas rígidas do espaço; ou então quando o nosso próprio corpo experimenta as resistências que essas formas lhe opõem. A primeira é apenas um resultado; a outra, uma experiência pessoal e, por isso, decisiva. Tomemos um exemplo e suponhamos uma pilastra vertical, quadrada, com ângulos retos nitidamente acentuados. Essa pilastra repousa, sem embasamento, sobre lajes horizontais. Ela dá a impressão de estabilidade e de resistência. Um corpo se aproxima dela. Do contraste entre seu movimento e a imobilidade tranquila da pilastra nasce logo uma sensação de vida expressiva, que o corpo sem pilastra e a pilastra sem esse corpo que avança não teriam atingido. Ademais, as linhas sinuosas e arredondadas do corpo diferem essencialmente das superfícies planas e dos ângulos da pilastra, e esse contraste é, por si só, expressivo. Mas, o corpo chega a tocar a pilastra; a oposição se acentua ainda mais. Enfim, o corpo se apoia contra a pilastra, cuja imobilidade lhe oferece um ponto de apoio sólido: a pilastra resiste; ela *age*! A oposição criou a vida da forma inanimada: o espaço tornou-se vivo! Suponhamos agora que a pilastra seja rígida apenas na aparência e que sua matéria, ao menor contato alheio, possa desposar a forma do corpo que a toca. O corpo vivo se incrustaria, pois, na matéria mole da pilastra, e sepultaria aí sua vida; no mesmo lance mataria a pilastra. (*Divãs profundos como tumbas*. Baudelaire.) Isso é por demais evidente para que haja necessidade de ser demonstrado de outro modo. A mesma experiência poderia ser feita com o solo; por exemplo, um solo elástico, que deixaria o pé afundar a cada passo, mas que se levantaria logo depois para retomar a sua superfície uniforme, portanto, este solo se moveria; sua mobilidade seria viva? Observemos a superfície restabelecida atrás do passo do corpo vivo: ela espera, para ceder ainda mais uma vez; não opondo nada, está morta; não há nada mesmo de mais morto. E os pés que a calcam não encontram resistência, o jogo dos músculos está amortecido, no sentido próprio do termo. Poder-se-ia mesmo chegar a não sentir a marcha voluntária do corpo, mas a crer na entrada em jogo de um mecanismo que ergue alternadamente um e outro pé, e os forçam a avançar. O solo e o corpo se tornariam assim mecânicos, o que é a negação suprema da vida, e o começo do ridículo (ver Bergson). E, agora, se esse chão negativo, que cede ou espera ceder, se transforma em lajes rígidas que esperam, ao contrário, o pé para lhe resistir, para relançá-lo a cada passo de novo e prepará-lo para uma nova resistência, esse solo leva, por sua rigidez, todo o organismo à vontade de caminhar. É em oposição à Vida que o solo pode recebê-la do corpo, tal como a pilastra.

O princípio da gravidade e o da rigidez são, pois, as condições primeiras para a existência de um espaço *vivo*. Delas pareceria resultar ainda uma escolha de linhas. O corpo possui uma estrutura definitiva e nós não podemos modificá-lo no espaço senão por meio do movimento: os movimentos são a interpretação do corpo na duração. Sempre em oposição ao corpo, a escolha das linhas do espaço está à nossa disposição; é a compensação à sua imobilidade, como vimos nas belas-artes. Parecer-nos-á, pois, que, tendo em conta expressões de peso e de rigidez, temos o campo livre e podemos, como os outros artistas, escolher e impelir para muito longe a sutileza de nossas intenções e de nossas invenções. E esquecemos, aí, que não estamos mais sozinhos diante de um bloco de argila ou de um pedaço de parede para decorar como o pintor e o escultor: estamos com um corpo vivo; é só com ele que temos de nos ocupar no espaço; é só a ele que damos ordens; é só por ele e por meio dele apenas que podemos nos dirigir às formas inanimadas. Sem o consentimento do corpo, todas as nossas buscas seriam vãs e natimortas. Na hierarquia da arte viva, o lugar de nossa imaginação criadora situa-se entre o tempo e o corpo vivo e móvel; isto é, entre a música que compomos e o corpo que nela deve penetrar e encarná-la. Estamos, pois, nesse sentido, antes do corpo; para além, é ele que tem a palavra; nós nos tornamos apenas seu intérprete e não podemos nada criar por nossa própria vontade. Nossa submissão confiante e consciente à música – expressão de nossa vida interior – nos conferiu o poder de dominar imperiosamente o corpo vivo. Por sua vez, o corpo, por ordem de sua completa submissão ao nosso chamado, conquista o direito de ordenar o espaço que o envolve e o toca: *diretamente*, disso somos incapazes.

Esse fenômeno hierárquico é dos mais interessantes; e é por não tê-lo constatado e não ter obedecido às suas leis, que nossa arte cênica e dramática está tão completamente extraviada.

O leitor benevolente que me terá seguido até aqui se apercebe sem dúvida que deixo a música tomar, pouco a pouco, a dianteira sobre o texto falado e, talvez, ele se espante com isso ou se ofenda. Para a clareza da exposição, devo, entretanto, continuar ainda a cometer essa violência aparente e me reservar o direito de explicar de pronto os motivos disso. Não consideremos, portanto, no momento, senão a música e estabeleçamos uma vez mais a seguinte hierarquia: a música impõe aos movimentos do corpo suas durações sucessivas; esse corpo as transmite então às proporções do espaço; e as formas inanimadas, opondo ao corpo sua rigidez, afirmam sua existência pessoal – que, sem essa resistência, não poderiam se manifestar tão claramente – e fecham assim o ciclo, pois não há nada além disso. Nessa hierarquia, possuímos apenas o texto musical; para além do qual todo o resto segue automaticamente por meio do corpo vivo.

O espaço *vivo* será, pois, aos nossos olhos, e graças à intermediação do corpo, a placa de ressonância da música. Poderíamos mesmo avançar o paradoxo segundo o qual as formas inanimadas do espaço, para se tornarem vivas, devem obedecer às leis de uma acústica visual.

A COR VIVA

Este subcapítulo deveria ser chamado "a luz viva", mas haveria aí tautologia. A luz está para o espaço como os sons estão para o tempo: a expressão perfeita da vida. Por isso não falamos de música viva, mas apenas de uma duração musical que comporta o espaço. A cor, em compensação, é um derivado da luz. Ela é dependente desta e, do ponto de vista cênico, dependente de dois modos distintos: ou a luz se apodera dela para difundi-la, mais ou menos móvel, no espaço, nesse caso a cor participa do modo de existência da luz; ou a luz se limita a aclarar uma superfície colorida, a cor permanece então ligada ao objeto e só recebe a vida por esse objeto e pelas variações da luz que o tornam visível. Uma é ambiente, penetra a atmosfera e, como a luz, toma sua parte no movimento; ela está, pois, em relação íntima e direta com o corpo. A outra só pode agir por oposição e reflexos; e se ela se move, não é ela que se mexe, mas por certo o objeto que a carrega; sua vida não é, no entanto, fictícia como na pintura, mas é inteiramente dependente. Um cortinado vermelho bruscamente afastado é arrastado no movimento do gesto; mas não é a cor vermelha que participa do movimento, é o cortinado, que a cor não poderia abandonar; e a mesma quantidade da mesma cor espalhada sobre o painel de uma porta seguiria o movimento passivo e massivo da porta. O efeito, muitas vezes considerado, do cortinado que se afasta, resulta da flexibilidade do tecido colorido, e não essencialmente da cor do tecido. Essas distinções são necessárias para a justa manipulação da cor no espaço *vivo* e provam a diferença que existe entre a cor na pintura – ficção sobre a superfície plana – e a cor em ação, espalhada efetivamente no espaço.

Isso nos leva aos princípios, inevitáveis, de sacrifícios e de compensações. Conhecemos já as vantagens consideráveis que o pintor encontra na imobilidade de sua obra, mas ainda não observamos de que natureza serão os sacrifícios impostos à arte cênica (e dramática) pela mobilidade e quais poderão ser as compensações. Comecemos pelos sacrifícios. Em primeiro lugar, não se trata mais de escolher um instante especial – um instante de seleção – como fazem o pintor e o escultor; o movimento é uma sucessão; podemos de fato escolher a sucessão, mas não a deter em um instante preciso. Em um instante preciso, o pintor encerra o contexto do gesto que escolheu; em compensação, se se interrompe a sucessão dos movimentos, a atitude que permanece imobilizada é de fato o resultado do movimento precedente e a preparação daquele que irá seguir, mas ela só os contém em potência; ela não os exprime efetivamente como o pintor, que tem o poder de fazê-lo. Essa interrupção é arbitrária; seu caráter é fortuito; por ela, o movimento sai um instante do domínio da arte. Ora, apesar disso, é o princípio da imobilidade que dá à pintura seu caráter acabado, sua perfeição; a arte viva deve, pois, renunciar a essa perfeição e, para a cor, o sacrifício é muito sensível. Se o movimento se tornasse mecânico, poder-se-ia, a rigor, imaginar uma fixação bastante minuciosa dos elementos da expressão para que ela pudesse pretender uma semelhança de perfeição. O sacrifício consistiria então em renunciar à arte, o que não nos daria nenhuma compensação. E, no entanto, há grandes artistas que, pelo mesmo caminho que acabamos de percorrer, chegaram às marionetes articuladas e as adotaram. Seu desejo de se encontrar a *sós* diante da cena, como o pintor em seu ateliê, prevaleceu! É desculpável, talvez. Todavia, como imaginar uma humanidade corporal viva que possa com o tempo contentar-se com uma arte dramática automatizada? Não seria isso para nos impor a obrigação de ser ainda mais passivos do que já somos no teatro? Ou então esses artistas querem, por esse meio, exigir de nós, espectadores, uma contínua *animação* das personagens, atividade que, apesar disso, não teria nada em comum com aquela que toda obra de arte requer de nós, visto que a arte dramática é, antes de tudo, uma arte da vida, e que é justamente sobre a representação dessa vida, dada como início, que temos de fazer uma síntese?

É salutar chegar a esse extremo de uma lógica enganadora entre todas as outras e nela respirar miasmas destruidores. Nela, não se aspira, em seguida, senão mais profundamente a atmosfera tônica da arte e, doravante, se submete, porém com conhecimento de causa, à sua austera disciplina. Na arte, a lógica é a vida (e não o inverso). Podemos pressentir a vida suficientemente para evocá-la. Jamais poderemos compreendê-la. E se o artista de gênio se encontra diante de sua obra acabada como diante de um mistério – um mistério para o artista criador –, é que ele nos proporcionou, sem saber, a explicação da vida em um símbolo; ele o sente; ele chega quase a sabê-lo – e nós também! Uma arte mecanizada seria semelhante ao automóvel que coloca à nossa disposição o espaço e o tempo sem nos dar sua expressão. O artista, ao nos oferecer somente um símbolo, nos persuade, ao mesmo tempo, de nosso poder misterioso e de nossas limitações: ele *modifica* nosso desejo ardente de conhecer e cria, por esse meio, a obra de arte cuja existência acaba por transfigurar as muralhas que nos encerram. Ele não nega a presença dessas muralhas, mas ele as torna diáfanas: com ele, atingimos de fato o obstáculo, mas nós o penetramos.

Tudo isso a propósito da cor, dir-se-á? Sim; o sacrifício, quase completo, que a arte cênica deve fazer da pintura é um dos mais sensíveis – e, para alguns, dos mais duros – que exigirá a nova economia. Ele nos exige uma profunda transposição de nossas noções habituais e de nossos desejos; e os argumentos mais sérios são precisamente bastante fortes para nos convencer.

Ao analisar o caráter próprio da pintura, vimos que não há nada de comum com o espaço e a duração viva. Convém, pois, distinguir nitidamente a ideia da pintura – agrupamento fictício de cores – e a ideia da cor em si mesma. A *modificação* de Taine encontra aqui sua aplicação mais radical, pois não é apenas ao charme da pintura que é preciso renunciar, mas, e sobretudo, a um número incalculável de objetos que só ela pode nos apresentar. O empobrecimento é, assim, extraordinário e supõe uma compensação proporcional ao nosso sacrifício. A menor concessão do artista criador nos recusaria a vida da arte; sua revelação seria ilusória; ela se limitaria a recobrir de ouropéis nossas muralhas, em vez de penetrá-las com luz.

Pela primeira vez, e a propósito da pintura, abordamos a própria fonte da arte dramática. Até aqui os princípios elementares que expusemos e defendemos podiam aplicar-se à nossa arte dramática ao modo como o contraponto rigoroso encontra fruição e liberdade na composição musical livre; e teríamos podido infringi-los à nossa vontade, como um pintor modifica as proporções do corpo para aumentar, ocasionalmente, sua expressão, mas isso, sempre com a condição de que ele conheça perfeitamente essas proporções. Com a pintura, não há mais escolha para nós; é o próprio princípio da pintura que se opõe ao seu uso em cena. A arte dramática só é uma arte, na expressão literal do termo, renunciando à pintura. É para ela uma questão de vida ou morte *até na sua própria concepção*. É de sua obrigação absoluta substituir, de uma maneira ou de outra, o que esperamos do cenário pintado. A reforma concerne, portanto, ao próprio drama. Mas, antes de abordá-la de um ponto de vista geral que atingimos em nossas pesquisas, alguns exemplos e considerações de pormenor a tornarão mais sensível.

Queremos representar na cena uma paisagem com personagens? Caso queiramos, sim, teremos uma paisagem, talvez, mas sem relação possível com as personagens; isso nos dará uma paisagem de um lado e personagens do outro. Queremos personagens *em* uma paisagem precisa? Nova impossibilidade: elas estarão *diante* da pintura, mas não poderiam estar dentro! Ou então, será isso um estilo particular de construções, uma rua historicamente precisa? Essa rua será necessariamente, em grande parte, pintada sobre telas verticais, e o ator vai se locomover diante dessa pintura e não na rua. Se, no entanto, ela fosse construída e inteiramente composta em três dimensões (o que seria, em todos os casos possíveis, um luxo desproporcionado em relação ao objetivo proposto), a arquitetura precisa, mas sem consistência e sem peso, será posta em contato com o corpo vivo que possui uma coisa e outra[6].

Será do mesmo modo para todos os lugares que o autor escolher, se ele não partir exclusivamente do corpo plástico e vivo do ator. É desse corpo que o cenário deve nascer e se erguer, e não da imaginação isolada do dramaturgo; sabemos agora que é ele somente que tem a palavra em relação ao espaço.

No entanto, uma ação dramática contém quase sempre noções que o texto não é suficiente para nos dar. Seria necessário voltar ao letreiro da cena shakespeariana? Até não seria mal, afinal de contas. Mas há certamente um outro meio, mais discreto e menos disparatado, pois a coisa escrita, e lida pelo espectador durante a declamação dos atores, sugere uma analogia deplorável, e as palavras escritas estão decididamente muito afastadas do corpo em ação. Tais noções, das quais encarregamos ainda a pintura de cenário, não têm *de exprimir* qualquer coisa, mas tão somente *significá-la*, pois um letreiro bastava outrora para orientar o espectador. Não teria ele, dizemos nós, na economia cênica um elemento de indicação, de orientação, independente da hierarquia da arte viva, um elemento que se aproximaria dos signos do texto, que seria até, como que saído do texto, para se dirigir, diretamente e de sua parte, ao espaço, sem passar necessariamente pelo ator? Esse elemento seria, por consequência, completamente distinto dos elementos expressivos, dependentes só do ator, e poderíamos denominá-lo *signo*, por oposição à *expressão*, cuja ordem é estritamente hierárquica. O signo representaria na cena a porção do texto do qual o ator não está encarregado e seria, para os olhos, o que seria uma descrição oral do lugar da ação, e isso na medida exata em que os elementos de expressão – música, corpo, espaço, luz e cor – não poderiam dá-lo e poderiam tolerá-lo; esse signo pertenceria ao texto, o qual significa e não exprime; mas ele se dirigiria aos nossos olhos. Por exemplo, e por analogia, a expressão musical, quando não é fecundada pelo poeta, permanece nas generalidades; a arte dramática, que especifica, seria embaraçada por ela. O texto falado, por si só, carece da expressão direta que lhe confere

---

[6] Lembremo-nos do efeito desagradável que produzem as construções falsas e efêmeras das grandes exposições e o quanto são próprias para falsificar as sensações e o gosto.

a música. De um lado, teríamos a expressão sem o signo, sem a orientação indispensável; de outro, o signo sem a expressão. Ora, para o espaço, ocorre o mesmo; a expressão soberana que lhe proporciona a música do corpo deve ser fecundada, na arte dramática, por uma significação, qualquer que ela possa ser; nossos olhos, assim como nossos ouvidos, precisam ser orientados. Se, portanto, os elementos da expressão não contiverem implicitamente essa indicação inteligível e se o texto não a contiver de modo suficiente, é no espaço que devemos encontrá-la. A pintura *significa* as formas, a luz, as cores etc., em uma ficção aparentada àquela do texto poético sem música; ela é, pois, qualificada para assumir o papel do signo visível, da orientação quando ela é indispensável. Seu papel será dependente de toda hierarquia cênica à qual, no entanto, ela não pertencerá. Os elementos da expressão só farão uso dela em caso de urgência; e, da mesma maneira que o letreiro shakespeariano não mencionava os pormenores de uma paisagem ou de uma arquitetura, *a indicação* pictórica só dará o índice mais sucinto, sem uma linha a mais do que o necessário à nossa breve e pronta orientação: ela substituirá com vantagem o letreiro, eis tudo. Em muitos casos, a luz e a cor viva poderão se aproximar do signo ao especificar sua expressão por meio da forma, do movimento de uma sombra, da cor ou da direção de uma claridade[7].

As divisões sistemáticas atenuam-se assim de maneira muito natural no exercício prático do dramaturgo – encenador –, mas elas são, todavia, indispensáveis ao justo manejo dos fatores da representação. Há ainda uma ordem de signos que, sem serem precisamente tirados do texto, nem servir de orientação necessária, são como anotações acrescidas a uma partitura para a justa interpretação da música: eles especificam a expressão sem explicá-la; confirmam a idealidade do lugar em um símbolo visível; e conduzem o corpo vivo nesse símbolo. São dessa ordem certos detalhes do espaço, da cor fixada, unidos com flutuações da luz, da cor ambiente, das obstruções parciais portadoras de sombras mais ou menos móveis e que não significam nada de preciso, mas contribuem para a vida do movimento. Sempre com a condição de que o corpo os aceite enquanto parte de sua criação no espaço. O dramaturgo-encenador é um pintor cuja paleta seria *viva*; o ator guia sua mão na escolha das cores vivas, de sua mescla, de sua disposição; depois ele

---

[7] Pode-se reconhecer claramente um caramanchão pela decupagem de sombras que a luz no alto lança sobre o solo e as paredes; o corpo vivo e as formas inanimadas participam disso. Esse recorte faz obstruções invisíveis, pode mesmo tomar parte no movimento se ele remexer, por esse meio, as sombras móveis à nossa vontade.

próprio mergulha nessa luz, e realiza, na duração, aquilo que o pintor não teria concebido a não ser em espaço.

Ao renunciar o seu papel fictício na pintura, a cor obtém a vida no espaço, mas ela se torna, então, dependente da luz e das formas plásticas que determinam a sua importância variável. Sua realidade *viva* a priva dos objetos que ela representava ficticiamente na tela; não há de ser, pois, a ela que será preciso dirigir-se para a representação dos objetos na cena. (Exceção feita, acabamos de vê-lo, em relação aos índices, os *signos* indispensáveis à orientação do espectador.)

A *cor viva* é a negação do cenário pintado. Quais serão para a arte dramática as consequências de uma semelhante rejeição?

A FUSÃO

Quando um pintor busca seu tema, ele conserva, na imaginação, os recursos que lhe oferece o procedimento da arte que ele emprega, e as restrições, os sacrifícios que ele lhe impõe. As possibilidades e impossibilidades da pintura estão sempre presentes diante dele; e ele se habitua tão bem a isso que sua vida de pintor e a consciência que possui das condições de seu mister se identificam para ele em uma afirmação: ele é pintor, logo, goza de tais vantagens e deve consentir em tais sacrifícios. Isso é para ele indiscutível, e é apenas no interior desse quadro que tenta suas pesquisas. Desse ponto de vista, o que acontece com o dramaturgo? Se ele é realmente dramaturgo, toda a sua atividade tende à representação de sua obra escrita: quer dirigir-se não a leitores, mas a espectadores. Visto que a representação se faz no teatro, e como não é aí que se elabora um manuscrito, o dramaturgo se vê forçado a dividir sua atenção entre um trabalho no qual ele é senhor – o manuscrito de sua peça – e um procedimento que escapa à sua concentração cerebral – a encenação dessa peça. Ele oscila entre os dois como faria um pintor caso sua tela já estivesse pendurada, ainda em branco, na exposição, enquanto sua paleta permanecia coberta de cores frescas em seu ateliê; na exposição, procuraria evocar a disposição das cores; no ateliê, desejaria ardentemente a superfície libertadora de sua tela. Todavia, no dramaturgo, o desejo de uma cena é menos preciso do que no pintor o desejo de uma tela; a paleta dramática desborda de situações e pode, a rigor, lhe bastar; ele joga, portanto, solitariamente esse jogo, jogo perigoso pois diz respeito tão somente à metade de sua obra. Vem, então, o momento da exposição, quero dizer, da representação! O autor leva ao teatro a notação de um trabalho concentrado e coligido. Sua tela, a cena, tem as qualidades e as dimensões sonhadas no silêncio do gabinete de trabalho? Ai de mim! Ninguém se preocupa com isso. A cena é a cena, é pegar ou largar; cabe sempre à peça acomodar-se nela; a cena nunca está pronta para as concessões; ela não é mesmo de modo algum feita para isso; e parece evidente que é a coisa escrita no papel que deve possuir a elasticidade suficiente para adotar dimensões quaisquer e impostas como imutáveis.

Como é feliz o pintor! Ele pode levar sua tela para o seu ateliê a fim de uni-la à sua paleta; ele preside as suas núpcias na intimidade. O próprio autor dramático leva seu manuscrito ao teatro e não é precisamente no mistério e no recolhimento, nem sobretudo no silêncio, que a união se consuma! As duas partes se conhecem por ouvir dizer e fazem reciprocamente muitas descobertas singulares. Asseguram-lhes que deve ser assim, e que foi e será sempre assim. Eles se resignam, pois. A noiva – a cena – se empeteca sem se preocupar com o gosto de seu cônjuge – o drama – o qual, maltratado, machucado, até mesmo mutilado, acaba por desaparecer em boa parte na toalete berrante da esposada. Faz-se então entrar os convidados, e a festa está no seu auge perante o autor de tanto mal, que esquece sua vergonha nos aplausos e no tumulto. Quando esse infeliz retorna ao seu gabinete de trabalho, há pouco tão povoado, ele não vê aí senão papel borrado. Se volta ao palco, não tem outra coisa a fazer além de limpar a poeira envenenada de telas mais borradas ainda. E se demora entre os dois, sente sua obra lhe escapar para todo o sempre e escorregar na calçada. Tal é a obra do autor dramático. Mas voltemos aos artistas, os quais, como o pintor, identificam sua existência com as exigências favoráveis ou restritivas de seu "mister"; jamais teriam a ideia de separar suas aspirações artísticas mais elevadas dos meios de execução característicos de sua arte. Para um pintor, o pincel, as cores e a superfície plana que o esperam são, de algum modo, sua maneira de pensar, de imaginar sua obra; ele os conhece e não procura alhures. O mesmo acontece no tocante aos outros artistas. Há um, todavia, que faz exceção: o artista que não tem nome, para uma arte que não o tem tampouco. O autor dramático não considerará jamais a cena, tal qual a oferecemos a ele, como um material técnico definitivo; ele consente em se acomodar a isso; ele vai a ponto de moldar seu pensamento de artista sobre esse triste modelo, e não sofre muito por isso, porque somente assim obtém um pouco de harmonia. Sua situação é, pois, a de um pintor a quem só se autorizaria usar um número insuficiente de cores e de uma tela de dimensões ridículas e sempre as mesmas. Essa situação é bem pior ainda, pois um pintor de gênio encontrará sempre o meio de se exprimir, enquanto o princípio essencial de sua técnica não for falseado, isto é, enquanto se tratar sempre de pincéis, de cores e de superfícies planas. Mas nossa cena moderna oferece ao dramaturgo um contrassenso técnico: ela não é um meio que possa ser consagrado a uma obra dramática; é por uma violência inconcebível que se nos obriga a aceitá-la, e mesmo a considerá-la como tal. Infelizmente tornou-se hábito: é com esse material que evocamos essa obra e, o que é bem mais grave, é com esse material que o dramaturgo a concebe, sob pena de não fazer "teatro". O termo está consagrado: não é a nossa cena que se acusará jamais de não ser "teatro", mas sempre o dramaturgo, exclusivamente; por isso, é um artista sem nome – não domina uma técnica, é a técnica da cena que o domina. O artista deve ser livre; o dramaturgo é escravo. Atualmente, ele não é e não pode ser um artista.

Um dos objetivos desta obra é o de secundar o autor dramático nos seus esforços para conquistar o grau tão invejável e que ele poderia merecer, de artista. Para isso, dar-lhe o material técnico *que lhe pertence*, e colocá-lo assim na condição de fazer obra de artista.

A escravidão, como todos os hábitos, pode tornar-se uma segunda natureza; e foi o que se tornou para o autor dramático e para o seu público. Trata-se, pois, de uma conversão, no sentido próprio do termo. A função cria o órgão. Se em fisiologia ou zoologia essa afirmação é apenas aproximativa, pouco importa aqui, porque é evidente que em arte ela é solenemente exata. Visto que, em nossos dias, a função do dramaturgo não criou o seu órgão – isto é, não é *organicamente* que a obra de arte dramática se apresenta aos nossos olhos, mas por meio de um automatismo artificial, exterior e que não pertence ao seu organismo – será provavelmente na própria função que devemos procurar e descobrir o ponto fraco que colocou o dramaturgo na dependência e que contribui para mantê-lo aí.

A análise que acabamos de efetuar das diferentes artes, sob o exclusivo ponto de vista da arte dramática e independentemente de nossos procedimentos de encenações atuais, nos ajudará talvez a descobrir esse ponto. Nosso princípio de cenografia não teria sido sugerido primitivamente pelo próprio dramaturgo? E não prolongaria ele, na atualidade, esse impulso inicial por inércia e fora de propósito? O uso desordenado da pintura de cenários é de tal modo a característica de toda a nossa *mise-en-scène*, que telas pintadas e encenação são quase sinônimos para nós. Ora, todos os artistas sabem que o objetivo dessas telas não é o de nos apresentar uma combinação expressiva de cores e de formas, mas de indicar (nós vimos isso acima) uma multidão de pormenores e de objetos. Cabe, portanto, presumir que é a necessidade de nos mostrar tais objetos que determinou ao dramaturgo dirigir-se desse modo ao pintor. E o pintor lhe respondeu com presteza. Se a gente se puser no lugar do autor quando ele escolheu seu tema e procurou fixá-lo, torna-se evidente que esse é o instante preciso que decide sua liberdade técnica ou sua dependência. Suponhamos que ele crie poder para se libertar dos meios impostos, ele se chocará, logo em seguida, com a concepção, não mais, inclusive, do tema, porém com a própria *ideia de que se trata de um assunto para uma obra destinada a ser representada*. Para ele, é a exposição de caracteres em conflito uns com os outros; desse conflito resultam circunstâncias particulares que obrigam as personagens a reagir; e é de sua maneira de reagir que nasce o interesse dramático. Tudo está lá para ele; ele nunca sonhou com outra coisa; aos seus olhos, a arte dramática consiste, no todo, na forma de reagir, e lhe parece suscetível de variar indefinidamente. No entanto, ele se apercebe de que esse não é o caso; de que as reações não variam ao infinito, mas, ao contrário, as mesmas se repetem sempre; de que, nesse sentido, a natureza humana é limitada; e de que nossas paixões têm cada qual um nome. O dramaturgo procura então variar o interesse pela diversidade dos caracteres; e aí começam as dificuldades, dificuldades de dimensões. Para apresentar um caráter na cena é necessário tempo no palco e espaço no papel. A escolha é, assim, limitada. O romance, ou o estudo psicológico, dispõe, no papel, de um espaço indefinido; a peça conta apenas com três ou quatro horas[8]. É necessário, então, procurar em outra parte; e a influência do meio entra em jogo. O meio é sempre histórico e geográfico, dependente de um clima e de uma cultura, que se indicam aos olhos por um conjunto de objetos definidos. Sem a vista desses objetos, o texto da peça deveria carregar-se de uma multidão de noções que paralisariam completamente a ação. É necessário, então, representá-la pelo cenário.

O cenário, nós o sabemos agora, não é somente uma questão de oportunidade, como se desejaria nos fazer acreditar; no teatro, não estamos diante do cinematógrafo; as leis que regem a cena são antes de tudo de ordem técnica. Querer mais ou menos representar tudo, e invocar, para isso, a liberdade do artista, é tirar deliberadamente a arte dramática de seus limites e, por

---

[8] Encenar um caráter para cuja descrição e desenvolvimento foi necessário um volume de trezentas páginas é uma das monstruosidades banais de nosso teatro.

conseguinte, do domínio da arte. Enquanto o autor permanece exposto aos caracteres e a suas reações, ele se encontra relativamente sozinho frente à sua obra. Mas, a partir do momento em que se serve da influência do meio para variar seus motivos, reencontra a encenação e deve contar com ela. Atualmente, ele só se preocupa com as possibilidades da representação cênica das coisas; rejeitará tal projeto como sendo muito difícil para representar e, em geral, restringirá sua escolha àqueles lugares que, como ele sabe, são fáceis de realizar e próprios para conservar a ilusão que lhe é cara. Como o avestruz, quer ignorar o perigo. Todavia, como não se aperceber que a técnica decorativa é regulada por outras leis que não as das possibilidades? Ao jogar dinheiro pelas janelas, o autor pode obter tudo no palco. Os romanos faziam passar um rio pelo circo, no meio de uma vegetação cerrada como de uma floresta virgem. O duque de Meiningen comprava museus, apartamentos, palácios para realizar duas ou três cenas e o resultado era lamentável. Não, o cenário é disposto segundo a presença do corpo vivo; esse corpo se pronuncia sobre as possibilidades de realização; é tudo o que se opõe à sua justa presença que é "impossível" e que anula a peça dramática.

Na *escolha* de seu objeto, o autor não é obrigado a interrogar o encenador, mas de fato o ator; por meio do que não se deveria entender que ele deve pedir conselho a este ou aquele ator! É a Ideia do ator vivo, plástico e móvel que precisa ser seu guia. Ele deve se perguntar se, por exemplo, a necessidade de indicar com insistência certo meio convém à presença do ator; e não mais se essa indicação é apenas "possível". Do ponto de vista técnico, sua escolha só diz respeito ao ator; do ponto de vista dramático, à maior ou menor importância que ele quer ou deve dar à influência do meio. Nos dois pontos de vista, ele deve escolher com pleno conhecimento de causa e, por conseguinte, conhecer perfeitamente a hierarquia cênica normal e seus resultados. Sua técnica de artista determina sua escolha. O pintor não lamenta o fato de que o relevo plástico lhe é recusado. Sua técnica não é uma questão de possibilidade dessa ordem. Assim, deve sê-lo para o autor dramático. Não há necessidade de se afligir se não pode situar sua personagem em uma catedral, mas, sim, ao invés disso, se a desorienta em contingências que prejudicam o seu puro aparecimento. O romancista, o poeta épico, podem evocar seus heróis pela descrição de seu meio; sua obra é um relato, e a ação se situa *no* relato, porque ela não é *viva*. O próprio autor dramático nada tem a contar; sua ação viva é livre, nua; todas as contingências tendem a aproximá-la do relato – romance ou poema épico – e afastá-la da arte dramática. Quanto mais a indicação do meio for necessária à ação – isto é, a tornar plausíveis os caracteres, as circunstâncias e as reações – mais ela se afastará da arte viva. *A razão aí é pura e simplesmente técnica, e ninguém pode mudar nada.*

Quanto mais o pintor se aproximar da escultura, menos pintor ele será; quanto mais o escultor buscar a ambiência, menos escultor ele será etc. Quanto menos o autor dramático tornar sua personagem dependente do meio, mais dramaturgo ele será, pois quem diz dramaturgo também diz encenador; é um sacrilégio especializar as duas funções. Podemos, portanto, estabelecer que se o autor não as acumula em si próprio, não será capaz nem de uma nem de outra, visto que é da penetração recíproca das duas que a arte viva deve nascer. Afora muito raras exceções, não temos ainda esta arte, tampouco o artista. Ao deslocar o centro de gravidade, nós meio que a dividimos; de um lado, nossa arte dramática baseia-se no autor, de outro, no encenador, às vezes favorecendo mais um do que o outro. Ela deveria apoiar-se clara e simplesmente em si mesma.

A fusão técnica dos elementos representativos tem sua fonte na *ideia inicial* da arte dramática. Ela depende de uma *atitude* do autor. Essa atitude o liberta; afora isso, não é um artista.

Aqui, sem dúvida, o leitor se pergunta qual é, após tudo, essa atitude, essa ideia inicial. Ele tem talvez a intuição do que seja e desejaria precisá-la.

Em arte, uma questão sempre volta a estar em pauta, provocando discussões que dificilmente terminam, visto que ficamos no mesmo lugar, tanto antes como depois. Quero falar do *Tema* de uma obra de arte, até que ponto uma obra de arte comporta um tema – um tema que pede um *título*? Hoje em dia, tudo se intitula, desde um afresco majestoso e, por si só, perfeitamente explícito até a mais fútil improvisação pianística. É provável que os artistas duvidem deploravelmente do alcance de suas obras e de seu interesse. Se é claro que pobres e pretensiosos acordes necessitam ser situados em algum terraço de festa, ou paisagem sugestiva, a fim de assumir uma aparência de direito à vida, muitas obras ricas e viris foram rebaixadas ao nível de simples ilustrações por títulos supérfluos. Em música, por exemplo, a indicação da tonalidade ou do número de ordem dá sempre uma impressão de nobreza que nenhum título poderia alcançar. A "Sinfonia Heroica" não ganha nada com sua intitulação; e ficaríamos revoltados de chamar a "Nona" de modo diferente.

No entanto – e esse "no entanto" sempre promete tempestade nas discussões –, uma vez que são os próprios artistas, na maior parte do tempo, que intitulam suas obras, teriam eles provavelmente, além das dúvidas que poderiam conceber sobre a perspicácia do público, outros motivos? Teriam eles necessidade de um estimulante preciso para criar certas obras? Há pensadores profundos que só pensam com a caneta na mão. Um título tomaria o lugar da caneta na mão dos artistas?

A questão se colocaria, pois, sob dois aspectos diferentes: o cuidado com o público e a necessidade de estímulo. Sabe-se com que desvelo e com que ardor os artistas expõem suas obras; que importância atribuem, apesar de tudo, à crítica, e a legítima doçura que encontram na notoriedade. No entanto, se nem todos menosprezam o público, sentem realmente que abismo os separa dele – em nossos dias, ao menos; e, aí, incontestavelmente, seus títulos constituem um traço de união; eles respondem à eterna questão: "O que é que isso representa?" Essa pergunta é a primeira que os olhos do visitante exprimem ao pairar sobre uma obra de arte; em seguida, e é ainda a exceção, o olhar torna-se pouco a pouco contemplativo. Quando o visitante sabe o que isso deve representar, acrescenta, por deferência, o nome do artista, depois sente-se calmo e satisfeito e se põe a julgar se, a seus olhos, a obra corresponde bem ao título. Um catálogo sem título não seria comprado. Um concerto sem programa mergulharia o ouvinte em uma grande confusão. Por quê? Poderá adiantar seriamente que, se for uma sinfonia, irá se preparar para essa sinfonia etc.? Oh, não! Afinal de contas, pouco importa; mas ele gostaria de saber "o que é"; isso lisonjeia sua inércia; e se, por ventura, o título do trecho é sugestivo, ele entra em um verdadeiro bem-estar. Quem não viu o olhar de curiosidade e de prazer com que percorre o programa, depois os olhos vagos e desinteressados que ergue em seguida? Quando se enfastia demais, durante a execução de um trecho, recorre de novo ao programa e aí encontra conforto; parece dizer: "Apesar disso, é verdade, não há nada além de sons, mas há o título"; e, durante um minuto, escuta de novo com menos inércia. Pode-se afirmar que sem a ideia de se deslocar, de chegar, de entrar, de se desvestir um pouco, de se olhar mutuamente, de aspirar o ar particular de uma sala repleta, de considerar os executantes em descanso, de comprar o programa e de se compenetrar na sua leitura etc., o público do músico se reduziria a pouca coisa. Que diferença entre a expressão azafamada e muitas vezes radiante do público que chega e se instala, e aquela que ele assume logo mais quando a música começa! É que, é isso: a música exige algo dele e ele sempre esquece até o último momento, quando já é tarde, demasiado tarde; ele vem com tudo, exceto isso.

Com o programa, ele vai poder julgar. Ora, tudo em seu ser está pronto a reagir fortemente, a participar com alegria e coragem na criação do artista;

é preciso, portanto, orientá-lo de antemão, para que possa procurar rapidamente em suas lembranças ou sensações algo análogo ao título. Se, então, ele não encontra nada, o título aumenta ainda mais sua perturbação e a obra torna-se duplamente enigmática para ele. Por exemplo: "Olhe para o infinito"; embora os visitantes, em sua maioria, tenham constantemente nos lábios as palavras eterno e infinito, eles nem sequer pensaram nisso. O símbolo que tenta dar isso como a essência humana permanece um mistério para eles; em vão se afastam um pouco com um ar de entendidos; baixando as pálpebras, essa comédia não os aproxima de uma obra cujo próprio título lhes escapa. Além do mais, esse título provém ou de um erro de julgamento ou de uma necessidade de estímulo para o artista; talvez os dois ao mesmo tempo.

Não seria preciso confundir o título e o tema. Por exemplo, sabemos, pela história, que a vida dos poderosos desse mundo era o tema imposto aos escultores-artífices e pintores egípcios; ou, então, que os temas religiosos foram por muito tempo a justificação pública da obra de arte. Isso se prolongou mesmo como um tique. Claude Lorrain deu títulos bíblicos às suas paisagens! Aí, título e tema se confundem para exprimir a cultura, a disposição particular de uma época; o título não serve de orientação problemática. Uma bela mulher com uma criança nua sobre os joelhos só podia ser uma Madona; e se Rafael a houvesse cognominado *Camponesa da Campânia*, não teria provocado escândalo.

Nossa cultura moderna nos abriu todos os campos; o embaraço na escolha leva à anarquia, assim como a liberdade do artista. A arte não tem mais público; o público, mais arte; a arte não se preocupa mais conosco, e não sem motivo. Assim, é necessário que nos expliquem uma produção que nos é tão estranha como uma bijuteria extravagante, cuja forma não indicaria o uso. Quanto ao artista, não encontrando em nós sua obra – em nós, que deveríamos ser seu tema e seu título –, vai procurá-la alhures. Ora, alhures, o tema e o título não se confundem mais, infelizmente! E sua liberdade anárquica impele o artista, de modo inteiramente natural, a limitar prudentemente e desde a origem sua concepção; ele a determina por um título, e se prende a esse ponto fixo e inteligível no mar angustiante de possibilidades. O público adquire a coisa por um bom dinheiro, sem duvidar demasiado de que quase sempre o título está ali apenas como a caneta para o pensador; ele permitiu a obra; é tudo; seu valor não é inteligível, mas antes moral; o artista tinha necessidade disso e, sua obra acabada, ele a conserva abusivamente como uma construção que, terminada, manteria ainda seus andaimes.

Querer representar um tema é sempre afastar-se da obra de arte, que é, em sua essência, a expressão pura e simples, sem tema dado. Intitular sua obra é convir com sua qualidade de ilustração. Abordar um tema sem intitulá-lo, mesmo no íntimo do pensamento, é tender para a obra de arte. Realizar uma expressão que resulta de um desejo irresistível e sem objeto preciso é fazer obra de arte. Caso se verifique em seguida que se pode dar à obra esta ou aquela denominação aproximativa, isso nada tem em comum com a ilustração; ao contrário, é a prova da realidade do desejo e de sua misteriosa e profunda humanidade. Se nossa arte tivesse um público, muitos dos títulos de obras seriam objeto de nossa veneração e proporcionariam uma emoção fecunda ao nos introduzir no santuário mais secreto do artista, às vezes o mais ignorado por ele mesmo.

Isso nos conduz às noções de Signo e de Expressão, da escolha que faz o autor dramático e da *atitude* resultante dessa escolha. Como os outros artistas, ele se encontra entre o desejo de exprimir algo e a necessidade de Expressão; entre um tema a ser expresso e uma Expressão a representar. Ao se inclinar para o signo, ele se carrega de noções inteligíveis, cujas consequências são sérias para a *mise-en-scène* – assim como vimos – e anulam, necessariamente, a expressão que deseja. Ao se inclinar para a Expressão, pode entregar-se à hierarquia normal e orgânica dos elementos da representação, e "representar" sua Expressão, tão puramente quanto deseja. As noções inteligíveis serão então – tais como um título para a obra de arte sem objeto – a simples consagração de seu desejo, mas não de seu pretexto.

A fusão de elementos representativos não pode ser determinada em si própria, para ela mesma. Se conhecermos bem esses elementos, se soubermos mensurar sua potência de expressão e seus respectivos limites, e os colocar em conformidade, possuiremos os meios através dos quais a encenação depende, então, exclusivamente do autor. Por isso, a ideia de tema assume agora um alcance *técnico*; a fusão de elementos não será mais, como em nossos palcos, regulada de antemão e imposta ao dramaturgo, porém toda responsabilidade lhe caberá. Há, pois, a obrigação de ser artista; e, embora os elementos que ele emprega estejam doravante à sua livre disposição, ele não os tem, no entanto, somente em sua mão; para realizar seu sonho de artista, precisa, sem dúvida, de colaboradores. Será uma nova dependência? Mal promovido ao grau de artista, graças à posse pessoal de sua técnica, irá recair, ficar de novo sob tutela e perder o benefício de seus vários sacrifícios? Qual será o alcance dessa colaboração? Será uma simples ajuda mútua ou, então, penetrará mais fundo e até a escolha de seu tema? Deixemos de lado os serviços materiais que o eletricista, o marceneiro e outros artífices estarão dispostos a lhe oferecer; clara e hierarquicamente, dizem respeito ao corpo do ator que os determina. Consideremos somente os elementos situados aquém desse corpo, aqueles que lhe ditam sua vida e seu movimento; depois, iremos em seguida para esse corpo, intermediário maravilhoso, dominado pelo dramaturgo e que por sua vez, domina o espaço, confiando-lhe sua própria vida.

Nossos hábitos de teatro tornam muito difícil imaginar a liberdade conquistada na encenação e o novo manejo dos elementos da representação. Sempre nos vemos sentados diante desse espaço limitado por um enquadramento e preenchido por pinturas cortadas no meio das quais saem caminhando atores separados de nós por uma linha de demarcação perfeitamente nítida. Sempre a presença de peças e partituras em nossas bibliotecas quer nos convencer da existência da obra dramática fora de sua representação. Lemos a peça ou tocamos a partitura no piano e somos convencidos de que ela vive efetivamente assim e que nós a possuímos. Sem isso, de onde viria o renome de um Racine ou de um Wagner? Não é evidente que sua obra se encontra nessas folhas de papel? Que importa então sua representação, se esse texto, por si só, pode permanecer imortal? Chegamos lá! O autor dramático escolheu uma forma de arte que se dirige aos nossos olhos e sua notação no papel basta, não obstante, para a sua glória.

O que seria de um Rembrandt se tivéssemos apenas o relato de seus quadros? As cores não se descrevem, dirão? Por que não, se aceitais que as palavras e os sons descrevem e exprimem a vida ardente no espaço? Se essa vida aí não está para a obra de arte dramática senão como um momento secundário, até mesmo negligenciável, por que levar isso em tanta consideração, ocupar nossa vida pública com isso e lhe erigir templos dispendiosos? Se tal é o caso, que a peça seja então considerada como um romance dialogado ou uma sinfonia mais ou menos cantada, e não falemos mais disso; e olhemos para a pintura e a escultura; nosso corpo será sempre suficientemente vivo para nos levar ao nosso trabalho, aos nossos prazeres, à nossa alimentação e ao nosso sono, pois ele não pode ser um livro nem uma partitura; e além do mais, não é imortal.

O Teatro no Século XIX, por exemplo; abra o livro; ele analisa a peça escrita; nada mais. Conheço um rapazinho que abria com o coração batendo os volumes cujo título trouxesse a fatídica palavra *teatro*. Ele acreditava sempre encontrar ali outra coisa além de palavras. Nós crescemos; para nós, as palavras nos bastam. Nossos autores dramáticos são escritores de palavras. Se, numa peça clássica – isto é, cujas palavras escritas são muito conhecidas e aceitas –, um ator se deixa levar pela alegria de seu jogo a eliminar ou acrescentar palavras faladas, grita-se diante do sacrilégio. O que diria disso Shakespeare, o homem da Vida? O verdadeiro artista não se prende obstinadamente à obra de arte. Ele traz a arte em sua alma, sempre viva. Destruída uma obra, outra virá substituí-la. Para ele, a Vida passa à frente de sua representação fixa e imóvel, qualquer que seja ela; e, por uma razão mais forte ainda, antes da palavra! Estamos tão degradados que a palavra passa antes da vida e, no caso particular, antes da própria obra; visto que estamos prestes a renunciar facilmente à sua existência integral no espaço, contanto que sua presença abstrata nas prateleiras de nossa biblioteca seja garantida.

E ousamos falar de arte dramática!

Robinson Crusoé deve ter procurado palavras em sua memória e tentado com elas reconstruir esta ou aquela peça lida outrora. A solidão o levou a esquecer-se de si próprio, ele acompanhava, pouco a pouco, essas palavras com um gesto, com uma mímica espontânea; quando sua memória falhava, o gesto tornava-se mais insistente para substituir a palavra. Logo a alegria da ficção vivida se apoderava do pobre solitário: *ele vivia* a peça, ele não a recitava mais e se afastava cada vez mais das bibliotecas do continente. E, na manhã seguinte, caçando ou trabalhando, a vista de suas mãos e de seu corpo o enchia de emoção: esse corpo, não havia contido a alma de Otelo, por exemplo, e não teria irradiado essa alma para o espaço; seus olhos, não teriam *visto* Desdêmona e não haviam chorado por seu coração inocente? A palavra! Ah! Ele iria exigi-la, ia forjar palavras para esse corpo! E eis o poeta dramático que nasce em Crusoé pela visão de seu próprio corpo. "Tu queres palavras", diz ele a seu corpo, "tu as terás, e cada vez diferentes, se for preciso; tu serás rico em palavras e lançarás regiamente tua riqueza para o céu, pois aí haverá sempre palavras, para ti o corpo único! Elas são tua moeda e tuas servidoras; tu lhes dizes: Vinde! Elas vêm; tu as caças; elas fogem; e tu, Tu, tu permaneces, sempre rico e atulhado, transbordante de uma vida que as palavras não conhecem! Tu és minha biblioteca, doravante minha sinfonia, meu poema e meu afresco: eu possuo a arte em ti! *Eu sou a arte.*"

O teatro se intelectualizou; o corpo não é mais do que o portador e representante de um texto literário e só se dirige aos nossos olhos nessa qualidade; seus gestos e suas evoluções não são *ordenados* pelo texto, mas simplesmente *inspirados* por ele; o ator interpreta à sua vontade o que o autor escreveu, e a grande importância de sua pessoa no palco não é a técnica, mas ela é devida, exclusivamente, à sua interpretação; de tal modo que, em geral, ele compõe seu papel, de um lado, enquanto os cenários são pintados, do outro. A reunião deles, em seguida, é arbitrária e quase acidental. Esse procedimento se repete a cada nova peça e seu princípio permanece o mesmo, aliás, seja qual for o cuidado que se dispense à *mise-en-scène*.

Ora, coisa característica, todo esforço sério para reformar nosso teatro dirige-se instintivamente para a encenação. Quanto ao texto da peça, as flutuações do gosto nos trazem sabores de classicismo, de romantismo, de realismo etc., que se invadem uns aos outros, combinam-se, aprovam-se ou se desaprovam e apelam desesperadamente ao cenógrafo sem serem ouvidos. E, apesar de tantas variedades, permanecemos no mesmo lugar. As minuciosas indicações cênicas que o autor inclui, às vezes, ao texto de sua peça, causam sempre um efeito pueril, tal como a criança que quer entrar a todo custo em sua pequena paisagem de areia e de raminhos; a presença real do ator esmaga a construção artificial; só o contato deles já é grotesco, visto que sublinha o esforço impotente. Ao passo que, se se enfrenta corajosa e diretamente a própria encenação, a gente se surpreende ao ver que é, então, ao *problema dramático inteiro* que temos de nos haver. Com efeito, para quais peças já existentes queremos reformar a cena? Qual será nossa escala de valores? Queremos considerar apenas a cena, e esta última se subtrai; e sozinha, o que seria ela? Evidentemente, nada em absoluto. É de fato por ela própria ter desejado fazer alguma coisa que nos afastamos tão definitivamente da Arte. Cumpriria, portanto, desde o início, fazer tábula rasa; operar em nossa imaginação essa conversão tão difícil, que consiste em não mais ver nossos teatros, nossos palcos, nossas salas de espectadores; não mais sonhar inclusive, e liberar completamente a ideia dramática dessa norma de aparência imutável.

Eu disse sala de espectadores… sem dúvida, no entanto, a arte dramática não é para apresentar *a outros* o ser humano, ela é independente do espectador passivo, é viva ou deve sê-lo, e a Vida concerne àquele que a vive. Nosso primeiro gesto será o de colocar a nós próprios, em imaginação, em um espaço ilimitado, e sem outra testemunha que justamente nós mesmos, assim como o Crusoé de há pouco. Para fixar proporções quaisquer nesse espaço, devemos caminhar, depois nos deter, em seguida andar de novo, para nos deter mais uma vez. Tais etapas criarão uma espécie de ritmo que repercutirá em nós e aí despertará a necessidade de possuir o Espaço. Mas ele é ilimitado;

o único ponto de referência somos nós mesmos. Somos, pois, seu centro, aquele onde nos encontramos. A medida estaria em nós mesmos? Seríamos nós os criadores do Espaço? E para quem? Estamos sós. Será, pois, por nós sozinhos que criamos o espaço, isto é, proporções que nosso corpo poderá medir no espaço sem limites que lhe escapa.

Logo o ritmo oculto, do qual até agora permanecemos inconscientes, se revela. De onde vem ele? Ele se afirma, proporciona reflexos. Sob qual impulso? Nossa vida interior cresce; ela nos impõe esse gesto mais do que um outro, esse passo deliberado mais do que essa parada incerta ou, então, o inverso. E nossos olhos, enfim, se abrem: eles veem o passo, o gesto, que nós apenas sentimos; eles os *olham*; a mão avançou até aqui; o pé se colocou até lá; são duas porções do Espaço que mediram. Foram feitos para medi-los? Não. Então por que até lá e não mais longe ou mais perto? Foram, pois, conduzidos. Não é mecanicamente que possuímos o Espaço e nele somos o centro: é porque somos seres *vivos*; o Espaço é nossa vida; nossa vida cria o Espaço; nosso corpo o exprime. Para chegar a essa suprema convicção, tivemos de andar, gesticular, nos curvar e nos endireitar, nos deitar e nos levantar. Para ir de um ponto a outro, fizemos um esforço, por menor que seja, que correspondeu aos batimentos de nosso coração. Os batimentos de nosso coração mediram nossos gestos. No Espaço? Não! No Tempo. Para medir o Espaço, nosso corpo necessita do Tempo! A duração de nossos movimentos mediu, portanto, sua extensão. Nossa vida criou o Espaço e o Tempo, um para o outro. Nosso corpo vivo é a Expressão do Espaço durante o Tempo, e do Tempo no Espaço. O Espaço vazio e ilimitado, onde nos colocamos no início para efetuar a conversão indispensável, não existe mais. Só nós existimos.

Em arte dramática, só nós existimos também. Não há sala nem cena sem nós e fora de nós. Não há espectador, nem peça sem nós, sem nós unicamente. *Somos* a peça e a cena; nós, nosso corpo vivo, porque é esse corpo que as cria. E a arte dramática é uma criação voluntária desse corpo. Nosso corpo é o autor dramático.

A obra de arte dramática é a única obra de arte que se confunde com seu autor. Ela é a única cuja existência é certa *sem espectador*. O poema deve ser lido; a pintura, a escultura, olhados; a arquitetura, percorrida; a música, ouvida: a obra de arte dramática é vivida; é o autor dramático quem a vive. O espectador vem se convencer disso; aí, ele se limita ao seu papel.

A obra vive por ela somente e sem o espectador. O autor a exprime, a possui e a contém, tudo ao mesmo tempo. Nossos olhos, nossos ouvidos, não obterão jamais senão seu eco e seu reflexo. O quadro da cena não é mais do que um buraco de fechadura pelo qual surpreendemos manifestações de vida que não são destinadas.

Fizemos, portanto, tábula rasa, e por nosso movimento conquistamos virtualmente o Tempo com o Espaço. Eles não nos foram impostos nem pela duração de um texto, nem por uma cena inteiramente preparada; estão em nossa mão e obedecem nossas ordens. Por eles, tornamo-nos conscientes de nosso poder e podemos exercê-lo para criar livremente a obra viva, porém livremente, dessa vez! Retornamos às fontes; são as fontes das quais vamos partir. Nossos antecedentes não serão mais da literatura e das belas-artes seculares. Temos a vida em suas raízes, de onde agora jorrará uma nova seiva, para uma nova árvore, na qual nenhum ramo será enxertado arbitrariamente. E se, como para as outras obras de arte, a obra de arte dramática é o resultado de *modificação de relações* (ver acima a citação na formulação de Taine), o que é incontestável, resta-nos encontrar em *nós mesmos* o elemento modificador. Em nós mesmos, porque, por toda parte, aliás, ele se apresentaria já modelado para fins que serão estranhos à vida de nosso corpo. Vimos, precisamente, que é nossa vida afetiva, interior, que dá aos nossos movimentos sua duração e seu caráter; sabemos também que a música exprime essa vida de um modo para nós indubitável e que modifica profundamente essas durações e esse caráter. Nela, possuímos um elemento intimamente *saído de nós próprios*, e cuja disciplina já aceitamos por definição. Será, portanto, da música que a obra de arte viva nascerá; sua disciplina será, para a nova árvore, o princípio de cultura por excelência, que nos assegura uma rica floração; mas com a condição de incorporá-la organicamente a suas raízes e de penetrar-lhe assim a seiva. O novo Ser – nós mesmos – será colocado sob o signo da música. Incorporar a arte dos sons e do ritmo em nosso próprio organismo é o primeiro passo para *a obra de arte viva*; e, como todos os estudos elementares, esse começo adquire uma importância decisiva. De uma justa assimilação dependerá todo desenvolvimento vindouro.

Nos capítulos precedentes, determinamos o lugar do corpo na arte dramática e procuramos tirar as consequências técnicas de uma hierarquia organicamente fundamentada. Em relação ao Texto, ponto de partida, oscilamos, intencionalmente, entre as durações da palavra e as da música. Eis que chegamos ao ponto em que a hesitação não é mais possível; fizemos tábula rasa; tudo deve, pois, ser recomeçado pelo começo, isto é, pelos fatores de algum modo primordiais: a presença do corpo criando o Espaço e o Tempo *vivos*, e a instauração da música nesse corpo para operar a *modificação* estética que é própria da obra de arte.

O leitor talvez perceba agora por que esta obra não é intitulada "A Arte Dramática", mas sim *A Arte Viva*. Para chegar à noção clara de uma arte viva, possível, sem ser necessariamente dramática (no sentido que prestamos a essa palavra), foi necessário passar pelo teatro, pois temos somente ele para fazê-lo. O teatro não é, no entanto, senão uma das formas da Arte viva, da arte integral; ele se serve do corpo para fins intelectuais (se não fúteis); e inclina-se de tal modo em direção daquilo que chamamos de signo que tende muitas vezes a se confundir com ele; o que é uma violência feita ao corpo vivo, que deve ser a Expressão, e que ele subjugou ao acaso. Devemos, pois – e isso é de toda evidência – submeter a própria Ideia de uma arte dramática a essa competência, se quisermos atribuir-lhe um lugar determinado em nossa cultura artística e dar-lhe um nome. Provavelmente então essa arte, até aqui bastarda e vacilante, encontrará uma justificação suficiente, um pedestal sólido que aumentará em muito o valor e o poder ao lhe interditar os vãos ouropéis com os quais ela se adornava tão malfadadamente. Podemos já prever que a arte dramática deverá ser considerada uma aplicação especial da Arte viva, algo como nossa arte decorativa o é em relação às artes plásticas e pictóricas; e, por ela, nos convenceremos, sempre de novo, que só há, em definitivo, duas espécies de arte: as artes imóveis e a arte móvel; as belas-artes (inclusive a literatura) e a arte viva. A posição excepcional da música é a de estar colocada no centro, entre as duas espécies de arte. Talvez então sairemos da anarquia. O crítico de arte poderá se limitar a dizer diante de um quadro, por exemplo, certo de ser compreendido: "Não se concebe por que o artista imobiliza assim seu objeto, pois suas linhas estão desprovidas de contexto." Ou, então, à leitura de uma página: "Nesta descrição não se pode ver nada, não se pode perceber nada; as palavras parecem estar em movimento e o livro torna-se um fardo." Ou então, a propósito de tal manifestação de arte viva: "Aqui, os autores se inclinam demasiado ostensivamente para uma aplicação sem motivo." Ou ainda: "Essas evoluções não são mais do que pura Expressão e, não obstante, os executantes procuram mantê-las fora do Signo. Seu erro é o de ter uma partitura de Luz por demais sumária e que faz desejar a palavra."

A ignorância da hierarquia que impõe na arte a utilização do corpo vivo arrastou toda a nossa cultura artística para a anarquia e a incerteza. Desejamos sempre mais ardentemente a vida corporal artística; aí, como alhures, o movimento tornou-se para nós uma necessidade imperiosa; cada uma de nossas formas de arte quer exprimi-lo a todo custo (e Deus sabe, amiúde, a que preço!); cada uma invade a outra; e, no mais das vezes, aquilo que chamamos complacentemente de "as buscas" de um artista, designa, no fim de contas, os esforços que faz para sair de sua arte. A visão do corpo em movimento, tornado obra de arte sob as ordens da música, pode sozinha, e disso temos a convicção, remeter as coisas a seus respectivos lugares. O autor desta obra ouviu um dramaturgo de renome bradar diante de um simples exercício de plástica ritmada executada com perfeição e solenidade: "Mas, então, eu não tenho mais que escrever peças!" De volta para casa, ele terá sem dúvida continuado a escrevê-las, todavia, *sabendo* agora aquilo que só ele pode fazer e, sobretudo, aquilo a que deve renunciar. Sem dúvida, outros artistas, perante o mesmo espetáculo, terão lançado a mesma exclamação. O escultor, de regresso ao seu ateliê, terá de procurar, perturbado, aquelas dentre suas obras e seus esboços que nada faziam senão imobilizar o movimento maravilhoso que lhe advinha do seguir e do contemplar, e que, por consequência, tornavam-se penosamente supérfluas em escultura. Até na arquitetura, cujas visões de espaço e de proporções tenham subitamente se modificado ou precisado, ele não pode mais ver somente paredes e patamares... mas, daqui por diante, o corpo vivo o assombrará, e é para ele apenas, para esse corpo incomparável, que ele trabalhará agora.

Todavia, se a visão do corpo, obra de arte, já pôde exercer semelhante influência, qual será a da *experiência* mesma do movimento artístico feita em seu próprio corpo! O arquiteto põe-se a desejar – e dessa vez *para si próprio* – tal ou qual ordenação do espaço, e a recusar uma outra qualquer que ele julgava antes bela e legítima. E o escultor? Encerrar na pedra o movimento que experimentou na sua própria carne tornar-se-á uma função terrível, quase dolorosa, cuja responsabilidade sentirá profundamente; a síntese que se exige dele pelo princípio da imobilidade será cada vez mais rigorosa; e, se a veleidade de fixar um dos segundos de sua felicidade plástica e viva o dominasse, isso lhe pareceria uma ironia de sua passada inconsciência que ele repeliria com desprezo. Se não o fizer, dará assim prova de sua incapacidade. O grau de influência que a Arte viva exercerá sobre o artista, será a pedra de toque de sua qualidade de artista.

Porém, há ainda mais. E isso nos leva a abordar a Ideia de Colaboração, inseparável – como iremos ver – da Arte viva, e de seus meios de realização.

A COLABORAÇÃO

O artista que sentiu em si mesmo – em seu próprio corpo – a centelha do movimento estético, experimentará o desejo de prolongá-la, de estabelecê-la em obras positivas, e não mais apenas em demonstrações fragmentárias; e o problema da *escolha* se lhe apresentará em toda a sua nudez e em toda sua importância. Ele sente perfeitamente que seria uma degradação procurar transpor para a Arte viva os objetos das artes inanimadas; constata, assim, que não está aí a fonte da inspiração que almeja. Ele faz mesmo a experiência concludente cada vez que, em um período de plasticidade viva, móvel, procura realizar, animar, um tema que pode servir de propósito a qualquer outra arte. A pedra de toque está aí. Seu objeto é, pois, *ele mesmo*; sabia disso; agora, ele o experimenta corporalmente. De qual obra ele é capaz, por si só, sem a ajuda de uma expressão literária, plástica, escultural ou pictórica?

Para simplificar nossa demonstração, sempre falamos do corpo e mais nada; nós o isolamos mesmo completamente no espaço indefinido. É evidente que é a Ideia do corpo vivo que tomamos assim como elemento essencial; é evidente que abordando a prática da arte viva encontramo-nos em face dos corpos – o nosso, incluído – e que, se o corpo é o criador dessa arte, o artista que é possuído pela Ideia possui implicitamente todos os corpos. Resulta daí que é com a vida que ele cria, que ele representa – com a vida de seres vivos e cuja colaboração voluntária lhe é indispensável, se ele não quiser fazer marionetes articuladas. A Ideia de Colaboração está, pois, implicitamente contida na da arte viva. A arte viva *implica uma Colaboração*. A arte viva é social; ela é de um modo absoluto a arte social. Não as belas-artes postas ao alcance de todos, mas todos elevando-se até a arte. Isso redunda em dizer que a arte viva será o resultado de uma disciplina – disciplina tornada coletiva, e se esta não for sempre efetiva sobre todos os corpos, ela é ao menos determinante sobre todas as almas pelo despertar do sentimento corporal. E, do mesmo modo que a Ideia exclusiva do corpo – do corpo ideal, se me permitirem esse termo – pôde nos convencer de sua realidade estética possível e desejável, assim também a Ideia do sentimento corporal estético poderá orientar e guiar aqueles aos quais a experiência efetiva do movimento plástico não é concedida. Para estes últimos, o contato e a influência de seres privilegiados pela vida do corpo serão preciosos. Em pedagogia, a estrita troca entre o mestre e o aluno é a condição de uma disciplina produtiva; que faria um sem o outro? O mesmo ocorrerá em relação à Arte viva: as forças empregadas para o estudo corporal se transfundirão automaticamente no organismo refletido dos outros, para produções e fins que o esforço corporal, para ele mesmo, tornaria mais difícil. Por essa troca, a energia dispendida de um lado permanecerá sempre uma potência viva em nível constante, e nos garantirá, dia após dia, a existência da arte viva.

Suponhamos um poeta – palavra pela qual entendo um artista que pensa, sente e vê as coisas numa luz particularmente favorável ao seu relevo, e que tem o dom de exprimi-las de preferência pela palavra (escrita ou não) – e suponhamos que esse poeta esteja possuído pela ideia de colaborar com a arte viva, e com uma obra que represente essa arte. Ele sente de fato que sua escolha não poderia ser arbitrária; de resto, a iniciação na vida corporal artística lhe apresenta sempre, cada vez mais, sua vida inteira de poeta de uma maneira mais pura e despojada de ligações supérfluas; portanto, mais simples. Os elementos eternos de humanidade tendem a dominar nele, e com muita autoridade, as contingências em que ele se comprazia, e que a palavra por si só exprime superiormente. Essa palavra, que era sua alegria e seu orgulho ingênuo, adquire um novo poder que não se explica ainda. Ele a possui sempre; ele sente, mesmo, que a possui de um modo melhor do que antes e que sabe dotá-la de novos acentos – no entanto, esses acentos lhe escapam, como em um apelo por outros acentos... Mais senhor do que nunca em sua vida de poeta, em sua riqueza interior, na visão clara de seus olhos, ouve as palavras lhe falarem em uma nova linguagem, cuja significação se engrandeceu proporcionalmente ao valor de cada gesto de seu pensamento, e que lhe faz experimentar um sentimento de plenitude maravilhoso. Analista porque poeta, ele retorna a essa função, se coloca diante de novas palavras e as interroga. Mas as palavras não lhe respondem; elas continuam vibrantes com uma vida misteriosa, incitadoras de formas desconhecidas, e parecem exigir dele, com insistência, algum novo gesto, alguma realização suprema de seu grande Desejo. Ele estende as mãos para atrair tudo para si, e as palavras a isso se recusam. Que fazer? Agora, lenta e solenemente, ouve seu *apelo*. Ele compreendeu: suas palavras o chamam; suas mãos não devem mais estender-se para pegar; elas devem se oferecer, dar-se e, com elas, seu ser inteiro, seu ser, dessa vez, integral. A conversão se realizou: o colaborador nasceu no poeta. Sua escolha está feita; ou melhor, não há aí mais escolha! Cada um dos gestos de seu pensamento ele poderá dar, se quiser, à arte viva, em vez de encerrá-lo no símbolo das palavras, pois agora a expressão de sua vida será a Vida. E as palavras, libertadas, ressoarão para celebrar sua subordinação à arte viva e lhe exigir que as anime: o poeta as deu; dessa arte somente ele quer recebê-las de volta. Significa dizer que o poeta não escreverá mais para ser lido e cessará, por conseguinte, de ser um literato? Não, sem dúvida. Mas, como os outros artistas que se encontrarão diante da arte viva, efetuará a experiência de um instalar-se definitivo, experiência da qual não tivera nenhuma ideia anterior. Compreenderá quantas noções e sentimentos ele confiava exclusivamente às palavras, quando elas pertenciam, de direito, à Expressão integral *viva*; e, inversamente, a quantos objetos dignos de sua atenção poética ele recusava a expressão literária, absorvido que estava por aqueles cujas palavras não esgotavam nunca o tema. As outras artes o haviam sempre solicitado; necessariamente, ele as transpunha um pouco para a sua e experimentava uma satisfação mesclada de embaraços. Agora, não lhe será mais possível; lá onde o pintor, o escultor etc., lhe parecerão sucumbir para fora de seu respectivo quadro, a arte viva se erguerá diante do poeta para lhe dizer: "Conduze-as-para-mim." Em todos os domínios da arte, a arte viva lhe servirá de regulador, revelando os abusos, pacificando as rebeliões, pois, com ela, a anarquia não é mais possível. E, nessa ação libertadora, o poeta desempenha um papel preponderante, de acordo com o músico.

Eu disse que a música se encontra em um lugar excepcional entre as artes imóveis e a arte viva, transpondo em vida, animada no Tempo, aquilo que estas nos oferecem no Espaço. O poeta compartilha desse lugar, mas a outro título; seu papel é menos especialmente técnico. Ele inspira a forma naquilo que ela deve ter de inteligível; ele é o *título*, o andaime para a construção do edifício vivo. Acabada a construção, ele parece desaparecer, mas foi ele quem sustentou o peso durante a subida dos materiais e que lhe deu as proporções; inclusive, ele as indicou no espaço antes de sua existência positiva; sem ele não haveria o edifício; ele o conteve em potência. Agora é o edifício que contém o poeta em espírito: na forma da obra de arte viva, o poeta realiza a onipresença. Não há um som musical, não há um gesto corporal que não o possua. Para essa existência maravilhosa, de início ele deve consentir em não ser ele próprio, em ser apenas o andaime; depois, em dar-se completamente. Todavia, assim como em toda construção bem ordenada, a estrutura do edifício, a natureza e o peso dos materiais devem exprimir-se claramente. É aí que o poeta conservará um pouco de sua vida pessoal, e esses índices serão as palavras do poema vivo. A tais índices o músico deve ceder; são eles que lhe permitiram erigir o santuário; são eles ainda que suportam e asseguram seu equilíbrio. Eles testemunham a ossatura do organismo no qual a música insufla a vida; eles não são a Expressão, são os seus sustentáculos. A colaboração não pode ser ao mesmo tempo mais estreita e assinalar mais a subordinação recíproca. O arquiteto da obra de arte viva se divide, assim, em poeta e músico, um condicionando o outro, mas jamais um sem o outro; seu equilíbrio não reside na igualdade das participações; suas proporções, ao contrário, serão sempre variáveis e condicionadas pelas leis do equilíbrio, isto é, do centro de gravidade. Se o músico quer cantar sozinho, o edifício correrá algum perigo; se o poeta quer falar só, nos arriscamos de fato a ter somente o andaime, mais ou menos decorado. O poeta é de algum modo o recipiente ou as mãos que levam e sustentam; o músico, o líquido fervente ou os materiais preciosos e trabalhados. Sua união, operada pelo corpo, cria a obra de arte viva; e essa união é tão completa que tanto um como o outro pode lançar mão de motivos que as artes imóveis desejariam em vão realizar, e libertar assim sua visão daquilo que lhe fazia violência.

Ora, quando dizemos poeta e músico, não excluímos, por certo, os representantes corporais da arte viva! A experiência musical, feita em seu próprio corpo, não pode dispor senão favoravelmente daquele que a sentiu, e dirigi-lo para os motivos que a arte viva sabe e deve exprimir, afastando-o, no mesmo lance e por seu sentimento corporal avivado, dos motivos destinados à imobilização de outras artes. A arte viva se endereça ao ser todo inteiro, e quanto mais seus colaboradores puderem lhe trazer elementos de sua vida, mais alto ele poderá situar sua missão. O "mister" *vivo* é ao mesmo tempo demasiado simples e complexo. A sua teoria é simples, porque exige o dom completo de si mesmo, mas a aplicação requer um estudo múltiplo, que não é dado a cada um poder realizar integralmente. Daí o princípio de Colaboração ou cooperação. E observar-se-á que esse princípio já é para nós uma garantia da qualidade puramente humana da obra; as contingências especiais que, como vimos, pertencem ao domínio do Signo (por oposição à Expressão), dizem mais respeito aos indivíduos do que à coletividade. Se, por alguma razão, elas se tornarem momentaneamente necessárias, a obra viva inclinar-se-á para uma aplicação dramática que demanda um autor mais do que outro, e os colaboradores deverão consentir, por exceção, em ser apenas executantes fiéis da vontade de um só e se afastar, por um tempo, da Expressão coletiva mais espontânea. A vida da obra manifesta-se também nessa oscilação entre o Signo e a Expressão, que a impede de se cristalizar em um código estético formal. Tal oscilação mantém a atenção, estimula a emoção pelos contrastes que opõe e permite ao indivíduo manifestar-se de modo mais pleno do que numa forma exclusiva.

Por exemplo, em uma grande festa nacional e patriótica, os motivos históricos (mais ou menos também geográficos e sociais) têm um papel considerável a desempenhar; eles serão, aí, mais importantes do que o título; terão de se desenrolar no tempo e para os nossos olhos. Se não os apresentarmos apenas sob sua forma inteligível, isto é, simplesmente dramática, nós lhes arrebataremos seu valor eterno, ou, ao menos, esse valor não será *representado*, mas permanecerá encerrado na ação histórica; e é então que deveremos silenciosamente, em nosso foro interior, deduzi-la daquilo que nos será representado, ou daquilo que representaremos a nós mesmos se formos executantes. A Expressão desse valor eterno das contingências acidentais e históricas não terá revestido uma forma artística; ela não será revelada como um bem comum, mas permanecerá submetida à maior ou menor sensibilidade e nobreza de cada indivíduo isoladamente: a essência humana da ação histórica – *a essência íntima do fenômeno*, para falar com Schopenhauer – não terá sido *expressa* nem representada. É aí que a oscilação assumirá seu elevado alcance social. A emoção divina não deve continuar sendo o privilégio de alguns, daqueles que sabem e podem desembaraçá-la de seu envoltório acidental; devemos oferecê-la em uma forma claramente acessível a todos. Devemos mostrar aos olhos, fazer ouvir os ouvidos, o drama eterno oculto sob os hábitos, os acontecimentos, os vestuários históricos. E a arte viva na sua perfeita pureza, na sua mais alta idealização, é a única capaz disso. A festa patriótica oscilará, pois, judiciosamente, entre a Indicação dramática historicamente especificada, e seu conteúdo de eterna humanidade fora de uma época determinada da história. Em Genebra, em julho de 1914, o primeiro ato da Fête de Juin, grande espetáculo patriótico que comemora a entrada de Genebra na Confederação Suíça, composta e encenada por Jaques-Dalcroze, deu desse fenômeno estético um exemplo grandioso e certamente sem precedentes. Ele realizou a *simultaneidade* de dois princípios. O espectador tinha sob os olhos, ao mesmo tempo, os motivos históricos animados, cuja própria sucessão formava uma ação dramática majestosa, e sua Expressão puramente humana, despojada de todo aparato histórico, como um comentário sagrado e uma realização transfigurada dos eventos. Esse ato constituiu uma revelação definitiva e, por certo, heroicamente conquistada pelo autor e seus colaboradores!

Mencionamos o fato de que a obra de arte viva é a única que existe completamente sem espectadores (ou ouvintes) – sem público, porque ela já o contém implicitamente em si – e que essa obra ao ser *vivida* numa duração determinada, aqueles que a vivem – os executantes e criadores da obra – lhe garantem, unicamente por sua atividade, uma existência integral. Vindo benevolentemente nos convencer disso e contemplá-la, nada lhe acrescentamos e devemos ser conscientes disso; o aporte específico, a atividade pessoal tão cara ao artista, que, por um lado, ele reclama diante de toda obra de arte, não é mais exigida de nós. Por outro lado, porém, a arte viva não nos autoriza tampouco exigir a mortal passividade do público de nossos teatros. Então, o que teremos de fazer para participar, apesar disso, de sua vida? Qual será a nossa atitude perante ela? Em primeiro lugar, não nos sentir *perante* ela. A Arte viva não se representa. Já o sabemos; nos resta prová-lo. Como? Desviando-nos dela como inabordável? Mas não podemos fazê-lo; desde o momento em que ela *está*, estamos com ela, dentro dela. Recusar-nos a isso seria nos negar a nós próprios como, infelizmente, já o fazemos em tantas ocasiões de nossa vida social. Não deixemos, ao menos, essa floração miraculosa desabrochar sob os nossos olhos somente! Tentemos a grande experiência e solicitemos aos criadores da obra a *nos levar com eles*! Eles procurarão então algum traço de união que transporte em nós a centelha divina. Por menor que seja a nossa parte de colaboração *na* obra, viveremos com ela e descobriremos que somos artistas.

É com emoção que o autor escreve estas últimas palavras. Ele encerra aí todo o seu pensamento e resume as suas mais altas aspirações.

O trabalho é não somente a fonte do contentamento e, portanto, da felicidade; ele é também o único meio de levar a cabo seja qual for o profundo desejo. Por consequência, em todos os domínios, a *técnica* do trabalho é de uma importância capital. A obra-prima de um mestre, nas antigas confrarias, era, antes de tudo, a prova de uma mestria técnica. Esses antigos artesãos sentiam o quanto, por meio disso, somente eles chegavam à beleza. A busca da beleza, para eles, era evidente; e, é provável, eles jamais falavam dela. Apenas a mestria técnica continuava sendo um tema de discussão e de esforços.

O autor tem a convicção de que a via *técnica* pode sozinha nos conduzir à beleza coletiva, cuja obra de arte viva é o modelo. Foi sob o império quase tirânico dessa convicção que ele redigiu sua obra e lhe deu sua forma. Querer o fim sem adquirir os meios seria aí, talvez, mais ilusório e perigoso que em outro lugar, uma vez que a arte abriga um demônio que se transmuta facilmente, ao nosso apelo inconsiderado, em anjo de luz; um demônio que só um escrupuloso rigor técnico é capaz de manter em servidão. Muitas tentativas de arte integral e mais ou menos coletiva fracassaram, e ainda fracassam, por causa de uma técnica incompleta; toma-se aqui por obra inteira aquilo que não é senão um fragmento; e é a esse fragmento que se aplica então procedimentos absolutamente impotentes. Criamos abusivamente uma espécie de classificação e consideramos, por exemplo, toda preocupação técnica relativa aos objetos como diferente daquelas que dizem respeito aos indivíduos; isso de tal modo que chamamos com frequência umas de prática e as outras, de teoria, esquecendo de que as teorias humanas podem igualmente vir a ser técnicas e se transformar em ferramenta de trabalho. Em sociologia, psicologia etc., os esforços modernos tiveram, todos, essa orientação, e se discute aí o valor da *ferramenta*. Em arte, a anarquia reina ainda, e querer colocar o ser humano na hierarquia dos meios a empregar – na coleção de ferramentas da técnica de uma obra – parece uma utopia e uma infantilidade. Sempre o artista considera a humanidade – seus irmãos – como uma massa distinta dele e para a qual ele apresenta a sua obra acabada. A conversão estética que consiste, como vimos, em tomar a si próprio por obra e ferramenta, e depois estender esse sentimento, e a convicção que daí resulta, até seus irmãos, essa conversão permaneceu ainda ignorada pelo artista; e os mais bem-intencionados imaginam praticar ato de solidariedade social, e testemunhar seu desejo de arte coletiva, pondo sob o nariz do pobre espectador uma obra que jamais foi destinada a ele, e que, assim, de resto, ele não pode gostar.

A técnica da arte viva é justamente esse pobre espectador que a condiciona; sem ele, não há técnica.

E se o autor se viu aqui obrigado a começar pelo fim e analisar os meios, para chegar a descobrir seu produtor e construtor inicial, é porque vivemos ainda no mal-entendido estético resultante de uma falsa hierarquia, e por temer, talvez, ser mal compreendido se tivesse se atrevido a apresentar desde o começo esse grande Desconhecido. Mas agora, seguros de seu conhecimento, podemos voltar na contracorrente para ganhar uma vista de conjunto, pois parece que nenhum mal-entendido seja possível ainda.

Por essa espiada ligeira e retrospectiva, o autor procurará responder à questão que sem dúvida o leitor lhe coloca há muito tempo: como proceder? Como pôr em execução? Como ir ao ponto e incorporá-lo?

O GRANDE DESCONHECIDO E A EXPERIÊNCIA DA BELEZA

Em uma época em que, em todos os domínios do saber, procuramos nos conhecer melhor, como não ficar impressionado pela ignorância que temos ainda de nosso próprio corpo, de nosso organismo inteiro, do *ponto de vista estético*? O desenvolvimento magnífico dos esportes, da higiene geral, nos proporcionou o gosto pelo movimento, pelo ar livre, pela luz; com a saúde, a beleza física aumentou certamente, e a força corporal lhe dá ares de liberdade que não podemos desconhecer, e que chegam mesmo às vezes a uma indiferença um pouco insolente ou inumana. O corpo recomeça *a existir para os nossos olhos*; não o cobrimos mais necessariamente, nós o vestimos apenas; e, embora preconceitos permaneçam ainda tenazes e se manifestem de modo sempre lastimável, pondo sob suspeita o corpo despido, ou então conservando hábitos de vestuários que julgamos impostos pela boa educação, pela situação social, pela vida de escritório ou pela vida mundana etc., permanece igualmente o fato de que um burguês de cinquenta anos atrás ficaria surpreso demais com nossa desenvoltura a esse respeito. *Sentimos* nosso corpo sob nossas roupas; e, quando nos despimos, sentimos a anomalia que há em considerar isso como uma precaução de moralidade (nesse sentido, nossa moralidade é sempre sexual), aquilo que o nosso clima sozinho nos impõe.

De tudo isso resulta que a beleza do corpo humano tende a reentrar em nossos costumes. Hipocritamente, a relegamos aos nossos museus ou aos ateliês de artistas, com um suspiro de tolerância e embaraço, mas ainda assim, tranquilizados; esses corpos não se moviam e não se moveriam; a arte os imobiliza e, nesse sentido ao menos, estavam em completo repouso; a moral e a censura públicas podiam velar sobre eles. Porém, se tivessem se movido, se se movessem, seriam eles de mármore ou então bem desenhados e pintados? Não! Eles seriam de bela carne viva e é isso, parece, que não queremos. O mal-estar e a curiosidade que nos inspira o museu de cera não vêm daquilo que o corpo é aí representado quase até o movimento, e muitas vezes mesmo além dele? E que para tornar esse movimento plausível foi preciso imitar esse corpo até o *trompe-l'oeil*. Por outro lado, acrobatas que se mobilizam em grupos ditos "plásticos" não cobrem seus corpos de uma cor uniforme, branca em geral, para simular a matéria inanimada e, por conseguinte, tornarem-se inofensivos "moralmente"…? E quando, sob nossos olhos, eles mudam suas atitudes para as imobilizar de novo e diferentemente, o instante em que agem – o de seu movimento – não é enigmático e perturbador? Pois, cabe perguntar, por que se cobrir de cor se a pessoa se move? De resto, tanto a imobilidade do corpo vivo é um *nonsense* estético, que nenhum verniz pode justificar, quanto o movimento de um corpo envernizado é uma coisa repelente, visto que anima uma forma que se pretende apresentar como inanimada. Ambos são profundamente imorais, pois falseiam nosso gosto estético, servindo-se para isso daquilo que deveria ser o objeto mais sagrado.

Para a grande maioria, a beleza corporal – e por consequência o corpo nu – não é tolerável senão na arte; pelo que se entende o corpo inanimado e transfigurado pela síntese. E pelo que é da "moralidade" sexual, toleramos em arte as cenas mais manifestamente lascivas; uns porque proveem à pobreza de nossa vida pública nesse ponto, todavia essencial, e outros para não se arriscar de serem acusados de nada compreender nas belas-artes.

Nosso pudor vem do embaraço que experimentamos em mostrar o nosso próprio corpo, e de que sentimos o mesmo tipo de perturbação diante de outros corpos nus, porque sabemos perfeitamente que esses corpos somos nós mesmos. Se conservamos esse sentimento de incômodo – para não dizer nada mais –, devemos renunciar desde o início à arte viva, pois essa arte vive do sentimento da coletividade dos corpos vivos e da felicidade que nos proporciona essa coletividade. Devemos, em seguida, renunciar a toda espécie de pureza e de ingenuidade em nosso sentimento artístico em geral, pois a arte, qualquer que seja e como quer que seja, não é nada mais que a expressão de nós mesmos. Não há transigência possível, e toda a história da arte testemunha-o para nossa mais profunda confusão. Ser artista é primeiramente não ter vergonha de seu corpo, porém amá-lo em todos os corpos, o seu inclusive. Se digo que a arte viva nos ensinará que somos artistas é porque a arte viva nos inspira o amor e o respeito – não o amor sem respeito – para com nosso próprio corpo, e isso em um sentimento coletivo: o artista-criador da arte viva vê em todos os corpos seu próprio corpo; sente em todos os movimentos dos outros corpos os movimentos do seu corpo; ele vive, assim, *corporalmente*, na humanidade; ele é a sua expressão; a humanidade é a sua; e isso não mais em símbolos escritos, falados, pintados ou esculpidos, mas no grande símbolo vivo do corpo vivo, livremente animado.

Após uma boa higiene e a parte de esportes que lhe é compatível, a educação estética do corpo é, como vimos, o primeiro degrau a transpor; seu domínio, proporcionado pelos meios individuais, o primeiro avanço a obter. De uma justa pedagogia corporal depende o futuro de toda nossa cultura artística e, é evidente, a existência mesma da arte viva. Sua importância é incalculável.

E não esqueçamos, aqui sobretudo, da séria responsabilidade, quase solene, que incumbe a todos aqueles que estão em condições de obter esse grau, pois não terão jamais o bastante de toda a potência estética conquistada sobre si próprios, para transfundir a porção indispensável naqueles que, de um modo ou de outro, são menos privilegiados. O socialismo estético é ainda desconhecido. Cremos efetuar ato de humanidade colocando a obra de arte ao alcance de todo mundo (segundo o termo hipocritamente convencionado). Ocorre o mesmo com artistas que concebem e executam suas obras com essa meta, e que se saem bem. Um doce não está mais ao alcance do pobre se se põe nele menos manteiga e açúcar. A própria ideia de colocar um doce ao alcance do pobre é desprovida de sentido. Somos *nós* – nós mesmos – que devemos nos colocar, não ao seu alcance, mas lhe dar; e quando digo nós, não entendo por isso, com certeza, nossas obras, mas de fato nossa pessoa integral, o corpo inclusive; e quando digo corpo, não digo apenas nossos braços para partilhar seu trabalho ou socorrer sua fraqueza, mas nosso corpo todo inteiro. Ora, não podemos fazê-lo a não ser que nós nos reconheçamos no seu corpo, no do pobre; e ele só sentirá nossa doação se se reconhecer em nosso corpo. Em arte, não temos nenhum outro a lhe propiciar. Esse gesto é o ponto de partida. A arte viva depende desse gesto. Estes não são frutos intumescidos por uma seiva que não é a sua, amadurecido por um sol que não é o seu sol, que o deserdado jamais poderá assimilar. Não temos, não mais, de atraí-lo para nós; ele não tem que nos atrair para ele. Devemos nos *reconhecer* mutuamente. O raio de luz que permitirá essa penetração divina deve encontrar uma atmosfera onde possa se difundir com uma claridade constante. Do ponto de vista estético, essa atmosfera é nosso corpo, colocado como possessão em comum para um fim artístico definido. Os habitantes do Taiti só concebiam a amizade ou o amor se dois seres sentissem medo *juntos*. Sua vida era tão calma que uma impressão muito viva, sentida *em comum*, era necessária para unir suas almas. Em nossa vida – nivelada e monótona a ponto de os piores transtornos, os mais cruéis sofrimentos não bastarem para sacudir nosso torpor social, para aclarar nossos egoísmos acumulados, nosso bárbaro diletantismo –, a alegria indizível da arte *sentida em comum* quer consagrar nossa união fraternal. Ora, sentir em comum não significa ter juntos o mesmo prazer, como em uma sala de concerto de espetáculo, mas estar animado em seu ser integral – seu corpo tanto quanto sua alma – da mesma chama viva, viva e, portanto, ativa; de ter "tido medo em conjunto" sob o abraço todo-poderoso da beleza, e de ter aceito, juntos, o impulso criador e suas responsabilidades.

Em sua cruel solidão, Robinson devia criar em si próprio seres a fim de se rejubilar e sofrer com ele, segundo a expressão de Prometeu. É no seu próprio corpo que devia reconhecê-los; e a doação recíproca só era possível, para ele, numa ficção dramática, numa aplicação especial de arte viva; e a arte dramática tendo de exprimir sentimentos que nossa vida pessoal não nos obriga a sentir no mesmo momento, portanto sentimentos fictícios, ele podia, por certo, "ter medo" *com* as personagens de sua criação, mas ele permanecia só: até a doação que ele fazia de si mesmo continuava fictícia; ainda que sua obra existisse, com certeza, e bem viva! Talvez sejamos todos tão solitários como Robinson, mas – louvado sejas tu, ó Prometeu – nós o somos em comum! E quando nos reconhecemos em nosso irmão, é em um outro corpo que não o nosso; por isso a ficção dramática não é uma condição indispensável à nossa união; as modificações estéticas impostas pela música bastam para estabelecer a corrente que deve unir nossas almas ao unir nossos corpos. O grande Desconhecido, nosso corpo – *nosso corpo coletivo* –, está aí; adivinhamos sua presença silenciosa, tal como uma grande força latente e que aguarda; às vezes, inclusive, sentimos um pouco da alegria que ele tem dificuldade de conter... Deixemos transbordá-la; a arte nos quer oferecê-la!

Aprendamos a viver a arte em comum; aprendamos a sustentar em comum as emoções profundas que nos ligam e nos mobilizam para nos libertar. Sejamos artistas! *Nós podemos consegui-lo.*

Está em nossos hábitos considerar a existência de um artista como mais independente do que a nossa; nós lhe perdoamos mais e misturamos a essa benevolência protetora a inveja e a admiração. Nossa admiração é inspirada no caráter desinteressado da arte, que transferimos irrefletidamente ao artista para encontrar aí a desculpa de muitas fraquezas; e invejamos então o ser ao qual concedemos o direito de viver mais ou menos à margem e numa luz muito vantajosa. Tudo isso resulta, nós o sabemos perfeitamente, de uma faculdade que não possuímos, e cujo exercício busca fruições e um crédito invejáveis. Observemos, entretanto, que todas as atividades em cujo pormenor não podemos penetrar e dos quais constatamos apenas os resultados, inspiram-nos esse mesmo gênero de admiração e de inveja. A pessoa de um grande sábio, astrônomo, químico etc., está separada da nossa pelos mistérios de seu trabalho. Um trabalho de exceção deve, evidentemente, exercer uma influência muito particular sobre o caráter; cremos nisso ao menos, e estamos inclinados a pôr respeitosamente todas as originalidades na conta dessa influência. O trabalho desconhecido nos inspira, assim, admiração, mas ele nos separa do indivíduo; nós nos distinguimos de forma nítida tanto do grande sábio como do artista. Socialmente, nós nos mantemos como espectadores, em relação a eles. Estendemos, sem cessar, a mão para receber – aqui como alhures – e se não solicitamos a um homem de negócios para nos dar dinheiro, só porque nos sentimos do mesmo lado que ele, mendigamos, durante nossa vida, para aqueles cuja atividade nos parece suficientemente desinteressada e distinta da nossa para nos permiti-lo.

É óbvio que esperamos sempre alguma coisa do artista, sem nenhuma preocupação com o que poderíamos lhe oferecer em troca. O intermediário do dinheiro nos deixa devedores do artista. Sabemos que um par de sapatos se faz com o dinheiro e, quando pagamos nosso sapateiro, podemos pensar em outra coisa. Quando contemplamos uma obra de arte adquirida, sentimos que nada demos em retorno que possa lhe ser comparado e que essa obra de arte não é, no fim de contas, nossa. "Propriedade do Senhor X..." é um rótulo enganador. Aquele que adquire uma patente sabe muito bem que não comprou a invenção. Nada pode ser dado em troca de uma grande descoberta; nada, em troca de uma obra de arte; uma e outra permanecem para sempre propriedade do artista e do sábio. O papel intermediário do dinheiro acentua, ao contrário, mais ainda o do espectador incorrigível que nós somos.

Quando compramos um ingresso para concerto, teatro ou conferência, essas tristes relações são manifestas; fazer fila em zigue-zague numa bilheteria é sempre humilhante; por isso, todo mundo procura não levar isso muito em conta e, no entanto, nossa vida é uma fila perpétua diante do guichê do artista, do sábio, do homem de fé. Persistimos na crença de que as coisas se compram e, se abrimos, para fazer isso, nossa bolsa, com ou sem dinheiro, só trancamos mais deliberadamente nossa individualidade. A única doação que pode sempre sofrer a mudança é a doação de nós próprios; nós o sabemos perfeitamente, e nos recusamos a isso: a vergonha desprezível que nos proíbe de mostrar nosso corpo nos retém, igualmente, por descobrir nossa alma. E nos queixamos de isolamento! Aquele que, sem preconceito e com um espírito reto, se aproximou de certos cristãos sinceramente consequentes – eles são raros – e que os seguiu por algum tempo, observando seus atos, suas palavras, sua fisionomia e seus gestos, devia exclamar, quase dolorosamente: "São artistas!" Com efeito, esses seres de exceção realizam, hora após hora, o ato essencial, o ato indispensável à existência da arte: a doação de si. E sua vida seria uma obra de arte se soubéssemos, se pudéssemos possuí-la, isto é, dar a nossa em troca. Nesse sentido, temos muitas obras de arte, mas não possuímos nenhuma.

Oh, sim! Estamos isolados pelos ferrolhos de nossa masmorra; só recebemos nossa pitança através de um guichê. Como saberemos o que se passa atrás desse guichê? Ora, aí reside o mistério que força nosso respeito, nossa admiração; a liberdade que nos enche de inveja! O artista? Mas é ele que vive atrás do guichê e de suas limitações, de suas dependências lastimáveis.

Uma tal situação devia, necessariamente, criar formas de arte anormais. Viver em prisão não é a vida normal. Nossa arte moderna é uma arte destinada a prisioneiros. E o artista não pode mais se doar a prisioneiros que não tenham o poder de se doar a ele; uma porta trancada os separa.

Nenhuma forma de nossa arte contemporânea deve, doravante, nos servir de norma, nem mesmo de exemplo. Queremos sair da prisão, respirar um ar puro, e respirá-lo em comum. Toda obra inspirada por nossa cativa condição, nós a lançaremos fora, para trás de nós, nos tristes corredores onde havíamos vegetado. E nossas mãos, libertas, não se estenderão mais para receber, mas para doar. Que nos importa que estejam vazias: outras mãos virão pegá-las, inundá-las com o mesmo calor vivo que as penetra, para recebê-lo em troca. E o pacto imortal será concluído. Queremos todos *viver* a arte, e não mais somente fruí-la! Uns frente aos outros, não nos oporemos mais assim exceto em nossas salas e em nossas bibliotecas, mas nos penetraremos; e não serão mais pálidos reflexos exteriores que iluminarão nossos olhos... Não! Serão nossos olhos mesmos que lançarão no espaço sua flama e que criarão, em liberdade, a luz *viva* através do espaço *vivo*, na transfiguração do tempo. E que importa se nossos primeiros passos são desajeitados? *Viveremos* a arte, ou melhor: nós lhe ensinaremos a *viver*; e poderemos sorrir de comiseração à vista, à escuta, de obras cuja perfeição factícia constituía o fruto de nossa escravidão.

Nossa pedra de toque será nossa experiência da beleza, experiência feita em comum. Seremos todos *responsáveis* por nossas próprias obras, e não teremos mais que buscar as razões de obras realizadas sem nós. Nossas obras serão o resultado supremo de nossa vida integral, expressa por um corpo – o nosso – submetido à austera disciplina da beleza. Nosso objetivo consiste nessa atividade mesma; tão logo atingido, nós o ultrapassamos; a Vida está no Tempo: tão logo realizada, o passado a engole, o futuro a requer, e o tempo não lhe concede o lazer para a passividade... É nesse sentido, sobretudo, que a arte deve ser vivida!

Abandonaremos o alfarrabista, e o colecionador, às suas teias de aranhas. Um livro, uma partitura, um quadro, uma estátua, não terão mais do que um valor relativo; valor de educação, de informação, de emoção, de lembrança, de proteção. Schopenhauer nos assegura que todos os grandes homens, não importa em qual domínio da atividade humana, sempre disseram, ou quiseram dizer, exatamente "a mesma coisa"... Essa "coisa", nós a sentiremos palpitar em nós, tornar-se sempre mais insistente, inspiradora; e, libertados das cadeias da Forma, clamaremos por ela – por essa "coisa" – cada qual à sua maneira (!), tão certos de sua realidade suprema quanto nós, de nossa parte, estaremos da conquista de nosso ser integral.

A Experiência da beleza, ao nos dar a chave de nossa personalidade, nos tornará conscientes das limitações de nossa vida cotidiana e nos ensinará a paciência e a serenidade. Pois ela manterá, nas circunstâncias ternas ou dolorosas de nossa vida, um ardente foco de esperança: como o do artista quando vê a destruição de uma bela obra de arte – talvez mesmo de sua própria obra, assim como nos mostra Leonardo da Vinci – e quando ele sente em si mesmo o poder de criar mil outras, novas.

Mas esse novo poder não será apenas uma alegria. O acréscimo do poder implica o da responsabilidade; e a doação de si mesmo não acontecerá sem nos obrigar a fazer estranhas constatações. Deveremos convir que dar não é tudo, e nos perguntarmos qual é o valor, a qualidade daquilo que desejamos oferecer.

Visto que a experiência da beleza foi o resultado de uma *nova* consciência que tomamos de nosso corpo, a própria noção desse corpo adquire um alcance que não suspeitávamos ou que havíamos esquecido.

Até aqui o autor, conduzido pelas necessidades técnicas de seu tema, limitou-se a nomear nosso *corpo* por seu nome, é claro; e mais de um leitor, talvez, terá se chocado por causa dessa insistência, e penosamente espantado com o fato de que nenhum corretivo vinha atenuá-lo. Com efeito, nossa moral nos acostumou a não compreender sob esse vocábulo senão um organismo sujeito a pendores tão perigosos para nosso ser espiritual, que uma linha de demarcação devia ser severamente mantida entre eles. Inútil lembrar até que grau de hipocrisia e de fealdade esse princípio criminal nos fez descer. Mas, em compensação, aqui ele torna indispensável lembrar que por "corpo" – o corpo humano e nada mais – nós designamos a única forma *visível* de nosso ser integral, e que assim essa palavra possui uma das mais altas dignidades que nossa vida possa conferir à linguagem. Por conseguinte, se o autor soube muitas vezes servir-se dela para designar uma simples forma móvel no espaço, ele jamais terá perdido de vista sua suprema função.

Chegou o momento de afirmá-la, visto que chegamos ao ponto de nosso estudo em que a responsabilidade de nosso ser integral – inclusive o corpo – é levada em conta de modo muito especial.

Enquanto a questão era apenas a do tempo e do espaço, de duas ou três dimensões, dos movimentos e das durações – a dignidade do termo podia ser subentendida, pois é de fato evidente que não tomamos tanto cuidado estético para um organismo sem alma, para uma simples máquina! Agora todo mal-entendido deve ser descartado. Vimos que a dignidade artística do corpo em movimento constitui um problema técnico importante a ser resolvido para o futuro de nossa cultura. Restariam para nos convencer obrigações que essa dignidade impõe ao nosso ser integral na vida pública; e é aí que deve deter-se o presente estudo. Pois cada qual pode medir os limites de sua idade e de sua posição social, de seu nível de cultura e de suas faculdades pessoais, o lugar que ele ocupa, ou deve ocupar, para ser um artista *vivo*, um representante da *vida* da arte.

Essa vida confere a seus discípulos uma radiação que nenhuma deformação profissional poderia interceptar. Ela é em nós um fogo definitivamente aceso. Por isso, a Presença real, pessoal e integral, adquire aí um novo valor, visto que só ela pode projetar *diretamente* e sem outro intermediário senão ela própria, o raio divino, com ou sem palavras, com ou sem obra delimitada. O menor gesto o revela.

É, pois, difundindo-se o mais possível, tomando parte ativa ou simpática em todas as manifestações de nossa vida pública, entregando-se sem reserva e sem recuo – mas também sem compromissos – que preparamos o advento feliz da arte viva.

O autor se propõe a voltar em outro estudo acerca da influência social da *vida* da arte e desenvolver aí as consequências. Ele já entrevê notáveis sintomas precursores. Por exemplo: nossas salas, quaisquer que sejam, adquiriram uma elasticidade que não pode escapar a ninguém. Reuniões políticas, religiosas, conferências, concertos etc., se realizam frequentemente em um circo, em um teatro; e, em compensação, o teatro se transporta de bom grado para o circo. A etiqueta, rigorosamente fixada nas fachadas de nossos edifícios, começa a tremular a todos os ventos. A música e a dança entraram na Comédia, e o drama, na Ópera. Nossa existência privada e nossa vida em público não estão mais tão estritamente delimitadas a não ser pelo passado. O lar familial desborda na rua, e a vida ao ar livre irrompe por nossas janelas; o telefone torna nossas conversas quase públicas, e não temermos mais expor à luz do dia nossos corpos e, portanto, nossas almas.

Por isso experimentamos uma necessidade cada vez mais imperiosa de nos reunir, seja ao ar livre, seja numa sala que não tenha sido destinada de antemão para uma de nossas manifestações públicas, com a exclusão de outras, mas, ao contrário, cuja única razão de ser consistiria simplesmente em nos reunir, como a catedral do passado.

A palavra me escapou! Eu não a retomarei. Sim: é *a catedral do futuro* que chamamos com todos os nossos votos! Nós nos recusaremos sempre correr de um lugar a outro para atividades que devem olhar-se de frente e penetrar-se. Queremos um lugar onde nossa comunidade nascente possa se afirmar claramente no espaço; e isso em um espaço bastante flexível para se oferecer à realização de todos os nossos desejos de Vida integral.

Talvez então outras etiquetas voarão, por sua vez, como folhas mortas: concerto, representação, conferência, exposição, esporte etc. etc., tornar-se-ão denominações para sempre desusadas; sua penetração recíproca será um fato consumado. E *viveremos* em comum nossa vida, em vez de olhá-la escoando-se por canais diversos, entre paredes estanques.

OS PORTADORES DA CHAMA

Parmi la foule sans lumière
qui suit le chemin gris des jours,
quelqu'un surgit soudain, frémissant, ébloui,
heureux!... Heureux!
Sûr d'un triomphe intérieur,
il bondit, brandissant sa joie
comme une torche!
Son ivresse palpite et brûle dans sa main
comme une flamme
que le vent froisse
et déroule!
Et la lumière qu'il brandit
éclaire les visages proches
de la foule...
Elle se propage et grandit.
Et, plus leur ivresse rayonne

> et gagne, et grise d'autres coeurs,
> plus ces porteurs ardents d'invisible flambeaux
> ont des visages sûrs et beaux
> que baigne le vent de leur course!
> Puisque prodiguer son bonheur,
> c'est en être plus riche encor.[9]
>
> JACQUES CHENEVIÈRE

Levando o meu estudo até os últimos limites de suas consequências, receio ter ultrapassado meus direitos perante o leitor. E, no entanto, isso me pareceu indispensável, pois, para ter firmemente um objeto na mão, é preciso tê-lo ultrapassado. O mesmo ocorre com uma ideia. – Agora nos apossamos da arte viva, da Ideia que ela representa e das responsabilidades que ela nos impõe, e devemos procurar o uso prático que importa fazer dela em benefício de nossa cultura moderna.

Até aqui, foi consumando sacrifício sobre sacrifício que chegamos à ideia pura daquilo que representa o Movimento – isto é, a *Vida* – na arte.

Tivemos de proceder negativamente em quase todos os pontos, para nos ligar, o mais seguramente, o mais solidamente possível, a essa ideia; e eis-nos em face de nós próprios, e de nossos semelhantes, sem outro intermediário que o desejo de uma comunhão estética. Como iremos exprimir esse desejo em vista de uma realização prática, e como fazê-lo partilhar com os outros, de uma maneira concreta e convincente que os incite a unir-se a nós para a Grande Obra?

Uma atitude simplesmente restritiva, uma renúncia passiva a tudo aquilo que em nossa vida moderna contradiz a arte viva, não teria uma influência desencorajadora e, portanto, deprimente sobre os seres de boa vontade? Não seria isso tomar a letra pelo espírito? Quem daria então o impulso? Quem se encontraria ali para nos dar segura orientação, a não ser aqueles que, possuindo a chave, a encerram em um cofre selado, sob o pretexto de não a entregar a compromisso algum?

---

[9] Entre a multidão sem luz/que segue o caminho cinza dos dias,/alguém surge de súbito, fremente, deslumbrado,/feliz!... Feliz!/Seguro de um triunfo interior,/ele salta, brandindo sua alegria/como uma tocha!/Sua embriaguez palpita e queima em sua mão/como uma flama/que o vento amarrota/e desenrola!/E a luz que ele brande/ilumina os semblantes próximos/ da multidão.../Ela se propaga e cresce./E, quanto mais sua embriaguez se irradia/e lavra, e embebeda outros corações,/mais os portadores ardentes de invisíveis flamas/têm semblantes seguros e belos/que o vento banha em seu percurso!/ Visto que prodigalizar sua felicidade,/é com isso ficar mais rico ainda.

A arte viva, como vimos, exige do autor dramático uma nova *atitude*; e essa atitude resulta da concentração de sua imaginação apenas no ser vivo, com a exclusão de todas as contingências. Nesse sentido, tornamo-nos – agora – autores dramáticos, e nossa atitude deve responder a esse nome. Ora, um autor dramático aceita em sua obra elementos de humanidade que ele reprova; é mesmo desse conflito que sua obra sorve a vida. Nossa obra dramática é para nós nossa vida pública e cotidiana; e se recusamos seus elementos subversivos, renunciamos desde logo à nossa obra dramática, à obra de arte viva. Nossa atitude está, com isso, inteiramente indicada: qual um dramaturgo – mas dessa vez em luta com os elementos *vivos* desde a origem – devemos dominar os conflitos, as reações, para um fim superior. Definitivamente orientados, empunhamos uma tocha de vida que deve aclarar todos os recônditos de nossa vida pública e, em particular, de nossa vida artística. Não é colocando-a em nosso santuário privado e diante das imagens amadas apenas por nós que poderá guiar nosso semelhante. Eu disse que todo cristão sinceramente consequente é um artista; ele o é porque se doa e não se recusa ao contato daqueles que ele quer conhecer, e talvez socorrer.

Sejamos sinceramente consequentes como ele. Como ele, conservemos ciosamente a fonte que alimenta nossa chama, mas empunhemos essa flama bem alto, como um grande testemunho; e, onde quer que nos encontremos, onde quer que desejamos nos encontrar, iluminemos o espaço com aqueles que ali se acham; ela despertará claridades desconhecidas, trará sombras reveladoras, e nós prepararemos assim, e por uma luta, com certeza fraternal, um novo espaço que os nossos votos clamam, o Espaço *vivo* para os nossos seres *vivos*.

Para conquistar a chama da verdade estética tivemos de apagar sobre nossos passos fachos enganosos de uma cultura artística enganadora; agora é o nosso fogo – o fogo de todos nós – que quer reacender essas tochas.

No fim de contas, não as abandonemos à sua existência confusa e lastimável. Nosso único direito, doravante, é o de aclarar, e não de abandonar. Se queremos ser felizes juntos, nos é necessário, em primeiro lugar, sofrer em comum. Pois tal é, como vimos, o princípio essencial da arte e, com maior razão ainda, o da arte viva.

Em nossos dias, a arte viva é uma *atitude* pessoal que deve aspirar a tornar-se comum a todos. É por isso que devemos conservar em nós essa atitude, por toda parte onde a vida nos reúna; abandoná-la permanece o único compromisso que nos é interdito.

DESENHOS

Esses desenhos não são, propriamente falando, ilustrações das páginas que precedem. A reforma da encenação traz consigo uma nova concepção de arte dramática, e essa arte toca de perto nossa existência pessoal e nossa vida social, que não é possível tratá-la sem subverter uma quantidade de noções e de hábitos que nos pareciam quase imutáveis ou, ao menos, demasiado arraigados para serem alterados de uma vez. O espetáculo da cena, sob qualquer ângulo que se encare, é a reprodução de um fragmento de nossa existência. Não entendo que isso seja um espelho dos costumes, como se pretendeu de fato dizer. Nossa vida interior, suas alegrias, suas dores e seus conflitos, são perfeitamente independentes de nossos costumes; *mesmo aí onde os costumes parecem determinantes.* As paixões humanas são eternas – eternamente as mesmas; os costumes não fazem mais do que colorir de modo superficial, como a forma de uma roupa nos indica uma época. Mas a alma que se esconde sob essa roupa não tem data; é a alma humana, simplesmente. Do ponto de vista dramático, um fragmento de nossa existência é um fragmento da história dessa alma. Por consequência, a forma que damos aos nossos espetáculos é ou adequada a essa definição, e não há aí lugar para mudá-la, ou então, ao contrário, ela resulta de uma inércia particular, de um conservantismo, que se torna um anacronismo. A questão possui duas faces: uma artística, a outra, puramente humana e social, pois o teatro é um prazer que fruímos juntos. Que me permitam, aqui, algumas indicações que, comentando esses desenhos, esclarecerão também a obra que os precedem.

A questão artística relaciona-se com os meios de que nos servimos no teatro e à nossa maneira de empregá-los. Ora, já vimos que em arte dramática a própria técnica é dependente da concepção que fazemos dessa arte. Teoricamente, essa concepção pode ser discutida, pois nos é permitido pesquisar se a força de inércia não reteve o dramaturgo de uma forma rígida e incapaz de seguir as evoluções de nosso pensamento e de nosso gosto. Mas, praticamente, trata-se, antes de tudo, de conciliar nossa técnica às peças já existentes; o que é muito incômodo, porque há dependência recíproca. No entanto, parece evidente que a concepção dramática tomará a vanguarda, pois não haverá quase a ideia de criar novos meios técnicos para obras ainda inexistentes. A proporção não é constante, é verdade. O dramaturgo pode ultrapassar, na ocasião, o estado cênico que se lhe oferece; e, por sua vez, esse estado cênico pode momentaneamente ganhar dianteira sobre este, de tal modo que os novos meios acarretarão com eles um novo desenvolvimento da forma dramática.

Resulta daí que, se uma obra dramática não encontra, na economia teatral que lhe é contemporânea, uma forma que possa lhe convir, é porque, por um lado, o dramaturgo não levou em conta meios colocados à sua disposição; e por outro, a encenação não seguiu as transformações do gosto que essa obra testemunha.

No ano de 1876, Richard Wagner inaugura seu teatro de Bayreuth. Precisou fazê-lo, porque não encontrava em nenhuma parte a atmosfera de exceção e os elementos correspondentes a uma obra que rompia deliberadamente com as convenções e as tradições de sua época.

No que consistia a sua reforma? Era ela positivamente técnica? Seguramente, não. Wagner, prevenido por uma longa e dolorosa experiência, havia compreendido que a arte dramática era uma arte de exceção e que era preciso conceder-lhe esse caráter, sob pena de vê-la declinar e morrer. Sua vida era, cada vez mais, orientada para esse golpe de Estado dramático; sua produção assumia aí o caráter decisivo; e isso ao preço de inumeráveis compromissos e de inauditos sofrimentos pessoais que ele chegou a representar seus dramas em nossos palcos de repertório. Em Bayreuth, ele estava, enfim, livre! Pôde dar às suas representações um caráter excepcional e conferir-lhes, assim, uma solenidade nova para nós. Tudo foi dito sobre esse assunto. A disposição da sala e da orquestra são igualmente bem conhecidas.

A prodigiosa evolução musical – de quem se obstina a levar em conta Wagner-*músico*, quando somente Wagner-*dramaturgo* deve carregar a esmagadora responsabilidade – faz, de há muito, parte de nossa bagagem técnica moderna. Sua influência, nefasta do ponto de vista musical, foi reconhecida; mas o mal está feito. É óbvio que não se desnatura impunemente e a esse grau – assim que nos tornamos culpados disso – o objetivo de uma obrigação técnica!

Sem sua música, Wagner corria o risco de não atrair nossa atenção; com ela, nos corrompeu; porque tomamos a letra musical pelo espírito dramático.

Wagner não queria compor sua música do modo como a conhecemos, mas foi obrigado pela nova concepção dramática que lhe interessava revelar acima de qualquer outra coisa. Em última análise, encontramo-nos, com ele, diante de um dramaturgo. Se não foi bem-sucedido, apesar de Bayreuth, é porque sua obra traz em si mesma uma profunda contradição. O autor do presente trabalho foi particularmente sensível ao dilema colocado por Wagner e sua obra; e o sofrimento que ele experimentou o pôs no caminho de uma libertação, para a qual a obra do grande mestre não seria senão um ponto de partida ou, se preferirmos, uma grandiosa e salutar advertência.

    Richard Wagner implementou apenas uma única reforma essencial. Por meio da música, pôde conceber uma ação dramática cujo peso inteiro – o centro de gravidade – repousava no interior das personagens e que, contudo, podia ser completamente *expresso* para o ouvinte, e isso não mais apenas por palavras e gestos indicadores, porém por um desenvolvimento positivo que esgotava, sem *reserva*, o conteúdo passional dessa ação. Ele quis, então, levá-la à cena, isto é, oferecê-la aos nossos olhos; e foi aí que ele fracassou! Dotado, como ninguém antes dele, de uma potência absolutamente incomensurável no que concerne à técnica dramática fora da representação, Wagner julgou que a encenação resultaria automaticamente daí; não imaginava uma técnica decorativa diferente da de seus contemporâneos. Um maior cuidado e mais luxo ainda lhe pareciam suficientes. Sem dúvida, os atores, enquanto portadores da nova ação, foram objeto de sua especial atenção; mas – coisa de fato muito estranha – se ele fixava minuciosamente seu jogo de representação, e purificava, com isso, nossas tristes convenções de ópera, julgava natural, em seguida, colocar em torno e atrás deles telas verticais e pintadas, cujo *nonsense* reduzia a nada todo esforço para a harmonia e a verdade estética de seu drama *representado*. Ele teve consciência disso? Seria difícil afirmá-lo, ainda que, em um opúsculo consagrado às representações de *Parsifal*, em Bayreuth, em 1882 (alguns meses antes de sua morte), havia escrito que sentia que sua arte dramática *representada* estava ainda na infância.

    Em suma: a reforma wagneriana concerne à própria concepção do drama; a música de Wagner é sua resultante; e o todo confere à obra um alcance tão alto que é preciso isolá-la de representações solenes e de exceção. Esta última consequência, Wagner a aplica a toda arte dramática; por isso ele é um Precursor. Mas não soube harmonizar a forma representativa – a encenação – com a forma dramática que adotou. Daí resultou um desvio tão considerável entre suas intenções e sua realização visual que toda a sua obra se viu anulada e desfigurada, ao ponto de não ser possível, a não ser a uma ínfima minoria, compreender do que se tratava. Tal é ainda o caso; e pode-se afirmar, sem nenhum exagero, que ninguém *viu* até agora, em cena, um drama de Wagner.

    O tema, por mais simples que pareça, é de uma complicação quase inextrincável. Além disso, a situação de Wagner é imortalmente trágica. Será difícil para aquele que o experimenta e quer saber o que resta para salvar dessa obra admirável, agir com absoluto sangue frio: a figura do gigante de Bayreuth se ergue sempre diante dele. No entanto, só pode lhe testemunhar seu respeito infinito permanecendo, ele próprio, perfeitamente livre; e essa liberdade não se adquire *senão* por um conhecimento profundo e minucioso, linha por linha, medida por medida, das obras do mestre.

Tal foi a atitude do autor, procurando e *encontrando nessas mesmas partituras* os cenários que alguns desses representam. Ele se esforçou por atenuar, até o impossível, a contradição wagneriana; de tomar o ator *vivo* como ponto de partida, e de colocá-lo, não mais diante, porém no meio de terrenos e de linhas que lhe fossem estritamente destinados e correspondessem aos espaços e durações ditadas pela música de seu papel. Sendo a música, em Wagner, a fonte da inspiração dramática, o autor procurou na música desses dramas a evocação visual que pudesse com ela harmonizar-se sem esforço. Sem dúvida, isso tudo ainda é um compromisso; mas ele o é, ao menos, com conhecimento de causa, e pode, por aí, pretender aproximar-se, tanto quanto possível, da harmonia integral, aquela de que Wagner não suspeitou, de tal modo que sua obra a reclamasse.

Agora, para a compreensão daqueles dos desenhos que se aplicam aos dramas de Wagner. Eles exigem naturalmente do leitor um conhecimento ao menos aproximado das peças em questão. Os que se seguem, como é fácil de se dar conta disso, são o desenvolvimento do mesmo princípio, mas sem o apoio de uma obra positiva. Eles são, portanto, simples sugestões com o objetivo de estabelecer um estilo sob as ordens do corpo humano, ele próprio estilizado pela música. Despojados, pouco a pouco, do romantismo inerente à obra de Wagner – e que se é obrigado a conservar –, chegam a uma espécie de classicismo, de onde é eliminado tudo o que não provém da presença viva e móvel do ator. São Espaços destinados a essa presença soberana. Às obras compete, a seguir, suas dimensões e seu respectivo desenvolvimento.

Vê-se, por essas considerações gerais, o caminho que trilhou, quase a despeito de si próprio, o autor desta obra. Tendo partido do sentimento doloroso que lhe causava a contradição wagneriana e o mal-entendido irreparável que ela estabelecia, chegou a fundar, sobre essa mesma contradição, um princípio cênico não mais arbitrário ou tradicional, porém *organicamente* construído sobre uma justa hierarquia dos elementos representativos, ou seja: partindo da forma viva e plástica do autor. No seu livro *A Música e a Encenação* (publicado em alemão, em 1889, em Munique, na editora de Hugo Bruckmann), ele desenvolveu, com o máximo pormenor, esse princípio e seus resultados dramáticos e técnicos.

Por essa ocasião, a obra de Wagner era a única que podia servir de ponto de partida. Ela se encontra, pois, ainda sob o signo de Wagner, ultrapassando o alcance forçosamente circunscrito desta obra. A partir daí, o autor fez algumas experiências cênicas comprovatórias em Paris, Dresden, Genebra e, em particular, no Instituto Jaques-Dalcroze. Ele se exprimiu também em numerosos artigos e opúsculos, e publicou desenhos nas revistas de vários países; fizeram-se também projeções para ilustrar conferências etc. Jaques-Dalcroze, pela criação genial de sua Rítmica, deu-lhe confirmação definitiva do que ele havia entrevisto, pois, já em 1895, muito tempo antes dos inícios da Rítmica, o autor escrevia, em *Música e Encenação*, que se fazia absolutamente necessário encontrar uma "ginástica musical" para conduzir o ator às durações e dimensões da música. O presente trabalho oferece a história técnica dessa evolução e vai até as conclusões que ela impõe. Esses desenhos não vão tão longe assim! Mas o leitor benevolente encontrará aí, talvez, a sugestão suficiente para seguir o maravilhoso futuro da arte viva que ele lhe entreabriu e, caso coloque a si próprio no meio desses espaços, poderá evocar o espetáculo sem espectadores, do qual, então, ele fará parte, e que deverá permanecer, para todos nós, como um ideal a perseguir sem desfalecimento e sob toda forma.

8
A Encenação Como Meio de Expressão

A ENCENAÇÃO, A MÚSICA
A Encenação

Em toda obra de arte devemos sentir inconscientemente a relação harmoniosa entre o objeto da expressão, os meios empregados para nos comunicar esse objeto e a comunicação que nos é feita. Se um dos meios nos parece incontestavelmente não ser necessário a essa comunicação, ou se a intenção evidente do artista – objeto de sua expressão – nos for apenas imperfeitamente comunicada pelos meios que ele emprega, enfim, se qualquer desacordo se faz sentir na integridade da obra, nosso prazer estético é alterado, se não destruído.

A harmonia será ainda mais problemática na medida em que numerosos forem os fatores que a obra de arte comporta. O *drama* (o qual eu entendo como toda peça escrita para a representação material no palco) é, entre as obras de arte, a mais complexa por causa do grande número de meios que o artista deve empregar para efetuar sua comunicação.

Se o pintor, o escultor e o poeta veem desenvolver a forma de seu trabalho e a conservam sempre em seu poder, porque o conteúdo de sua obra é idêntico à sua forma e que assim o objeto da expressão e os meios empregados para nos comunicar este objeto são de algum modo equivalentes, não acontece o mesmo para o dramaturgo. Este não pode dar ele mesmo não só a forma definitiva ao seu trabalho, mas ainda essa forma parece relativamente independente da concepção dramática inicial; em outros termos, uma concepção dramática qualquer deve ser transposta para assumir uma forma dramática e esta forma também, por sua vez, a fim de ser comunicada ao público; e infelizmente essa segunda transposição, a encenação, não está em poder do autor.

A *mise-en-scène* constitui aí um problema de aparência insolúvel para aqueles que sabem distinguir a obra de arte da literatura, isto é, para os quais o drama e sua representação não são separáveis.

O que é, pois, essa forma indispensável à comunicação dramática e que o autor não comanda?

O que é a *encenação*?

Até aqui ela não era outra coisa senão o procedimento pelo qual se procurava realizar para os olhos uma concepção dramática qualquer. Ora, a concepção dramática de um autor nos é revelada por um escrito e só contém e só pode conter a porção do drama que se dirige ao nosso entendimento. A ação aí está bem fixada na sua sequência e nas suas proporções, porém ao seu único ponto de vista dramático e sem poder determinar o procedimento formal por meio do que esta sequência e estas proporções têm de se manifestar. De tal modo que esse procedimento, a encenação, está submetido a todas as flutuações de gosto e de invenção, e que um mesmo drama encontra, portanto, os mais diversos modos de se realizar para o olho, de se *pôr em cena*, conforme a época e o clima. Resulta dessas condições que o drama (representado) é não somente a mais complexa das obras de arte, mas também a única na qual uma das partes constitutivas não pode ser considerada como *meio de expressão* em mãos do artista, o que diminui mui sensivelmente a integridade deste e lhe consigna um grau inferior.

Objetar-me-ão que a encenação, visto não estar em poder do dramaturgo, não preenche tampouco seu papel expressivo, e amiúde de maneira demasiado vantajosa, pois, ao se acomodar sempre ao novo gosto do público, ela fornece ao texto dramático um alcance muito mais geral e uma vida muito mais longa que não poderia tê-los se sua forma representativa estivesse definitiva e inseparavelmente atrelada ao seu conteúdo literário; isso é evidente, mas o fato de a parte cênica formal do drama *não poder* escapar das flutuações do gosto é justamente a prova indubitável de que sua encenação não é e não poderia ser um *meio de expressão*.

Encarada do ponto de vista da forma, a obra de arte não é uma constatação de tal ou qual face da vida, a que cada um possa levar sua experiência e sua habilidade, mas, de fato, como seu nome indica, a reunião harmoniosa de diversos artifícios com o fito exclusivo de comunicar a um grande número a concepção de um só. Não entra no quadro deste estudo [expor] considerações

A ENCENAÇÃO COMO MEIO DE EXPRESSÃO

sobre a natureza particular da concepção artística; apenas importa para mim estabelecer que a concepção primeira de toda obra de arte – abstração feita da influência do meio – não se elabora tão somente em um único cérebro; de tal modo que os artifícios necessários à sua comunicação não podem ser repartidos entre muitos indivíduos, visto que tais artifícios devem derivar da concepção primeira. Podemos, pois, afirmar que uma obra de arte conserva apenas sua integridade sob a condição de evitar qualquer elemento de expressão que não esteja estritamente em poder de seu criador. Que, uma vez fixados *definitivamente*, em suas quantidades e suas relações, esses elementos possam ser apresentados ao público por indivíduos alheios à sua concepção primeira, não tem nada a ver com o título do meio de expressão que queremos especificar, pois justamente esse título pertence tão somente aos *artifícios* que o autor pode fixar definitivamente e os indivíduos estranhos são então o que é a tela para o pintor, os caracteres de impressão para o poeta.

Segundo essa definição, a encenação não poderia ser, para o poeta dramático, um *meio de expressão*.

Mesmo que o dramaturgo ao escrever sua peça não perdesse de vista sua realização cênica, mesmo que ele deixasse em seu poema coisas não expressas para reservá-las à encenação, mesmo que anotasse por escrito no pormenor mais minucioso toda a encenação desse poema e que, enquanto vivesse, dirigisse sozinho e como senhor absoluto os estudos, tudo isso não daria ainda à sua *mise-en-scène* a categoria de meio de expressão, e o autor deverá sentir em sua consciência de artista o quanto sua vontade é arbitrária, e o quanto é vã a esperança de ser obedecido após sua morte, ou seja, o quanto, apesar de tudo, sua peça permanece *independente* da minuciosa encenação que ele anotou.

À falta de senti-lo de uma maneira consciente, ele se contentará em considerar a encenação como um agente subalterno indigno de tantos esforços; e em seu caso particular terá razão em grande parte. Com efeito, a vontade do autor não basta para que um dos fatores do drama faça realmente corpo com o drama; essa vontade só pode dar uma justaposição mais ou menos bem-sucedida, mas não a vida orgânica, que se caracteriza na obra de arte pela *necessidade* de tal desenvolvimento de forma, uma vez dada tal origem de concepção, de modo que apenas a ideia primeira parece arbitrariamente escolhida no cérebro do criador e que todo o resto deve daí decorrer em seguida, com naturalidade. Nenhum dramaturgo sincero poderá pretender semelhante necessidade para uma encenação, da qual, nada em sua obra, dita efetivamente condições formais de existência.

Logo, para que a *mise-en-scène* seja parte integrante do drama, para que assuma o grau de meio de expressão, é preciso que tenha *um princípio regulador que, derivando da concepção primeira, dite a encenação peremptoriamente, sem passar de novo pela vontade do dramaturgo.*
Esse princípio, qual poderia ser?

A Música

Para desenvolver com segurança o objeto deste estudo, importará determinar a situação atual da música e compreender o alcance que se atribui a essa arte. Uma questão desse gênero assume facilmente aparências paradoxais quando é tratada com demasiada brevidade como é necessário fazer aqui. O autor deve considerar as coisas de que fala como perfeitamente conhecidas e não fazer alusão senão para agrupá-las de modo sugestivo e que sirva ao seu objetivo. Resulta daí de modo inevitável que seu ponto de vista pareça excessivamente parcial e, portanto, excessivamente específico. Por isso deve apelar para a boa vontade do leitor pedindo-lhe que não creia em uma falha devido à ignorância lá onde há apenas restrição voluntária.

As revelações que a obra dramática de Wagner nos proporcionou sobre o alcance e a natureza da expressão musical aplicada ao drama, em princípio, podem ser consideradas atualmente conhecidas. Aquele em quem essas revelações incitam à atividade e dão base a todos os seus argumentos sobre a obra do mestre não tem, pois, mais necessidade de estabelecer junto ao leitor um estado de coisas que outros já trataram definitivamente. Ele pode lhe apresentar apenas a face cuja luz justificará o tema que ele expõe. Mas, ao fazê-lo, exprime tacitamente suas convicções e as entrega assim ao julgamento dos leitores sem precisar prestar-lhes conta de maneira pormenorizada.

Uma vez que este estudo trata de uma questão de forma, será somente do ponto de vista um pouco superficial da forma que a música como tal poderá ser abordada. A maravilhosa existência dessa arte exprimir-se-á, todavia, no correr das páginas, pela importância absolutamente soberana que lhe deverá ser consignada.

Outrora a música, por falta de um princípio que regesse seus elementos com necessidade, devia contentar-se em desenvolvê-los ou em limitá-los arbitrariamente: ela jogava consigo mesma sem poder dar-se outro objeto a não ser esse *jogo*.

A ENCENAÇÃO COMO MEIO DE EXPRESSÃO

Com um vago instinto de sua missão, suas diversas combinações eram destinadas a este ou àquele uso; mas prestasse ela seu concurso às cerimônias religiosas, a festas profanas, a espetáculos mais ou menos dramáticos, ela não passava, na sua forma, de um acompanhamento arbitrário, justaposto aos diversos episódios que embelezava. Todos os esforços feitos a fim de liberar daí o conteúdo expressivo não podiam ser bem-sucedidos nas tentativas de encontrar uma forma que lhe fosse imposta *por essa mesma expressão*. Um desenvolvimento superior, aumentando os recursos musicais, devia tornar a contradição cada vez mais sensível entre a necessidade que impelia o artista a servir-se de sons e as combinações arbitrárias que se lhe impunham; depois, chegou o momento em que a potência expressiva dessa arte rompeu os entraves de uma forma muito estreita. Percebeu-se então que os elementos que constituem a base de toda combinação de sons se encontram em tão estreitas relações com os elementos essenciais de nossa vida interior, da vida de nossos sentimentos e de nossas emoções, que as combinações dessas últimas, sendo diretamente conhecidas em nossa consciência íntima podem ditar as da música e conciliar assim o papel expressivo da música com a necessidade do desenvolvimento de suas formas.

Nossa vida interior fornece, portanto, à música a forma na qual a música exprime essa vida. Toda contradição cessa a partir do instante em que a forma e o objeto da expressão são idênticos.

Essa constatação devia levantar um temível problema: como pode a vida interior ditar com precisão sua forma para a música? Ou então, o que seria apenas a outra face da questão: como pode ela, a expressão musical, manifestar-se *com evidência* na forma dessa vida interior? Um problema semelhante não podia propor-se ao músico durante o rápido desenvolvimento de sua arte, quando ele devia velar pela conservação da música aumentando seus recursos técnicos. Hoje, esses recursos acumulados ultrapassam muito o máximo necessário ao jogo arbitrário das formas musicais por si próprias. Por isso foi preciso que o músico viesse ao encontro do poeta dramático cuja linguagem não bastava mais às nossas necessidades de expressão: com Beethoven a música alcançava o drama; Wagner acabou a obra consumando a união do poeta e do músico e resolveu assim o problema. Doravante o poeta pode exprimir a vida interior de suas personagens e o músico entregar-se sem medo à expressão dessa vida, pois é dela que recebe a forma.

O drama preenche as condições atualmente indispensáveis à existência da música ao lhe proporcionar um meio de se manifestar com evidência na forma da vida que dita sua expressão.

Nesse novo terreno, a música se encontra estreitamente unida, não somente à palavra, mas ainda à porção do drama que a realização cênica apresenta aos olhos. Deve, pois, ser possível fazer abstração de seu papel expressivo e considerá-la momentaneamente nas suas relações com a encenação.

Desse ponto de vista exclusivamente representativo, o que pode ser a música?

Nós nos aperceberemos melhor disso em um gênero especial de espetáculo, a pantomima, em que o mutismo dos atores expõe a música e a encenação mais claramente ao olhar. Aqueles que se ocupam da pantomima sabem que a música fixa aí a duração e a sequência. Sem dúvida, numa categoria inferior desse espetáculo, um músico não deve fornecer senão os ritornelos repetidos tantas vezes quanto a duração dos diversos episódios o exija, e a música só figura aí como um acompanhamento agradável do espetáculo, como o faz no circo ou numa quadrilha. Mas na pantomima propriamente dita é a música que impõe a duração e a sequência dos episódios, e o espetáculo deve se moldar nela com uma precisão matemática. Podemos, pois, afirmar que na pantomima a música mede o tempo – representa a vida na duração – visto que a vida cênica não obedece aí à vivacidade ou à indolência dos atores, porém aos diversos lapsos de tempo que ampliam a música, e isso até os mínimos detalhes. É evidente que, adicionando à música pura da pantomima o canto da ópera, nós não mudamos em nada as relações da música e da encenação. Mesmo quando na ópera essa alteração na duração comum da vida não for, de modo algum, motivada por uma intenção dramática suficiente, a música mede aí, não obstante, o tempo como na pantomima; apenas de um modo menos evidente, porque ela o faz abusivamente.

Consideremos agora o drama do poeta-músico. Vimos que nesse drama a música encontra sua forma no objeto de sua expressão. Isso significa dizer que a duração musical está fixada pelo próprio drama; de modo que, do ponto de vista representativo, a música no drama do poeta-músico não mede mais somente o tempo, tampouco apenas uma duração no tempo, mas ela é *o próprio tempo*, porque sua duração torna-se parte integrante do objeto de sua expressão.

Essa afirmação paradoxal requer, sem dúvida, o apoio em argumentos mais sólidos. Vou tratar de fornecê-los. Para realizar uma concepção dramática qualquer, o poeta deve combinar os diversos artifícios de seu mister com certa quantidade de comedimento e esperar uma harmonia de tal modo que a forma da qual ele se serve desapareça diante da evidência de sua comunicação. O drama adquire assim, durante sua representação, uma vida orgânica que

A ENCENAÇÃO COMO MEIO DE EXPRESSÃO

não deixa lugar à análise. O poeta que só emprega a palavra recorre apenas ao nosso entendimento. A vida de sua obra torna-se então orgânica por meio de uma continuada reconstituição de parte do espectador. Essa reconstituição não supõe a análise dos meios empregados pelo dramaturgo, ela resulta tão somente do fato de que a ação dramática não é apresentada pela palavra e pela mímica a não ser na sua *aparência*, e as emoções no seu *resultado exterior*. Ora, a vida, enquanto espetáculo quotidiano, nos fornece justamente apenas essas aparências; estamos, pois, habituados a esse trabalho de reconstituição; ele se tornou inconsciente, e nós podemos participar da vida orgânica do drama falado sem duvidar do papel ativo que aí desempenhamos.

O poeta-músico, graças à música, não mais nos apresenta somente o resultado de emoções, a aparência da vida dramática, mas antes as próprias emoções, a vida dramática em toda sua realidade, como só podemos conhecê-la no mais profundo de nosso ser.

O trabalho de reconstituição não existe mais; cada personagem, na medida de seu interesse dramático, se apresenta para nós como um outro tanto de nós mesmos.

Mas esse meio todo-poderoso, a música, para exprimir assim a vida de nossa alma, deve dar à forma que receber uma *duração* diferente daquela que conhecemos no espetáculo da vida quotidiana; de tal modo que devemos, para apreciar sua expressão, nos transportar a fim de que nessa nova duração, momentaneamente, toda nossa vida pessoal seja transposta para responder às emoções do drama. Pois essa divergência, na qual nossas faculdades receptivas se acomodam muito bem enquanto ela não afeta senão o tempo, conduz por meio da realização cênica alterações tão sensíveis nas proporções exteriores que não poderíamos aceitá-las se a expressão da qual elas resultam não encontrasse sua suprema glorificação em nosso próprio coração.

Assim, não se trata, portanto, de uma duração no tempo, isto é, uma duração fictícia na cena, para espectadores que vivem em uma outra duração na sala, mas é o próprio *Tempo* que é a música no *Wort-Tondrama*, do ponto de vista representativo.

Veremos mais adiante as consideráveis vantagens estéticas que esse fato acarreta.

A MÚSICA E A ENCENAÇÃO
Princípios Teóricos

Vimos que é preciso um princípio regulador da encenação a fim de lhe proporcionar a categoria de meio de expressão na obra do dramaturgo.

A encenação, como toda combinação no espaço com variações no tempo, pode reduzir-se a uma questão de proporção e de sequência. Seu princípio regulador deverá, portanto, ditar as proporções no espaço e sua sequência no tempo, umas dependentes das outras.

No drama, é o poeta que parece prover aí a quantidade e a sequência de seu texto. Mas não é nada disso, pois o texto não tem uma duração fixa em si mesma, e o tempo que esse texto não preenche resta sem medida possível. Mesmo anotando no cronômetro a duração da palavra e do silêncio, tal duração não seria imposta senão pela vontade arbitrária do autor ou do encenador, sem derivar *necessariamente* da concepção originária.

As únicas quantidades e sequências fornecidas pelo texto do drama continuam sendo, pois, insuficientes para impor a encenação.

A música, em compensação, fixa não somente a duração e a sequência no drama, mas, como vimos, deve ser considerada do ponto de vista representativo como sendo ela própria o tempo.

O poeta-músico possui, portanto, o princípio regulador que, derivando da concepção original, dita a *mise-en-scène* peremptoriamente com necessidade sem passar de novo pela vontade do dramaturgo, e esse princípio é parte integrante de seu drama e participa de sua vida orgânica.

Assim, a encenação chega, no drama do poeta-músico, ao posto de meio de expressão, mas é de se notar que ela só pode alcançá-lo nesse drama.

Graças à representação do drama, a música é transportada no espaço e aí assume uma forma material, a encenação, que satisfaz não mais ilusoriamente no tempo apenas, mas antes *efetivamente* no espaço, a necessidade de forma tangível que ela procurava outrora satisfazer em detrimento de sua própria essência. Esse espaço de algum modo musical que é a encenação para a obra do poeta-músico deve se apresentar de um modo muito diferente daquele em que o poeta sozinho procura realizar sua ação dramática; e por ser a música que o cria, é da música que receberemos todas as informações desejáveis sobre esse ponto.

A ENCENAÇÃO COMO MEIO DE EXPRESSÃO

Ter-se-á considerado lógico que a duração aplicada a um espetáculo se transporte no espaço sem, talvez, realmente compreender *como* a música pode fazê-lo. Uma vez que o presente estudo não tem outro objeto além dessa transposição e da pesquisa minuciosa de suas consequências, vamos abandonar a argumentação mais ou menos abstrata que até aqui nos proporcionou alguns serviços e tentar, por meio de elementos conhecidos, a evocação de um espetáculo do qual nada pode ainda nos fornecer o exemplo.

No drama falado, o drama em que o poeta se serve apenas da palavra, é a vida quotidiana nas suas aparências exteriores que procura nos intérpretes os exemplos de duração e de sequência para seu jogo. O ator deve observar minuciosamente sobre si próprio os resultados exteriores dos movimentos de sua alma, depois frequentar pessoas de espécies muito diferentes, observar da mesma maneira suas atitudes para deduzir delas os motivos ocultos e se exercitar na tarefa de reproduzi-los naquilo que eles têm de típico, depois aplicar com tato esses conhecimentos nas situações que o poeta lhe fornece.

Sem dúvida, a quantidade de texto permite ao autor impor ao seu intérprete, de maneira aproximada, a duração de seu papel, mas é justamente nessa duração aproximada que o ator verte em seguida as proporções que a vida lhe ensinou. Pois a significação e a quantidade do poema dramático não podem senão lhe sugerir sua mímica e suas evoluções sem poder ditá-las formalmente.

No drama do poeta-músico, o ator não recebe mais apenas a sugestão para seu jogo, mas ainda as proporções exatas que deve aí observar. Ele próprio não pode, de modo algum, subministrar, nas proporções definitivamente fixadas pela música, as variações de intensidade que a vida lhe ensina, pois tais variações estão contidas igualmente na expressão musical. A quantidade e a significação do texto poético musical (que eu considero a partitura completa do drama) representa, portanto, *a vida* para o intérprete dessa obra de arte; e assim como o ator no drama falado deve adquirir a flexibilidade necessária para reproduzir os elementos que sua experiência da vida cotidiana lhe fornece, o ator, no drama do poeta-músico, deve adquiri-la para obedecer às ordens formais que a vida restrita à partitura lhe impõe diretamente.

Vemos de imediato como a música se transporta sobre a cena na mímica das personagens e nas suas evoluções.

Mas como pode se transportar para a pintura, a iluminação e a disposição das telas?

Para nos convencer que ela o faz igualmente, é indispensável entrar mais adiante no misterioso domínio da expressão musical.

Quando no drama falado um ator vem nos dizer, por exemplo, que sofre à lembrança de uma felicidade perdida, ele só pode nos comunicar isso diretamente pelo jogo de sua fisionomia, pois sua palavra não faz senão precisar se há o objeto desse sofrimento e completar assim a significação do espetáculo *sem exprimir* aí o conteúdo. Os gestos e as evoluções só têm então sentido sustentados pelo conteúdo do texto, seja como a simples constatação de uma situação material, seja como resultado significativo do sofrimento íntimo da personagem. É, pois, evidente o jogo da fisionomia que, especificado pelo texto, nos comunicará mais diretamente o estado de alma que importa sentirmos, e os outros meios representativos deverão se lhe subordinar. Assim, o problema de óptica no drama falado consistirá em primeiríssimo lugar a permitir à maioria do público dar-se conta do jogo exato de fisionomia dos atores.

Se o ator no drama do poeta-músico quer nos comunicar o mesmo sofrimento, de que meios dispõe? A música, por uma combinação sinfônica qualquer, exprimirá o próprio objeto de sua lembrança e em acentos tão precisos que antes de sabermos que é o fato de se lembrar da felicidade perdida que é doloroso, sentiremos dolorosamente e por nós mesmos a perda dessa felicidade; de tal modo que a expressão não tem mais obrigatoriamente necessidade da personagem para nos alcançar. Além disso, o ator, ao deixar a música nos pintar as imagens que o fazem sofrer, poderá conservar seu sofrimento no fundo de sua alma e nos expressar sentimentos que não tenham relação com sua existência presente. Ainda aí, a música o sustentará, não somente pelo efeito de contraste, mas também ao exprimir com ainda maior precisão tanto o momento presente quanto a lembrança do passado. Sua união com a palavra lhe permitiu fixar a expressão da felicidade enquanto essa felicidade estava presente; ela pode agora deixar essa expressão verter-se em pura música e unir-se de novo ao poema para fixar a expressão do instante que indica o espetáculo[1].

O ator assim mergulhado, quase a despeito dele, na atmosfera de sua vida interior, não desempenha mais um papel tão importante quanto aquele do drama falado. Ele sabe que podemos dispensar momentaneamente sua intermediação para conhecer seu sofrimento; supõe mesmo que o conhecemos melhor do que ele. No drama falado, a presença do ator é a condição absoluta de qualquer comunicação, e assume por esse meio uma importância

---

[1] O ator do drama falado pode evidentemente contar com a porção já decorrida da ação dramática para sustentar uma atitude de momento ante o público, porém são meios *indiretos* e eu falo aqui daqueles que, em dado momento, são positivamente colocados em jogo para comunicar um estado de alma qualquer ao espectador, sem exigir o auxílio de sua reflexão.

A ENCENAÇÃO COMO MEIO DE EXPRESSÃO

representativa, completamente anormal, como o provam as exigências de óptica que já mencionamos. O ator, no drama do poeta-músico, não é mais intermediário único e supremo entre o poeta e o público; ele é um dos meios de expressão, nem mais nem menos necessário do que os outros elementos constitutivos do drama. Não tendo mais que "tomar a palavra", ele recua e se coloca entre seus confrades – os diversos meios poético-musicais e representativos – pronto a seguir as ondulações que a importância momentânea de um ou de outro causará em seu alinhamento. Ele faz, pois, parte de um organismo e deve submeter-se às leis de equilíbrio que regem esse organismo. Vimos que a música lhe impõe sua mímica e suas evoluções. Vemos agora que essas últimas não são mais um fato isolado na cena, de modo que a música se transporta *por intermédio do ator* ao quadro inanimado.

Mas, irão dizer, como a exclusiva mímica do ator e alguns de seus processos podem medir as proporções do cenário? O ator, no *Wort-Tondrama*, deve mensurar a cena em todos os sentidos?

É indispensável aqui tomar conhecimento de elementos *técnicos* de que se compõem o quadro cênico. Eu me esforçarei para apresentá-los sob uma forma abordável para o mais leigo nessa matéria.

O quadro cênico inanimado (o qual eu considero todo o material cenográfico, exceto as personagens) pode se reduzir a três fatores: a Iluminação, a Plantação (isto é, a maneira de dispor no espaço vazio do palco o material cenográfico) e a Pintura. Quais são suas relações recíprocas?

O cenário pintado deve ser disposto de modo que a luz incida favoravelmente sobre ele; a plantação serve, pois, de intermediário entre a pintura e a iluminação; mas ela precisa, por sua vez, que a iluminação torne a pintura bem visível, se não o arranjo das telas no espaço não fica suficientemente motivado e a iluminação não pode dispensar a pintura frente à plantação, pois seu objetivo ao incidir nas telas é justamente o de motivar sua disposição pelo tema da pintura. A igualdade nas relações parece perfeita. No entanto, não é nada disso. A iluminação e a pintura sobre telas verticais vêm a ser dois elementos que, longe de se enriquecerem por uma subordinação recíproca, se excluem de modo positivo. A disposição das telas pintadas que configuram o cenário necessita que a iluminação esteja exclusivamente a seu serviço, para tornar a pintura visível, o que não tem nada em comum com o papel ativo da luz, e lhe é mesmo contrário. A plantação, por suas combinações no espaço, pode proporcionar à iluminação um pouco de sua atividade, mas não sem trazer um grave prejuízo à pintura. Se introduzimos o ator no palco, a importância da pintura de súbito se encontra inteiramente subordinada à da iluminação e da plantação, porque a forma viva da personagem não pode ter contato e, por conseguinte, relação direta com os temas figurados sobre as telas.

Dos três fatores aos quais se reduziu o quadro inanimado, qual está submetido às mais estritas convenções? A pintura, sem nenhuma dúvida, pois ela é não apenas impotente para fornecer por si mesma qualquer atividade, mas também ela perde sua significação na medida em que o resto do cenário toma parte ativa no espetáculo, isto é, na medida em que a iluminação e a plantação devem estar em contato com o ator. A iluminação e a plantação lhe são, portanto, superiores. A iluminação – a partir do exclusivo ponto de vista de seu papel ativo e fazendo abstração da necessidade evidente de aclarar um espaço obscuro – pode ser considerada onipotente, pois está submetida a um mínimo de convenções, dificilmente apreciável, e comunica assim livremente a vida exterior na sua forma mais expressiva.

Essa interioridade flagrante da pintura em matéria representativa parecerá, sem dúvida, estranha a mais de um leitor, pois nossos espetáculos modernos, longe de tê-la em conta, parecem antes negá-la sistematicamente e tudo sacrificar ao efeito das telas pintadas.

O que pôde, pois, levar esse elemento a assumir um lugar tão considerável e a travar por esse meio o desenvolvimento daqueles elementos cuja cooperação é bem mais essencial?

Duas causas bastante distintas: a natureza do drama falado e a ópera.

A pintura do cenário tem por objetivo essencial apresentar aos olhos aquilo que nem o ator, nem a iluminação, nem a plantação podem realizar. Se ela é desenvolvida de maneira desmesurada no drama falado, a razão disso é que o público tinha necessidade de indicações que só ela podia fornecer.

Verifica-se então que as leis da óptica e da acústica, cujo conjunto constitui a convenção cenográfica, não permitem realizar no palco com a mesma veracidade plástica que a linguagem dos atores o lugar de sua ação, e que é preciso recorrer aos *Signos*, que não podem ter nenhum contato direto com o ator e se dirigem apenas ao público como uma espécie de hieróglifos aperfeiçoados cuja significação seria evidente. O papel atual da pintura cenográfica no teatro consiste na exposição desses hieróglifos.

Pode-se objetar que a ilusão, tão admiravelmente manejada pelos atuais pintores de cenografia, merece ser levada em consideração. Essa ilusão não tem valor artístico a não ser que alcance seu objetivo que é o de criar um meio, uma atmosfera viável na cena; ou todo mundo sabe que à entrada das personagens o mais belo cenário torna-se de súbito uma vã combinação de telas pintadas, a menos que não se sacrifique tudo ou parte desses hieróglifos ao papel ativo da luz[2].

Foi, portanto, a natureza do drama falado que forçou a pintura cenográfica a desenvolver-se além da medida. Em nossos dias, em que as necessidades de expressão são consideráveis, o poeta se vê obrigado a substituir pela sugestão cenográfica aquilo que somente a música poderia lhe dar. Resulta daí um desacordo constante entre as pretensões do espetáculo e o real conteúdo do texto dramático, e os atores oscilam penosamente entre uma espécie de quadro vivo articulado e uma comédia de salão em um cenário ridículo.

Se o poeta sacrifica o signo pintado pela luz ativa, ele se priva de uma noção que nenhuma outra no seu drama pode substituir, tanto que ele não a fornece pelo próprio texto; ora, incumbindo-a ao texto, ele tira dos atores a vida representativa que a atividade da luz reclama; é, pois, legítimo que renuncie à vida de um espetáculo que traz prejuízo à integridade de sua obra e que prefira o uso dominante da pintura[3].

As origens e o desenvolvimento da ópera explicam suficientemente por que a encenação desse gênero se desenvolveu sem motivo dramático e para a exclusiva satisfação dos olhos. Tal satisfação, não sendo guiada senão pelo desejo de espetáculos cada vez mais maravilhosos e as convenções cênicas impondo um limite muito severo à realização plástica, tornou necessário recorrer à pintura. O público se acostumou ao esforço de transposição requerido pelas telas verticais e à falta de luz ativa; tomou gosto por aquilo que lhe apresentava a vida por meio de signos cujo manuseio permitia uma enorme liberdade na escolha do tema e sacrificou, à necessidade de vê-los *indicar* muitas coisas sedutoras, a vida verdadeira que somente a iluminação e a plantação podem dar.

A medida na qual o drama falado e a ópera puderam confundir sua *mise-en-scène* só tem um interesse histórico; não vamos nos deter aí, portanto, e constataremos apenas que essa influência recíproca persiste ainda atualmente, embora um princípio cenográfico comum os unisse na mesma

---

[2] No *Parsifal* em Bayreuth, quando aparece o cenário que figura o interior do templo do Graal, a pintura, sacrificada pela obscuridade necessária para a mudança de cenário, proporcionava ao quadro uma vida maravilhosa. A iluminação, aumentando, expulsava a aparição, até o momento em que, na plena luz das varas de iluminação e da ribalta, os cavaleiros faziam sua entrada em um templo de papelão. É verdade que agora a pintura era plenamente visível.

[3] Ele deverá apenas constatar que o *realismo* de seu texto ao reclamar o papel ativo da iluminação e da plantação, diminui o da pintura e empobrece tanto mais o conteúdo de seu drama. Verificaremos mais adiante que o realismo cenográfico no teatro recebe um golpe mortal com a presença do poeta-músico.

convenção. Esses hieróglifos, esses signos que a pintura cenográfica parece encarregada de fornecer e que fazem a base de toda encenação atual, que utilidade encontrarão no drama do poeta-músico?

Pela observação técnica dos três fatores que constituem o quadro inanimado, procuramos nos convencer de que a música se transporta não somente na mímica e nas evoluções do ator, mas também no quadro inanimado por inteiro. Constatamos as relações desses três fatores entre si, daí resultou a inferioridade da pintura frente à iluminação e à plantação. Apesar dessa inferioridade, é a pintura que, na cenografia atual, se tornou preponderante. A natureza do drama falado e da ópera nos forneceu a razão desse estranho desenvolvimento. Resta-nos ver o uso que o poeta-músico deve efetuar desses três fatores se quiser obedecer às injunções da música, daí resultará de maneira muito natural como a música se transporta no espaço da cena.

Tudo aquilo que, no quadro inanimado, escapa à pintura sozinha no objetivo de entrar em relação direta com o ator denomina-se *Praticabilidade*.

Os acessórios, móveis ou objetos são praticáveis ou não o são. Isso é apenas uma parte muito secundária da praticabilidade. Seu principal efeito é o de determinar a plantação em detrimento do signo fornecido pela pintura; ou, em outros termos, acomodar a forma *fictícia* do quadro inanimado de modo a aproximá-lo o mais possível da forma *real* do ator; o que não se pode fazer senão diminuindo mais ou menos a importância e a quantidade dos signos eminentemente fictícios que a pintura sobre as telas verticais apresenta. Ao fornecer assim à plantação um meio material de entrar em relação com o ator, a praticabilidade a coloca em relações diretas com o próprio drama.

Resulta daí que quanto mais a forma dramática for capaz de ditar com precisão o papel do ator, mais o ator terá o direito de impor as condições à plantação por meio da praticabilidade e, por consequência, mais acentuado será o antagonismo da plantação em face da pintura, visto que esta última, e por sua natureza, se opõe ao ator e é impotente para preencher seja qual for a condição que emane diretamente dele. Esse antagonismo do mais aproximado meio representativo do drama para com o elemento inferior que forneceu o signo inanimado reduz por sua exclusiva força dinâmica a importância da pintura. A iluminação, encontrando-se então liberada de uma grande parte de sua corveia diante das telas verticais, recupera a parte da independência à qual lhe cabia direito e entra de novo em atividade junto do ator.

O *Wort-Tondrama* é a forma dramática que dita com o máximo de precisão o papel do ator; ele é mesmo o único drama capaz de fixá-lo rigorosamente em todas as suas proporções. É, pois, o único que autoriza o ator a determinar por meio da praticabilidade as relações da plantação com a iluminação e a pintura, e a comandar, assim, por ordem de seu próprio papel, toda a economia representativa. Ora, é a música que fixa originariamente, por sua duração, o papel do ator, de modo que essa economia já se pressupõe contida na concepção primeira do drama, e não somente fora do alcance do encenador, mas também do ator e, de alguma forma, do próprio autor.

A necessidade orgânica, que é a condição absoluta da integridade de uma obra de arte, atinge assim sua mais alta potência no drama do poeta-músico.

O leitor compreenderá agora que se a música não se transporta na cena com a evidência material que ele havia talvez suposto, é porque ela não está mais intimamente unida aos elementos representativos senão por leis indissolúveis.

Em resumo: uma concepção dramática que, para se manifestar, tem necessidade da expressão musical pertence ao mundo oculto de nossa vida interior, visto que essa vida não poderia *exprimir-se* senão pela música e que a música não poderia exprimir-se senão por essa vida. O poeta-músico extrai, por conseguinte, sua visão do seio mesmo da *Música*. Pela linguagem falada, ele lhe dá uma forma dramática positiva e constitui o texto poético-musical, a *Partitura*; esse texto impõe ao *Ator* seu papel, já vivendo sua vida definitiva, da qual ele só tem que se apoderar. As proporções desse papel colocam para a evocação cênica condições formais por meio da *Praticabilidade* (o ponto de contato entre o autor vivo e o quadro inanimado); do grau e da natureza dessa praticabilidade dependem na sequência a *Plantação* do cenário, e este último acarreta, por seu turno, a *Iluminação* e a *Pintura*.

Tal hierarquia, como vemos, é constituída organicamente: a alma do drama (a música) lhe comunica a vida e determina por suas pulsações os movimentos de todo o organismo, nas suas proporções e suas sequências. Se um dos fatores intermediários vem a faltar, a vida musical se escoa pela brecha sem poder ir além. Poderiam se apresentar casos em que a intenção dramática exigiria uma tal mutilação. A vida do drama cuja natureza é imortal nem por isso ficará menos evidente, todavia todo esforço tentado para animar a extremidade da qual a vida se retirou terminará apenas em uma galvanização sem relação possível com o centro vital. O ator, sendo o único intermediário entre a partitura e a forma representativa[4], não poderá, pois, jamais dispensá-lo para manifestar sua vida. Mas, uma vez evocado o ator, a existência do

---

[4] Não entre o autor e o público, como no drama falado.

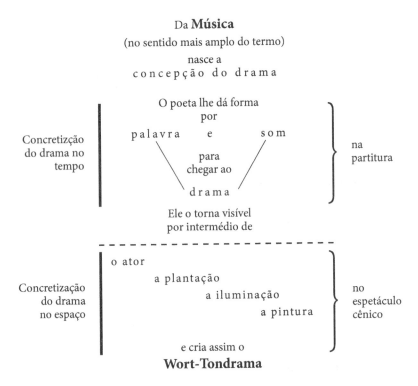

drama está assegurada e a utilização dos outros fatores representativos não é mais entregue então ao arbítrio... do texto poético-musical.

Do mesmo modo que os princípios teóricos relativos à natureza da ação acarretam no *Wort-Tondrama*, para o dramaturgo, consequências técnicas muito graves no uso de meios poético-musicais e cuja existência não podia ser suposta antes do próprio princípio dramático, resulta da hierarquia representativa, que determina a partitura ao passar pelo ator, uma subversão de procedimentos técnicos atuais que nenhuma fantasia arbitrária teria podido provocar. O que distingue, portanto, essas duas reformas uma da outra, é que a descoberta dos princípios que implicam a primeira é a consequência natural de um poder de expressão superior às formas dramáticas existentes, ao passo que a constatação de uma ordem hierárquica entre os fatores representativos resulta simplesmente da observação. De modo que a realização material dessa ordem não exige em seguida nenhum poder criativo

A ENCENAÇÃO COMO MEIO DE EXPRESSÃO

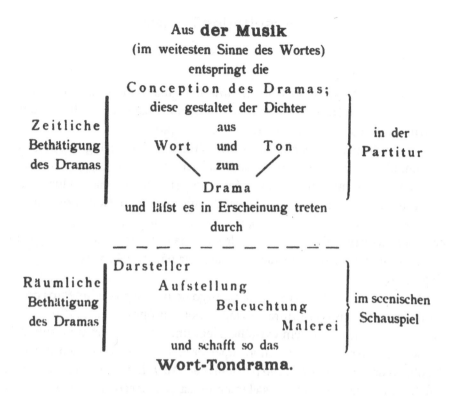

Da Música, *fac-símile* do esquema reproduzido na página 23 da edição original.

independente. Sem Richard Wagner, o presente estudo não poderia existir, porque sem ele não teríamos nenhum meio de conhecer por experiência o alcance da música no drama. As circunstâncias particulares que impediram esse Revelador incomparável de perseguir logicamente as consequências de sua criação até na forma cênica, e a influência dessa lacuna na própria concepção de seus dramas, serão tratados em pormenor na segunda parte desta obra. Mas aqui, antes de examinar os resultados técnicos trazidos pela hierarquia representativa, devo, ao remeter a justificação de minhas palavras à parte seguinte, advertir o leitor que os dramas de Richard Wagner não podem servir de exemplo para o uso normal de fatores representativos, que constitui o objeto do próximo capítulo; o formidável poder de expressão que eles nos revelaram é em essência independente de sua forma acidental, e nessa qualidade poderá muito bem nos sugestionar neste trabalho, mas sem, todavia, nos proporcionar a vantagem de uma aplicação imediata.

Resultados Técnicos

Introdução

Os fatores constitutivos do *Wort-Tondrama* formam dois grupos muito distintos: de um lado, os sons, as palavras e sua transmissão pelos atores e pelos instrumentos da orquestra; de outro, a encenação.

Fora do drama, a existência dos primeiros não tem analogia com a vida comum ideal que lhe confere o poeta-músico. Ao passo que a forma viva e móvel do corpo humano, as variações de superfície no espaço, a luz e a cor constituem, na sua reunião, nosso espetáculo cotidiano. Nada pode mudar isso, nem desnaturar a expressão; e ainda que a música os evoque em uma combinação artificial, ela não toma de sua vida independente aquilo que lhe é necessário para se transportar no espaço: ela não lhe dá a vida, mas apenas as proporções.

O virtuosismo necessário ao dramaturgo no uso de procedimentos poético-musicais jamais constituirá, portanto, por si próprio, uma partitura viva, pois o virtuosismo não tem existência legítima a não ser em uma subordinação sem reserva a um princípio superior e, para o texto poético-musical, é o objeto da expressão, da *ação* particular ao *Wort-Tondrama*, que comanda a feitura. Em compensação, os elementos da encenação já estão, por força de seu uso no *Wort-Tondrama*, em uma tal subordinação; logo, sua natureza é a de obedecer, e por isso devem adquirir o mais alto grau possível de virtuosismo. Significa que eles terão de se desenvolver isoladamente? Como poderiam a luz, a forma e a cor fazê-lo? A não ser que os imobilize em um processo *fictício* (pintura, escultura, arquitetura etc.) que os afaste definitivamente do ator, não há experiência nem virtuosismo possível para cada uma destas fora de sua vida em comum. Somente a forma viva do corpo humano é suscetível de desenvolvimento independente e por si própria.

Por sua vez, o estudo técnico dos procedimentos representativos se divide, portanto, em duas partes: 1. o ator, a forma animada do corpo humano; 2. o quadro inanimado, os fatores inertes e manejáveis.

O virtuosismo do ator do *Wort-Tondrama* consiste na aquisição de uma flexibilidade anormal, isto é, independente não apenas do temperamento particular do indivíduo, mas ainda das proporções que lhes são comuns com todo outro ser humano; é, pois, abstração feita dos estudos elementares de dicção e canto, uma ginástica, no sentido mais elevado do termo,

A ENCENAÇÃO COMO MEIO DE EXPRESSÃO

que deve lhe permitir a obediência às injunções do texto poético-musical. O virtuosismo parece mais complexo para o quadro inanimado; sua natureza é, no entanto, infinitamente mais simples do que a do ator, visto que ele não encontra resistência vivaz, mas somente a inércia natural dos objetos. O manejo destes, sendo facultativo, não é mais do que uma questão de proporções, e essas proporções, para serem mensuradas, exigem apenas o conhecimento tão exato quanto possível das diversas maneiras de reduzir os elementos de nossa visão cotidiana em artifícios que correspondem aos dos poeta-músico.

Uma vez obtidas essas duas virtuosidades (e estudaremos como se pode chegar a elas), o que, pois, irá pôr em jogo sua atividade latente? Teoricamente, é a partitura que se encarrega disso, mas ainda que o faça efetivamente, não é ela, no entanto, que pode animar o mecanismo cênico ou convencer o ator.

De um lado, a existência ainda não manifesta do drama nas páginas da partitura, de outro, o ator em plena posse de seus meios pessoais flexibilizados, e o domínio do encenador sobre os outros fatores representativos, tudo isso não é ainda a Representação do drama. Pois o ator pode não compreender as injunções do texto poético-musical e falsear, por consequência, as proporções de tal modo que esse texto não se transporte nem mesmo até ele. O encenador, não as recebendo do ator, compõe então o seu quadro arbitrariamente ou, conhecendo por si próprio as verdadeiras proporções do papel, prepara com elas o ambiente legítimo, mas no qual o ator não entra em conta. E faço abstração aqui da má vontade que um ou outro pode ter para com o dramaturgo.

É, portanto, indispensável que a partitura contenha uma transcrição das ordens do texto poético-musical numa linguagem acessível ao primeiro que chegar, isto é, dirigindo-se ao entendimento mais elementar. A parte essencial dessa transcrição dirá respeito ao ator e, como a notação poético-musical de seu papel se faz por meio dos signos convencionais da música e da língua escrita, será preciso encontrar um procedimento de notação representativa que possa lhe corresponder para os nossos olhos. Signos gráficos cujo objeto é puramente técnico são acessíveis a todos desde que a convenção seja adotada com eles; basta estudar sua língua. Talvez seja possível lhes dar uma forma que contenha implicitamente, mas de uma maneira evidente, as consequências essenciais do papel do ator para o quadro inanimado. Um sistema hieroglífico parece inteiramente indicado no caso; e o desenvolvimento das ciências da eletricidade cujo grande número de possibilidade atuais não pode encontrar aplicação séria em nossa civilização utilitária, colocará provavelmente à disposição do poeta-músico recursos de que só ele pode fazer uso.

É impossível prever ou inventar um tal sistema; é da *necessidade* que ele deve nascer. Ora, como a existência normal do *Wort-Tondrama* não poderia passar sem ele, o cuidado de uma tal criação é remetido aos poetas-músicos do futuro. Esse futuro problemático e as condições que parecem dever regê-lo não podem ser tratados, antes do estudo dos dramas de Richard Wagner, do ponto de vista cênico. Ao consagrar a isso, portanto, a última parte desta obra, retomarei o tema da notação representativa e das consequências inevitáveis de uma tal obrigação no próprio texto poético-musical. Por enquanto, basta distinguir nitidamente entre os resultados técnicos que se ligam aos princípios teóricos precedentes e as consequências materiais positivas que apenas o exemplo pode determinar.

Para os primeiros é de fato o texto poético-musical que dita o uso dos fatores representativos; mas quando se chega à existência deste ou daquele drama, verifica-se que a responsabilidade material da encenação recai, não obstante, sobre o dramaturgo, porque a partitura não se serve de uma linguagem acessível a todos. Este último ponto de vista não exclui de forma alguma o primeiro, acontece apenas que ele é empírico e o seu lugar não se encontra, pois, no presente capítulo; eu não posso, portanto, senão mencionar sua existência até que os dramas de Wagner nos tenham possibilitado a determinação de suas leis.

Queira, pois, o leitor não considerar nas páginas que irão seguir-se o transporte efetivo da partitura na cena como uma fantasia sem alcance prático: esse transporte é o *ato essencial* do poeta-músico; o modo como ele comunicará as ordens da partitura ao entendimento vulgar é um fato secundário, cujo alcance só é considerável na medida em que o ato essencial é realizado.

Para estabelecer a hierarquia representativa imposta pela música, eu devia me servir dos elementos representativos na sua forma já conhecida. Essa terminologia só tem um valor aproximativo.

Mas como aos elementos cenográficos atuais liga-se uma forma tangível que, impondo-se à imaginação do leitor, desnaturaria completamente a evocação que importaria comunicar-lhe, devo, antes de tudo, destruir um dos preconceitos mais profundamente enraizados em matéria de teatro, e na medida em que é mais vivamente conservado – ou parece sê-lo – pelo princípio de toda a nossa encenação. Esse preconceito é a necessidade que se atribui à pesquisa da *Ilusão Cênica*.

A Ilusão Cênica

Em um drama, tal como é o drama recitado, em que os meios empregados pelo autor não absorvem todas as nossas faculdades, cada um desses meios pode desenvolver-se em um espaço indeterminado, em um espaço onde o lugar ocupado pelos outros fatores não delimite necessariamente. Nessas condições, a encenação, além do fato de que não poderia participar realmente da vida orgânica da obra, ela não poderia mesmo assumir perante o público uma forma positivamente expressiva, porque os espectadores têm necessidades e gostos muito diversos e que, sem o princípio regulador da música, não é possível impor a todas essas individualidades a mesma visão. É necessário então procurar o que os espectadores podem ter em comum no seu modo de ver, e reproduzi-lo convencionalmente na cena. Ora, ocorre que se fizermos abstração de quantidades variáveis de sensibilidade que nossos olhos podem ter com respeito ao espetáculo do mundo exterior, não resta mais do que a constatação de um espaço onde o lugar dos objetos nos é conhecido pelo hábito que temos de ir de um objeto ao outro e de extrair assim as noções de distância e de proporções que a perspectiva tende a nos ocultar; a tais objetos atribuímos a cor, e a luz só faz torná-los mais ou menos visíveis.

Essa maneira de ver – que é, evidentemente, a de nada *ver* em absoluto – e à qual se limita para uns o uso que fazem de seus olhos, enquanto, para os outros, ela corresponde tão somente ao sentido do tato, isto é, a uma constatação cuja significação prática não tem relação direta com a imagem que seus olhos contemplam, essa maneira de ver é a única que é comum a todo mundo; é, pois, a necessidade de uma tal visão que importa satisfazer, e é pela *ilusão cênica* que procuramos chegar a isso.

Um espetáculo dramático em que a encenação não apresentasse manifestamente a busca dessa ilusão parecerá, portanto, um contrassenso à maioria das pessoas; e isso com razão, pois a gente percebe de fato que se o encenador não recebe do dramaturgo as condições formais de seu trabalho, é o público que deve provê-las. A convenção cênica não é, portanto, somente motivada pelas formas dramáticas e suas possibilidades de execução[5], mas ainda pelo fato de que o público assume a média dos gostos e das necessidades de todos os indivíduos que o compõe para colocar no espetáculo suas condições formais,

---

5 Ver "A Encenação, a Música", supra.

e que essa média não pode ultrapassar, como acabamos de ver, a visão mais elementar das coisas.

Em arte, o *trompe-l'oeil* não tem valor; a ilusão produzida pela obra de arte não é para nos iludir sobre a natureza dos sentimentos ou dos objetos em face da realidade, mas, ao contrário, para nos seduzir de tal modo que uma visão estranha nos pareça ser a nossa. Para tanto, um certo grau de cultura nos é indispensável; se não nossa necessidade de ilusão se desloca e é a aparência grosseira da realidade que se torna para nós o objetivo da arte.

A exigência média do público será, pois, sempre a de que se queira enganar seus olhos e lhe proporcionar aquilo que parece ao homem vulgar a maior fruição, isto é, a imitação mais fiel possível *daquilo que ele pode distinguir* do mundo exterior; e o drama é evidentemente, dentre todas as obras de arte, aquela que justifica melhor semelhante desejo.

Vimos na primeira parte deste estudo como a necessidade de ver indicado sempre maior número de coisas sedutoras desenvolve a pintura de cenário em grande detrimento da iluminação. Ainda aqui, a exigência média do público tem provado sua inferioridade; não contente em sacrificar a expressão artística ao *trompe-l'oeil vivo*, precisou ainda sacrificar este último à natureza morta, ao quadro inanimado. Essa ilusão tão estimada não é, portanto, obtida senão renunciando-se ao espetáculo vivo, e nosso olho é a tal ponto torcido que a ilusão lhe parece perigosamente atingida se a atividade das personagens ou da iluminação torna impossível o *trompe-l'oeil* do cenário; ao passo que se esse *trompe-l'oeil* permanece intacto, passamos sobre as mais ineptas inverossimilhanças de parte dos outros fatores.

Ora, visto que não podemos manter os meios representativos sempre nas exclusivas proporções que a ilusão necessita e que se a ilusão for intermitente ela não existe, resulta daí *que ela é impossível*. Aquilo a que damos esse nome é ou o *trompe-l'oeil* cenográfico ou então a atividade dramática das personagens, mas jamais as duas ao mesmo tempo, pois, sem se excluir positivamente, essas duas ilusões não têm vida comum.

No drama do poeta-músico, nenhum dos meios de expressão poderia extraviar-se, porque invadiria imediatamente seu vizinho; uma vontade superior a eles todos mede de minuto a minuto suas proporções mutáveis; e essa extraordinária flexibilidade nada tem a ver com a ilusão cênica, visto que esta última, para existir, exige o poder de comandar não somente os fatores representativos, mas ainda o próprio dramaturgo. A encenação desse drama é um *meio de expressão*; a ilusão, o *trompe-l'oeil* podem lhe ser úteis, como

A ENCENAÇÃO COMO MEIO DE EXPRESSÃO

toda outra combinação material, mas não poderiam de modo algum determinar sua forma, nem ser a sua meta.

Desse fato capital resulta que, se o *Wort-Tondrama* libertou a música dos entraves em que a vida dos sons, por seu isolamento egoísta, se havia enredado, a música, por sua vez, vem por uma magia inefável alargar nossa visão ao infinito, ao lhe propor uma existência superior a toda realidade cotidiana. Para ela, o público não é senão uma única individualidade; ela não exige saber de suas necessidades ou de seus gostos, mas o conduz soberanamente em sua vida rítmica; e essa violência, longe de ser vergonhosa, preenche os mais impossíveis desejos de uma humanidade que só consente em sair de si mesma se for para se reencontrar; e onde verá sua imagem mais maravilhosamente refletida senão na expressão musical?

Concebe-se então quão trágico é o conflito entre uma tal música e os espetáculos atuais, quando se busca aplicá-los um ao outro. Essas proporções latentes, que flutuam em toda música, tendem a se encarnar apaixonadamente, mas nós permanecemos surdos à sua linguagem, apesar disso, tão explícita; nossa óptica de todos os dias nos parece superior ao mundo desconhecido que elas querem nos revelar; e, como as crianças, colocamos condições a seres que sabem disso muito mais do que nós.

Mas a música é eterna; ela pode esperar e, na sua indulgência, nos dispensar desde já seus benefícios reveladores até o dia em que compreendamos que essa revelação, estendendo-se no sentido formal dos sons, ilumina para todo o sempre nossa humanidade.

O poeta-músico é assim *criador*; ele é mesmo o único ser vivente que responde a esse título porque, único, ele nos impõe sua visão, qualquer que seja, e essa visão ele a encontra em um mundo superior àquele que trazemos para apreciá-la. Para ele, o problema sempre insolúvel que constitui a diversidade de modos de *ver* não existe mais: ele nos impõe o seu.

Ora, ele só pode fazê-lo despojando-a de tudo aquilo que ela tem de pessoal, de acidental, e se relacionando somente com seu organismo; e a música lhe dá o meio para isso: ela transfigura a concepção de sua obra desde sua origem e apenas deixa passar no texto poético-musical a mais pura essência. Aquilo que uma tal partitura apresenta aos olhos não poderia então nada conter a não ser o que emanasse de uma convenção arbitrária; no lugar de nivelar as diversas visões dos espectadores e de sacrificar assim os seus elementos superiores a fim de permitir aos menos sensíveis apreciar também o espetáculo, ela proporciona a todos, indiferentemente, uma visão *nova*, cujo público não controla mais a oportunidade por meio de seu próprio desejo, mas da qual sente vivamente a necessidade pela vibração que a música determina na totalidade de seu ser.

O Ator

Poderão me objetar que se a ilusão não é preparada no quadro inanimado, o ator, ele, a respeita necessariamente devido à sua existência física no palco, e que a harmonia que procuro estabelecer não parece levar este fato em conta.

A música, em nome de sua duração e de suas proporções, altera, como vimos, a duração e as proporções que a vida fornece ao ator do drama recitado; não apenas isso, mas a *duração* que ela dá à expressão do drama interior (isto é, aos movimentos de nossa alma e aos complexos resultados desses movimentos) não corresponde à duração puramente reflexa que esse drama interior manifesta em nossa vida cotidiana. A forma física do ator é por isso conduzida a uma atividade factícia que responde no seu organismo às necessidades de uma linguagem cantada.

Se a música não alterasse tão profundamente a duração natural da vida, ela não poderia tampouco exigir do ator que renunciasse à sua atividade normal para se tornar apenas um meio de expressão; e se estivéssemos persuadidos de que o mundo superior revelado pela música não é senão uma ilusão factícia, mas antes uma *suprema ilusão* inacessível a qualquer análise, não teríamos nenhum direito e, portanto, nenhuma alegria na transposição a que ela submete nosso organismo. Ora, é justamente essa transposição que, privando o ator de sua vida pessoal arbitrária, o aproxima dos elementos cenográficos manejáveis; e esses elementos são obrigados pela música a fornecer um grau de expressão tal que possam estar em contato íntimo com o ser vivo. O *trompe l'oeil* do quadro inanimado e a ilusão dramática, que eram dois elementos inconciliáveis e que para existir se destruíam reciprocamente, fizeram todos os dois os sacrifícios necessários à sua vida comum e ganharam por isso um poder que jamais teriam suposto. Aquilo que o ator perde em independência é transferido ao encenador pelo uso dos fatores inanimados, e aquilo que estes sacrificam em *trompe l'oeil*, eles o comunicam ao ator pela atmosfera na qual o envolvem e que lhe permite obter toda a expressão representativa de que é suscetível.

A duração musical tem, pois, uma importância estética considerável, visto que é por ela exclusivamente que a forma humana viva e *móvel* pode

A ENCENAÇÃO COMO MEIO DE EXPRESSÃO

efetivamente concorrer para a obra de arte. Essa forma, em um meio correspondente às suas proporções, constituiria, sem dúvida, por si mesma, uma obra de arte. O povo grego conseguiu a criação de um tal meio, porque o desenvolvimento elementar, mas perfeitamente harmonioso de seus meios de expressão e seu gosto natural por aqueles dentre os quais se dirigiam mais particularmente ao entendimento, os salvaram por muito tempo dos desvios inevitáveis que um desenvolvimento superior da expressão provoca.

O maravilhoso poder que a música alcançou em nossos dias torna impossível, por sua própria natureza, o papel artístico da forma humana em suas proporções cotidianas. O grego tomava seu corpo por norma e fazia-o radiar suas luminosas proporções sobre toda sua vida. Nós não podemos mais. Sem mesmo fazer alusão aos obstáculos complexos e insuperáveis que nossa civilização opõe a semelhante estado de coisas, a imperiosa necessidade da expressão musical (que é ela própria um resultado desta civilização) nos obriga a tomar essa expressão por norma e é na ficção que deve brilhar a música e criar assim o exclusivo meio em que nosso corpo vivente possa conseguir um valor artístico qualquer. Privado da música, esse corpo só pode servir de intermediário entre o poeta e o ouvinte, por meio da palavra e do gesto. Ele não toma então uma parte positiva na expressão, mas se limita a deixá-la passar mais ou menos bem. Acrescentamos à palavra o som musical e *vemos*, pelo estabelecimento de novas proporções, a forma vivente despojar-se do envoltório acidental de sua personalidade e tornar-se o instrumento consagrado de uma expressão comum a todo ser humano. Ela não o encarna ainda, mas já assume aí uma parte *visível*.

Ora, somente a alteração na duração é capaz de operar uma tal metamorfose, pois a Expressão, tomada como norma, não pode comunicar-se à forma exterior senão emprestando-lhe proporções fictícias. Enquanto um grau superior de intensidade, se ele não altera a duração, isto é, as proporções, comunica à forma vivente uma vida *pessoal* mais intensa, sem por isso despojá-la de seu caráter acidental. Mas há ainda uma outra maneira de provocar a forma vivente na expressão: é em lhe comunicando as proporções elementares da música, sem o concurso necessário da palavra cantada, isto é, pela *dança*. Termo pelo qual eu não entendo os *divertissements* de salão e de ópera aos quais damos esse nome, mas a vida *rítmica* do corpo humano em toda sua extensão.

Na dança, o corpo cria para si ficticiamente um meio ambiente e para isso sacrifica o sentido inteligível de sua vida pessoal à duração da música – e ganha, em troca, a expressão viva de suas *formas*. O que a música pura é

A EXPRESSÃO MUSICAL

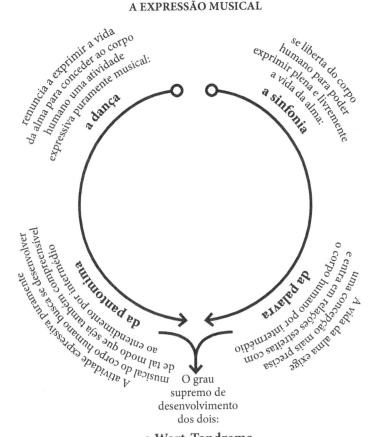

para o sentimento, a dança é para o corpo: uma forma fictícia que não leva em conta o entendimento para se manifestar. Ao se aproximar da pantomima, a dança se comporta como a música pura ao se aproximar do drama: ela busca na sua forma primitiva dirigir-se, no entanto e mesmo assim, ao entendimento. Para que ambas o façam realmente, é preciso que a música permita ao sentimento fixar-se pela linguagem e constituir assim o texto poético-musical; e que a dança restitua ao corpo sua vida inteligível sem lhe arrebatar a expressão. Ora, a partitura tem necessidade do ator e da dança, não podendo privar o ator da duração musical, única condição da

A ENCENAÇÃO COMO MEIO DE EXPRESSÃO

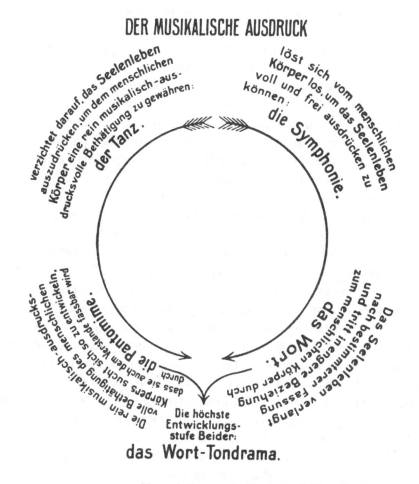

Mapa da Expressão Musical – O *Wort-Tondrama*.
Fac-símile do esquema, p. 38 da edição original.

expressão viva, ela deve, pois, dar a essa duração uma tal origem que o ator possa, por seu intermédio, dirigir-se ao nosso entendimento e reencontrar a vida inteligível que ele havia sacrificado à dança em favor da expressão de suas formas.

Assim, a dança e a sinfonia, partindo do mesmo ponto, tomaram duas direções opostas, uma procurando sacudir seu conteúdo expressivo em prol da expressão do corpo humano como tal, a outra, ao contrário, procurando se desembaraçar das formas impostas por esse corpo para desenvolver somente a expressão e por ela própria...

Suas duas evoluções as reconduziram ao ponto oposto de onde partiram, ao *Wort-Tondrama*, e o círculo se encontra definitivamente fechado.

O ator – que nos ocupa aqui – poderia ele tomar, para chegar ao *Wort-Tondrama*, o caminho que seguiu a sinfonia?

Evidentemente não, pois a expressão livre e indeterminada não poderia se comunicar mais à forma viva do que esta última ditar as proporções sinfônicas. Não há contato formal entre elas. Do mesmo modo que a música precisou negligenciar a expressão plástica para alcançar a expressão das emoções interiores, igualmente o ator precisou negligenciar toda atividade passional a fim de alcançar a plasticidade latente que o dramaturgo espera dele.

É a dança que prepara o corpo humano para a expressão inteligível do *Wort-Tondrama*, ao desenvolver por elas próprias, e nas proporções arbitrárias, as formas vivas, como a sinfonia o faz para os sons. A arte do ator para o drama falado é uma arte de imitação; esse ator provoca em sua alma emoções fictícias por um procedimento de reprodução simpática baseado na observação de si próprio e dos outros. Quando o texto de seu papel negligencia os pormenores acidentais e pessoais para ganhar uma significação mais geral e ampliar o alcance do fenômeno que o ator apresenta, as proporções que ele assim aumentou não permanecem menos indeterminadas e, saindo do terreno sólido da observação, o ator deve, todavia, conservar esta como norma, mesmo quando ele despoja seu jogo do entorno contingente que produzia sua intensidade e lhe dava um caráter convencional correspondente ao texto que o evoca. Ora, os graus dessa convenção são variáveis, e é por uma ginástica contínua que o ator pode conservar a harmonia desejável para o conjunto de seu papel.

O objeto de uma tal ginástica não poderia ser o desenvolvimento da forma em si, pois, para o ator do drama falado, a atividade dessa forma é uma *linguagem* que trai os motivos interiores, mas não os exprime. Generalizando-se os motivos ocultos em uma ação, altera-se o caráter de seus sintomas visíveis; a flexibilidade do ator consiste portanto no rigor da *relação* que ele saiba estabelecer entre o caráter da ação interior e o de seus resultados reflexos: a execução positiva desses últimos só terá valor pela precisão da relação, e a experiência material que ela supõe é um ato secundário. O estabelecimento dessa relação não é responsabilidade do ator no *Wort-Tondrama*; a busca dos motivos interiores, a observação de seus resultados reflexos, suas mil combinações, tudo isso concerne ao poeta-músico. É ele que fixa na partitura as quantidades *interiores* de seu drama (pela música), as quantidades *exteriores* (pela duração musical), o grau de concentração ou de resplendor em sua expressão (pelo respectivo valor do texto poético e do texto musical). Dispondo assim livremente dos meios que evocam a Vida, ele não exige dos fatores animados de sua representação uma atividade plástica (*gestaltend*) como no drama falado, mas, ao contrário, uma flexibilidade semelhante à da argila sob as mãos do modelador.

Se submetermos a forma humana viva ao império das emoções reais ou fictícias da alma, provoca-se nela uma vida cujas proporções e consequências são determinadas pela relação destas emoções com o sistema motor do organismo. Não é, pois, pelo estudo das emoções que o ator do *Wort-Tondrama* poderá consumar seu sacrifício, uma vez que ele nada faria assim senão desenvolver mais e de modo consciente uma forma de manifestações da qual deve desistir. Não apenas ele renuncia, ao se colocar nas mãos do poeta-músico, à composição de seu papel, mas também à emoção *natural* que o conteúdo desse papel, despojado da duração musical, poderia provocar nele. O poeta-músico lhe comunica a emoção *por meio de formas anormais que ele lhe impõe*: é apenas por meio de formas plásticas desenvolvidas no ensejo da expressão passional que a dança, vindo ao encontro da sinfonia para criar o *Wort-Tondrama*, pode receber a vibração onipotente[6].

O *canto lírico* e a *dança*: eis os únicos educadores para o ator do *Wort-Tondrama*; o primeiro lhe permite desenvolver sua dicção em uma duração fictícia e sua voz fora da sinfonia; e o segundo lhe permite adquirir uma grande flexibilidade rítmica sem recorrer à sua vida passional. Quando, por esses dois meios, ele tiver atingido o máximo possível de "despersonalização", quando seu corpo tiver obedecido espontaneamente às mais complexas combinações de ritmo e sua dicção às durações mais estranhas às de sua vida interior, ele poderá relacionar-se com seus colaboradores representativos: a plantação, a iluminação e a pintura, e partilhar com eles sua vida em comum. Nesse sentido, esses três últimos fatores devem poder lhe oferecer o mais alto meio de perfeição; mas eles são inanimados, e os artistas e os industriais que se encarregam de pô-los em jogo não têm mais qualidade para determinar os exercícios do ator do que este de comandar com sua própria autoridade seu material: eles não são mais do que meios à espera de uma vontade superior para agir.

---

[6] "A obra de arte tem por objetivo manifestar um caráter essencial ou saliente, portanto alguma ideia relevante, mais clara e mais completamente do que os objetos reais o fazem. Ela chega a isso empregando um conjunto de partes ligadas, *cujas relações modifica de modo sistemático*", Hippolyte Taine, *Philosophie de l'art*.

Aquele a quem denominamos o *régisseur* (o encenador) e cuja tarefa consiste atualmente em dirigir o jogo de convenções já fixadas assume com o *Wort-Tondrama* o papel de um instrutor despótico para presidir a ginástica preparatória do quadro cênico. Ele se esforça em operar artificialmente a síntese dos elementos representativos, e para isso animar os fatores manejáveis às custas do ator, no intento de quebrar definitivamente sua independência. Seus procedimentos serão naturalmente arbitrários ao cúmulo; ele deve jogar ficticiamente com o material cênico, evitando criar ele próprio uma ficção positiva. Por isso, só um *artista* de primeira ordem pode completar uma tal missão. Ele estudará o jogo de representação de sua própria imaginação a fim de despojá-lo o mais possível da convenção e, sobretudo, da moda. A meta essencial de sua direção será sempre a de convencer os membros do pessoal representativo de que somente sua subordinação recíproca pode produzir um resultado digno de seus esforços. Sua influência deve ser de alguma maneira magnética e análoga a de um *Kapellmeister* [regente de orquestra] genial.

Quando o ator sentir a íntima dependência em que se encontra frente a seus colaboradores inanimados e que, além da despersonalização rítmica e passional, terá consumado seu sacrifício renunciando definitivamente e com pleno conhecimento de causa a seu ascendente representativo, poderá enfim abordar o *Wort-Tondrama*. Mas essa é a única forma dramática que ele nunca deve tocar em cena, sob pena de perder o fruto de seus estudos. Todo drama falado, qualquer que seja seu caráter, é um veneno direto para ele, pois a tendência de levar para a ficção as proporções de sua vida interior é tão constante, tão difícil de vencer, que um retorno intencional nessas proporções pode ser suficiente para tornar a luta impossível[7].

Não há transição possível entre os estudos preparatórios do ator e sua participação efetiva no *Wort-Tondrama*. A argila não pode tomar uma forma plástica sem o polegar do escultor; entre seu estado bruto, manejável, e sua forma definitiva, não há para ela senão a vontade do artista.

É a vontade de um *poeta-músico* que evoca a vida no ator, seu intérprete junto do quadro inanimado; nenhuma outra vontade poderia fazê-lo sem destruir logo os meios e tornar o fim ilusório.

Uma educação tão exclusivamente *formal* será possível atualmente e os elementos já se encontrarão em nosso poder? Infelizmente, a existência do

---

7   Eu sei que me encontro aqui em contradição flagrante com R. Wagner e só posso me justificar opondo a segunda e a terceira partes deste trabalho à primeira e deixando assim o leitor julgar quão oportuna é a minha audácia.

poeta-músico é tão problemática quanto a de seus intérpretes e de seu público. Os elementos da obra de arte suprema estão aí: os sons, as palavras, as formas, a luz, as cores; porém, como provocar a centelha de vida que impulsiona o dramaturgo à expressão, o ator à obediência, o espectador à concentração? Se um Richard Wagner só pôde nos dar o desejo infinito, e se para isso seu gênio todo-poderoso teve de se mutilar, sacrificar-se dolorosamente pela clareza de sua revelação, quem poderá suprir esse impossível desejo do qual ele nos fez os herdeiros responsáveis?

Por ora consideremos os fatores representativos do drama do exclusivo ponto de vista técnico; que um dentre esses fatores esteja *animado* e submetido por esse meio a condições sociais independentes da obra de arte não anula o uso legítimo e normal que ele deve preencher. "Die Kunst gibt sich selbst Gesetze und gebietet der Zeit" (A arte dá a si própria suas leis e impõe o tempo), diz Goethe. Mais tarde, examinado as possibilidades atuais de existência para o *Wort-Tondrama*, veremos como essa forma de arte deve se comportar diante de nosso *Kulturzustant* (situação, nível cultural), e a que ponto de vista certos compromissos são parte integrante de sua independência.

Eu disse que o poeta-músico comunica ao ator a emoção de seu papel *por meio de formas anormais que ele lhes impõe*. Uma das grandes vantagens da notação representativa de que falamos acima será, pois, a de dispensar completamente e desde o início os intérpretes de qualquer responsabilidade e de lhes permitir assim abordar o drama do exclusivo ponto de vista de sua representação. Pois, ainda que o caráter sempre incomensurável (ou se preferirmos, "transcendental") da expressão poético-musical torne estéril toda iniciativa de parte dos atores, sem a notação representativa estes últimos permanecem do mesmo modo entregues a seus próprios recursos e forçados a procurar a suposta intenção do dramaturgo antes de entrar nas proporções formais impostas pela música. Ora, transportar demasiado tarde nas proporções anormais do texto poético-musical a emoção subjetiva que a situação dramática como tal pôde provocar no ator, é o travestimento de que todas as nossas cenas líricas dão o espetáculo. Ao contrário, se o ator chega ao conteúdo expressivo de seu papel pelo exclusivo meio das proporções formais desse papel, o maravilhoso mistério do poeta-músico ser-lhe-á progressivamente desvelado. E essa iniciação dá à obediência do iniciado um valor muito superior àquela que qualquer "interpretação" genial poderia ter! Pois, longe de aniquilar a espontaneidade indispensável do ator, ela lhe confere o mais alto grau. Do mesmo modo que a música somente deixou passar da concepção pessoal do dramaturgo a mais pura essência, ela apenas tolera no ator os mais nobres elementos de sua personalidade.

A partitura não tem, como vimos, senão uma via para se transportar na cena: é o Ator. Sem ele o drama não existe, e sem sua influência sobre os outros fatores representativos a *mise-en-scène* permanece estranha ao drama. É ele que traduz para a Plantação, a Iluminação e a Pintura, em uma linguagem que elas possam compreender, aquilo que o texto poético-musical lhe confiou. Ele é o intérprete da música para o quadro inanimado. Todas as noções que não são transmissíveis a esse quadro se deterão, portanto, no ator sem poder se propagar mais adiante. Ora, a quantidade variável dessas noções é o *affaire* do dramaturgo; quanto mais este último se voltar ao nosso exclusivo entendimento, ou desenvolver com assiduidade uma ação puramente interior, menos a música terá poder sobre o espetáculo. Pois, no primeiro caso, o dramaturgo retira da encenação uma parte considerável da expressão ditada pela música sem deixar para suprir isso nada além de uma quantidade sempre mínima de significação inteligível; e, no segundo caso, ele dá ao jogo do ator um caráter simplesmente reflexo e o impede, por conseguinte, de estender sua expressão até os fatores inanimados. Como, não obstante, ele deve poder dispor livremente de seu texto e medir à sua vontade as proporções poético-musicais, é preciso que a encenação possua uma flexibilidade equivalente: ela não poderia permanecer constante em uma forma a não ser quando a partitura oscila de uma para outra.

Eu afirmei que há antagonismo entre o princípio da forma inteligível e o da forma expressiva do espetáculo. Como então se poderá fazê-los alternar sem destruir a unidade representativa indispensável?

O ponto delicado ao qual chegamos aqui não possui nenhuma relação com os espetáculos que nossas cenas modernas oferecem, e o leitor não está talvez habilitado a apreender o alcance prático. É, portanto, necessário, antes do estudo técnico que irá seguir, averiguar se a natureza do *Wort-Tondrama* não fornece o termo conciliador entre os dois princípios opostos, aquele que nos proporcionará, sem dúvida, noções mais exatas sobre o caráter particular da nova *mise-en-scène*.

A música, por ela mesma e para si própria, "não exprime jamais o fenômeno, porém a essência íntima do fenômeno" (Schopenhauer). Para precisar sua expressão, o músico tem, portanto, necessidade do poeta. Se uma ação dramática não pode dispensar a música a fim de se manifestar, isso implica, portanto, que nessa ação o desenvolvimento dos motivos acidentais (fenômenos) deve

A ENCENAÇÃO COMO MEIO DE EXPRESSÃO

ceder o passo à expressão geral de sua essência íntima e puramente humana (à "essência íntima do fenômeno"). A medida na qual os motivos acidentais são fixados e desenvolvidos pelo poema é, assim, dependente da intensidade da expressão musical que é preciso desdobrar para comunicar a ação dramática. Se essa intensidade aumenta, ela tende a anular a significação acidental do fenômeno; se diminui, circunscreve momentaneamente o alcance da expressão musical para acabar se vinculando mais diretamente ao nosso entendimento. As proporções entre a expressão musical e o sentido inteligível do poema são evidentemente de uma variedade infinita; porém, do ponto de vista que nos ocupa, eles têm isso de particular que, seja qual for a predominância do poema sobre a música (ou melhor, do sentido inteligível sobre o elemento expressivo), a música não deixa de conservar sempre sua ascendência. Com efeito, o poema, por si próprio, não pode legitimamente transportar para a cena nada mais senão o Signo; tudo o que se ajuntaria ao Signo seria dependente da vontade arbitrária do autor e do encenador; em compensação, nós o sabemos, a Música transporta a si própria na cena e por leis orgânicas institui aí a Expressão. Por mais fraca que possa ser momentaneamente sua parte no drama, o simples fato de que não possa abdicar, isto é, de que não possa cessar de ser música, priva o autor e o encenador de toda liberdade de iniciativa pessoal. Pois a expressão representativa é por si mesma de uma natureza infinitamente superior a seja qual for a manifestação do Signo e, aliás, a quantidade de noções puramente inteligíveis que um tal drama deve transportar na cena já é consideravelmente reduzida pela utilização da música. Portanto, se na partitura as proporções poético-musicais podem ser variáveis tanto às custas do senso inteligível quanto às do elemento expressivo, ela não poderia sê-lo tão imparcialmente na cena. Ora, assim como o dramaturgo, que se serve da música, renuncia à quantidade e ao desenvolvimento dos motivos acidentais para poder exprimir a essência íntima de um número restrito de fenômenos, do mesmo modo a encenação de seu drama deve renunciar a uma grande parte de sua significação inteligível em favor de sua expressão.

Nesse sentido, para abordar os primeiros exemplos que vêm à mente, se o poema exige da encenação apresentar um aposento de artesão, a galeria de um palácio mourisco ou a orla de uma floresta de pinheiros, ou qualquer outra combinação limitada, não será multiplicando os objetos próprios ao ofício especial do artesão, os motivos mouriscos, as características botânicas do pinheiro, que se obterá um espetáculo expressivo correspondente à expressão musical. A música não exprime nenhum mister, nenhum estilo de arquitetura, nenhuma espécie particular de vegetais em si; tudo isso pertence à porção do drama que se dirige ao nosso entendimento e é de alguma forma o "fenômeno representativo"[8], que apenas deve nos ser apresentado na medida em que a inteligência do texto poético o exige. Uma simples indicação basta então para nos informar sobre a natureza acidental do espetáculo e, dada essa indicação, a *mise-en-scène* não tem mais a exprimir senão aquilo que, *no lugar escolhido pelo poeta*, corresponde à essência íntima que a música nos revela, isto é, o aspecto eterno que as combinações passageiras revestem. Ora, o que fornece ao espetáculo contemplado diariamente por nossos olhos a unidade grandiosa que nos permite viver pela vista, se não for a *Luz*? Sem essa unidade apreenderíamos pelos olhos apenas a significação das coisas, mas nunca sua expressão, pois para a expressão é preciso uma forma, e a forma sem a luz só é expressiva pelo tato[9].

Vimos anteriormente como o papel ativo da iluminação tende a excluir da cena o desenvolvimento e a própria significação da pintura, e como, em seguida, a hierarquia dos fatores inanimados consigna à pintura uma posição inferior. Chegamos agora, por outro caminho, a constatar que a soberania da iluminação é desde já a consequência necessária da natureza do texto poético-musical. O ascendente original e persistente que conserva a música, seja qual for a proporção dos motivos puramente inteligíveis, não permite, pois, jamais, a estes que se desdobrem em detrimento da expressão. Quando o signo dever reinar sozinho na cena, será, por ordem da natureza da obra de arte, uma quantidade tão mínima que o espetáculo assim reduzido encontrará sua expressão na sua própria redução. Daí resulta que a forma inteligível, o Signo, existe na cena do *Wort-Tondrama* pelo único fato de que a forma expressiva diminui, ao passo que a existência desta última é independente. Sua alternância consistirá, portanto, sempre em uma modulação da quantidade de expressão e jamais da quantidade do signo.

Veremos na sequência que a iluminação, fator principal da expressão na cena, apresenta-se justamente com uma flexibilidade que a pintura, representante do signo, não pode fornecer e que, assim sendo, a natureza dos meios técnicos corresponde aos papéis que estes últimos devem desempenhar na economia poético-musical.

Torna-se claro que um princípio representativo baseado em uma convenção qualquer, ou na busca da ilusão cênica, não poderia apresentar semelhante

---

8 O filósofo diria: a forma empírica, o fenômeno.
9 Por *luz*, é evidente que entendo a atividade luminosa e não somente "a de ver claramente".

A ENCENAÇÃO COMO MEIO DE EXPRESSÃO

mobilidade sem cair no arbitrário mais ridículo. A forma expressiva do espetáculo é a única capaz de manter a unidade representativa perante o público, porque não é mais a significação inteligível e formal do espetáculo que constitui essa unidade, mas de fato a constância de sua expressão; e esta não se torna realmente sensível senão por suas variações de intensidade.

Como iremos ver ao tratar da plantação, a evocação da música na cena é infalível porque ela é expressiva. Mas, ao diminuir a potência da evocação material, diminui-se a infalibilidade do espetáculo, e a responsabilidade disso recai então sobre o dramaturgo. Se o músico não pode encontrar nenhuma impossibilidade de execução representativa, não acontece o mesmo com o poeta[10]. Poderia ocorrer, por exemplo, que, embora se dirija mais diretamente ao nosso entendimento por um detalhe da ação ou do conteúdo poético, o dramaturgo tem necessidade de um desenvolvimento bastante considerável da expressão musical. Nesse caso, se apesar da predominância do elemento inteligível a música exige a forma expressiva do espetáculo, o dramaturgo correrá o risco seja o de não ser suficientemente compreendido, se ele obedece à música, seja o de alterar de maneira muito sensível o alcance desta, não lhe fornecendo o meio material de se transportar na cena.

Essa alternativa perigosa diz respeito, como se vê, à integridade da obra perante o público somente, pois na partitura ela não existe. Em um estado de cultura artística menos profundamente degradado e abstrato do que o nosso, a menção que acabo de fazer permaneceria ininteligível: a arte viva obedece desde sua origem e sem esforços às leis orgânicas de sua vida. Mas essa vida é um luxo que colocamos ao lado de nossa existência; de tal modo que somos nós que tentamos descobrir as leis orgânicas da obra de arte e de lhes obedecer, em vez de elas serem a condição *sine qua non* da própria concepção artística.

Os dramas de Richard Wagner nos instruirão sobre esse tema, nos mostrando a influência que um estado de coisas convencional e sem vida pode exercer sobre o mais ardente poder de evocação que jamais tenha existido.

Aqui, onde nos esforçamos em instituir as condições normais de existência do *Wort-Tondrama*, esse conflito *representativo* entre o poeta e o músico deve ser classificado entre os obstáculos que nossa civilização opõe à obra de arte viva, e não pode ser imputada à própria forma dramática. Quanto mais o dramaturgo tiver de considerar a notação abstrata de sua obra como um último

---

10 Distingo o poeta-músico pela facilidade de raciocínio, mas a distinção é imprópria; cumpre dizer: o dramaturgo do entendimento e o dramaturgo do sentimento e das emoções.

caso *que só possui valor positivo no decorrer da duração de sua representação*, mais constante e certa será a vida que ele evocará, pois é a distinção que julgamos dever fazer entre a partitura e sua execução que anula a integridade da obra. Uma partitura de *Wort-Tondrama* deveria ser considerada como um mistério sagrado, cujo efeito benfazejo depende da escrupulosa discrição dos iniciados. E isso não é um paradoxo: a notação abstrata dessa obra de arte *é* do domínio esotérico, queira-se ou não. O dinheiro, que substitui hoje a hierarquia social, nivela do mesmo modo as manifestações intelectuais e artísticas, e vai espalhar sua influência perversa muito mais longe do que gostaríamos de acreditar. Os signos misteriosos que permitem criar sempre de novo a mesma vida, e cuja existência abstrata é como que ferida de maldição por causa de seu próprio encanto... esses signos (a partitura), o primeiro que chega pode adquiri-los com seu dinheiro, estudar seu mecanismo com seu dinheiro, compreender sua significação formal com seu dinheiro, ainda que, quando surgir o momento de evocar seu milagre vivo, seja a esses signos que a massa dos primeiros a chegar, dos quais se compõe o público, atribui a representação; daí resulta naturalmente de que a coisa que devia ser mantida em segredo e, por assim dizer, não existir, é a única que é dada a público, enquanto a essência íntima e vital, aquela que o dinheiro não proporciona, a única que importava ao artista comunicar, permanece ignorada, desconhecida, de posse de alguns iniciados que sofrem da incurável ferida que lhes causaram tais profanações. Aí, como alhures, eles entendem como Parsifal: "Erlöse, rette mich aus schuldbefleckten Händen!" (Liberta-me, salva-me de mãos maculadas de culpa!).

Em suma, o poeta músico deve lembrar-se que a quantidade do signo representativo não está em seu poder, mas sim a da expressão; se ele diminui o poder representativo desta última, empobrece, pois, o espetáculo sem outra compensação além da intensidade do drama interior cuja responsabilidade lhe incumbe. Ou então, em outros termos: ao permanecer a quantidade do signo sempre a mínima para a encenação do *Wort-Tondrama*, o dramaturgo não pode fazer uso dela para equilibrar o efeito *representativo* de sua obra.

Essas considerações encontraram seu lugar natural entre o ator e os fatores inanimados, pois o ator participa sempre do elemento expressivo do texto poético-musical, mas não o deixa sempre se expandir fora de si mesmo; de modo que a forma representativa instituída na cena pela música depende do ator, não somente pela qualidade, mas também e sobretudo pela quantidade de sua expressão. É isso que faltava estabelecer antes de ir mais longe.

A *Plantação*

Para tratar do ator, supusemos que os outros fatores representativos estavam prontos a segui-lo no impulso dado pelo texto poético-musical. É preciso, entretanto, não esquecer que se a educação do ator pode, em grande parte, se efetuar fora da cena, a dos meios inanimados não poderia ser separada do lugar de sua atividade dramática. O desenvolvimento técnico desses últimos está estreitamente ligado ao seu uso; por isso importa saber em qual construção eles têm de se basear.

Nossas cenas atuais são construídas e combinadas pelo jogo de um material cenográfico que favorece quase exclusivamente a ilusão produzida pela pintura. Um lugar em que o cuidado com essa ilusão não determine o ordenamento do cenário será, sem dúvida, muito diferente. Quais serão as modificações essenciais que a nova economia representativa deverá sofrer na construção da cena?

A música, para se transportar na cena, não se dirige ao nosso julgamento; ela não nos diz: "trata-se de realizar isto ou aquilo", e não iremos em seguida procurar em nossa imaginação um modo de executá-lo. O poeta-músico que coloca à frente dos atos de sua peça "A cena representa... etc.", o faz para facilitar a leitura do poema; *porém se as noções que ele indica desse modo não estiverem contidas no seu texto poético-musical, elas não serão mais admissíveis na cena.*

Aí está o ponto capital que distingue a encenação do *Wort-Tondrama* de toda outra encenação.

O dramaturgo que se serve apenas do termo pode colocar suas personagens em um lugar que o texto recitado de seu poema não indica, porque sabe que pode contar com a significação inteligível do cenário junto ao público para comunicar todas as noções que os atores negligenciam. O poeta-músico, desde a origem de sua obra, deve renunciar a esse complemento. Cada *Wort-Tondrama* determina, pois, sua própria encenação, de modo que a hierarquia representativa instituída pela música seja a única noção positiva que se pode extrair *a priori* da expressão poético-musical e que, antes de ser aplicada, essa hierarquia não dita outro uso representativo senão aquele imposto pela importância mesma que ela atribui aos diversos fatores.

Para dotar o material cenográfico da flexibilidade desejável, é preciso que a construção da cena permita a cada um dos fatores o desenvolvimento que lhe convém. A disposição atual não é, pois, a de rejeitar senão na medida em que ela impeça o desenvolvimento da plantação e da iluminação. Mas, por qual outra disposição substituí-la, visto que nada pode nos garantir as exigências do poeta-músico e que, em primeiro lugar, a plantação, isto é, a própria disposição do material, não poderia ser detida por nenhuma convenção prévia? A disposição da cena do *Wort-Tondrama* não pode ser destinada a uma única forma de espetáculo como é a de nossas cenas modernas: a identidade entre o objetivo e a construção só existe, para ele, idealmente.

As consequências desse estado de coisas são muito graves quando se chega à realização prática e nos obrigam a considerar a construção definitiva de uma tal cena como impossível.

Em nossos teatros, a cena e suas dependências formam um conjunto nitidamente distinto de todo espaço destinado ao público. Reunidos sob as mesmas aparências exteriores de luxo e de solidez, esses dois domínios são de construção muito diferentes e o não iniciado experimenta uma desagradável surpresa quando, chegando à sala, ele atravessa a linha quase matemática que a separa dos arranjos factícios e provisórios do domínio oposto. A abertura da cena, isto é, o quadro que delimita a porção da cena destinada a ser vista pelo público, constitui o único ponto de contato material entre os dois mundos. Na duração do espetáculo não se considera que o público deva lembrar-se de que o teto que o abriga recobre do mesmo modo a estranha criação da cena. O novato ficará sempre um pouco desgostoso à vista das paredes banais e maciças que encerram, segundo lhe asseguram, as magias com as quais acaba de encantar-se. E, de fato, há uma desproporção singular entre o aspecto exterior de um teatro e o abismo que separa de todas as maneiras a cena e a sala. Os arquitetos apararam esse inconveniente por meio de uma disposição exterior que torna a construção menos maciça e sua finalidade tão evidente quanto possível. Para quem não conhece os princípios da cenografia moderna, essa disposição não tem, entretanto, nada de expressivo, pois a gaiola destinada aos cenários, e que parece uma pequena casa sobre uma grande, não possui nenhuma analogia com o espetáculo que a cena oferece, e não tem mais razões de ser visível do que as "partes baixas". Ela é, sem dúvida, preferível às pesadas construções precedentes, mas não é preciso conferir-lhe valor expressivo; ela não o tem em absoluto. O que ela representa não é o mundo oposto à sala, porque esse mundo é inteiramente fictício. Uma estação de estrada de ferro e um mercado qualquer podem marcar seu uso por sua disposição exterior; elas devem mesmo fazê-lo, visto que, infelizmente, não temos mais outro estilo senão aquele que resulta de uma confissão sincera. O objetivo dessas construções corresponde materialmente

A ENCENAÇÃO COMO MEIO DE EXPRESSÃO

à sua forma; elas são, portanto, expressivas, e se aquilo que exprimem não tem interesse, é nossa culpa.

O aspecto do teatro antigo era também tão claramente inteligível como toda a vida dos antigos. Para o olho grego, de olhar claro e virgem, o acúmulo complexo do teatro moderno teria sido repugnante e despido de toda significação; ele julgava que o local de espetáculo devia ser circular em torno de uma pista, ou então em anfiteatro limitado por uma linha horizontal. Tudo aquilo que se acrescenta na pista ou além da linha que corta o anfiteatro não pertence mais à construção; são acessórios que é desejável dissimular ou, ao menos, não é possível distinguir do resto da construção por um caráter provisório e arbitrário. A cena antiga não era como a nossa, era uma abertura pela qual se apresentava ao público, sobre um pequeno espaço, o resultado de uma infinita quantidade de esforços. O drama antigo era um *ato* e não um espetáculo; esse ato encarnava de um modo benfazejo o desejo insaciável da multidão; a alta parede da cena não escondia nada; não era uma cortina, mas um *limite* voluntariamente colocado entre o ato e o desejo. Ali, como alhures, o sentido da medida serviu maravilhosamente aos gregos. Esse sentido, nós não o possuímos e não podemos possuí-lo; nossa cena é, portanto, uma *abertura* sobre o desconhecido e o ilimitado, e não é dando ao jogo técnico da cenografia uma forma exterior e um papel no conjunto da construção que exprimiremos seja o que for nesse espaço imaginário onde nossa alma moderna precisa mergulhar.

Do mesmo modo que no teatro antigo, porém infelizmente por motivos muito menos harmoniosos, é no quadro da cena que se detém a significação plástica de nosso teatro. O grego identificava o espetáculo e seu limite; menos felizes, nós estabelecemos o espetáculo além do limite porque, não sendo artistas, não distinguimos a obra de arte.

O drama assim colocado na imaginação (espaço ilimitado) não tem outras relações com o anfiteatro coberto em que nos amontoamos exceto o quadro da cena; todo o resto é fictício, mutante, provisório, sem nenhuma existência externa fora da representação.

Para um espetáculo ditado por convenções que emanam tanto da forma dramática quanto do público, é vantajoso fixar o jogo técnico dessas convenções por uma construção definitiva da cena; isso é mesmo indispensável, pois a composição de uma tal obra dramática está ao alcance de um grande número de pessoas e assume um caráter cotidiano ao qual o edifício deve corresponder. De modo que a disposição de nossos teatros, visto não terem expressão, não é por isso menos perfeitamente normal.

Vimos que a encenação do *Wort-Tondrama* não pode se apoiar sobre nenhuma convenção; esse drama é, além disso, uma obra de exceção, cuja existência problemática se dá por causa das faculdades reunidas que sua composição exige do dramaturgo, e por causa da execução muito complexa e difícil para se renovar com frequência. Quanto ao poeta-músico, deve conservar a mais completa liberdade material na sua concepção. Para estabelecer seu espetáculo, utiliza-se de um meio – a música – da qual nenhuma convenção poderia reter o desenvolvimento. Ele não deve e não pode, pois, se basear nas disposições tomadas antes da existência de sua obra. Cada um de seus dramas determina não apenas a encenação, mas a própria cena[11].

Um tal teatro só terá, pois, de permanente a sala destinada ao público, diante da qual um espaço considerável permanecerá desocupado. Sobre esse espaço virá estabelecer-se o *drama*, não mais em sua forma geral impessoal, porém no seu aspecto acidental e temporário, cujas disposições técnicas não desempenharão mais nenhum papel expressivo. A sala, preenchendo-se, as motiva; o público, escoando-se, as anula; elas obedecerão às ordens da música, tomaram suas proporções enquanto os sons vibravam; com o silêncio da orquestra e dos atores, essas proporções retornam ao mundo ideal de onde a presença do espectador as havia evocado; não existem mais para nossos olhos senão quartéis provisórios, que podem excitar o interesse técnico de homens do ofício, mas cuja aparência não se confunde com o edifício da sala.

Aqui serei acusado de me divertir com um paradoxo, ao sentenciarem que minha proposição é impraticável e os custos de semelhantes instalações inteiramente desproporcionais à sua finalidade; depois, ao entrar nos pormenores, irão me lembrar da necessidade de "partes baixas" profundamente escavadas no solo, das dificuldades de acústica etc.

A questão dos custos só é dependente da frequência e da solenidade das representações. Ora, se todo um país concorre às festas excepcionais que constitui a execução de semelhante obra, os custos desaparecerão diante da extrema solenidade do ato. Em nossos dias, muitos divertimentos populares e de curta duração proporcionam construções e despesas mais consideráveis que jamais serão as de uma cena provisória. Quanto às dificuldades técnicas, elas seriam talvez muito grandes se se tratasse de instalar sempre de novo

---

[11] A segunda parte deste estudo trata das convenções cênicas em que Richard Wagner situou sua obra de teatro. Não é dessa obra que eu falo aqui, mas da forma dramática em geral que ela nos revelou e cuja existência normal nos é agora recusada. A construção da Festspielhaus (casa de festivais, de ópera) de Bayreuth não é, pois, invalidada de modo algum pelas presentes considerações.

A ENCENAÇÃO COMO MEIO DE EXPRESSÃO

o mecanismo de nossas cenas modernas; mas veremos que o jogo do material cenográfico necessário ao drama do poeta-músico é de uma natureza totalmente diversa e que sua complexidade não acarreta consequências tão definitivas e desconfortáveis.

Todo mundo terá observado que um cenário atua simultaneamente de três maneiras diferentes sobre nossos olhos: 1. pela parte baixa do quadro, a parte que repousa sobre o assoalho do palco ou sobre os praticáveis que alteiam o referido assoalho; 2. pelo centro, no sentido da altura; 3. pelos frisos, isto é, pelas telas às quais incumbe fechar a parte alta do cenário na sua profundidade e mascarar a iluminação.

O pé do quadro é sempre a parte mais crítica da plantação atual, por que essa plantação, apesar de seu nome, não foi concebida para repousar sobre não importa o quê. Os pintores de cenário desenvolvem uma grande habilidade para atenuar esse defeito, mas comumente seus esforços, muito visíveis, acentuam mais aquilo que cumpriria ocultar. Com poucas exceções, todos os quadros apresentados por um cenário parecem ter sido cortados horizontalmente em sua base e depois colocados sobre uma superfície perfeitamente plana. Os fragmentos que essa cisão teria assim destacado são em seguida juntados aqui e ali ao pé das telas.

Erguendo o olhar, seremos tomados de uma comoção singular: esse quadro laborioso e incompleto se anima de súbito e assume todo o valor de que é suscetível; a "ilusão" encontra-se em seu ápice e certos detalhes que, vistos na sua relação com as pranchas da cena, não tinham significação, adquirem assim uma forte vantagem pelo efeito de conjunto; a tela do fundo, que antes não era senão uma tela pintada necessária para limitar o lugar do cenário, mistura-se harmoniosamente com os painéis mais próximos e prolonga sua perspectiva; a iluminação pintada e a iluminação real se fundem em uma bela luz. O olho fica plenamente satisfeito.

Elevemos ainda mais os olhos: a satisfação diminui: pois, ou a natureza particular do quadro não comportava motivo para a guarnição obrigatória dos frisos, ou então o motivo não era suficiente para limitar o cenário, ou ainda a escolha do lugar adequado do quadro inteiro se explica de modo muito claro para nós pela necessidade de fornecer a linha superior da moldura; enfim, muitas outras combinações são possíveis, entre as quais apenas uma ou duas podem conservar intacta a "ilusão" produzida pelo centro do cenário.

Se percorrermos agora com uma única e rápida espiada todo o quadro, as sensações contraditórias que ele nos proporciona não se veem contrabalançadas pelo bom efeito do centro. É pela reflexão que chegamos a considerar o todo como uma reprodução submetida a convenções inevitáveis; e a ilusão, que com muito esforço tentam nos proporcionar, é, portanto, nós, os espectadores, que devemos constituí-la em nosso foro íntimo. Isso que se pode denominar a atividade estética do espectador é por aí desviada, pois não participamos da obra de arte colocando seu efeito representativo na abstração de nosso pensamento. Assim, a representação conduz o drama a uma forma muito inferior à sua realidade literária. Ocorre mesmo que todo o aparelho cênico e a disposição da sala nos pareçam um gracejo indigno. Por que, com efeito, esse luxo e esses esforços, se a ilusão é impossível, e se, não obstante, a busca dessa ilusão priva o espetáculo de todo valor artístico ao lhe tirar a expressão?

Aqui suponho que o ator já tomou lugar no cenário que acabamos de percorrer com os olhos. *Ou seu lugar não se situa no centro do quadro*, infelizmente; de modo que aquele que, por sua atividade dramática, é por si só o motivo da representação e da atenção que lhe prestamos, deve-se mover na parte do cenário onde a ilusão cênica está no seu mínimo. Essa superfície plana, ou arbitrariamente irregular, sobre a qual repousa o cenário, torna-se, pela presença do ator, uma realidade tangível, são os pés vivos que a pisam, e cada passo acentua sua insignificância. Evidentemente, quanto mais a pintura das telas for benfeita do ponto de vista do *trompe l'oeil*, menos o ator e sua *entourage* direta poderão aí se misturar, pois nenhuma das evoluções do ator corresponderá ao lugar e aos objetos representados pelo cenário. A iluminação, que poderia por sua expressão dar algum relevo às personagens, se encontra então açambarcada pelas telas da pintura, e a plantação, quase toda inteira a serviço dessas telas, não fornece diretamente ao ator senão o ínfimo mínimo de praticabilidade autorizada pela pintura.

O ator está assim positivamente a serviço do quadro inanimado. O lugar da ação é realizado de um lado, a ação, de outro, e as duas manifestações se encontram sem poder se misturar. O quadro inanimado desempenha o papel das gravuras coloridas, e o ator, o do texto no pé da página. Retiremos do ator sua vida independente para relegá-la aos bastidores e teremos um teatro de marionetes onde o espetáculo é mais harmonioso, sem dúvida, mas onde ele não é então mais motivado por nada e parece servir apenas para conquistar a atenção de pessoas muito distraídas para apreciar uma simples leitura.

Com a plantação atual, não há outra escapatória além da redução sempre maior do espetáculo em proveito de sua harmonia; o que é por certo quase negar toda representação. As peças populares ou de nenhum valor são comumente "para espetáculo"; a peça realmente literária se desvencilha sempre disso mais ou menos quando é escrita para a representação. Todo esforço de romantismo literário no teatro, acarretando uma *mise-en-scène* importante, é por isso mesmo uma inferioridade[12].

A plantação cenográfica atual não pode fornecer ao ator um lugar que se harmonize com o quadro indicado pela pintura das telas; e como toda construção de nossas cenas é destinada a essa plantação, a cena do *Wort-Tondrama* não teria nada a fazer aí; pois, para ela, é de qualquer modo do solo pisado pelo ator que deve resultar o quadro e não o inverso. Tudo aquilo que o ator não toca está, não obstante, submetido às condições que lhe impõe a *entourage* direta e positiva do ator, e só tem expressão por meio dele. A plantação se tornará assim realmente uma plantação – tendo suas raízes em terra, no drama, e não se alçando mais do que as suas próprias raízes podem suportá-la – se a absoluta liberdade do poeta-músico não nos impedir de dar ao solo não importa que existência fixa. A expressão "na cena" não se aplica exatamente à música. A música não se transporta *em* nada; ela mesma *torna-se* o espaço, ela o *é* de um modo latente. Ao afirmar que em tais ou quais condições cênicas a audição se torna impossível, afirma-se uma coisa despida de sentido; se a música impõe uma de suas combinações é porque ela é possível, pois suas leis acústicas fazem parte de suas proporções. A partir da moldura da cena, a música reina, portanto, como monarca *infalível*.

O assoalho de nossa cena estende-se entre dois espaços quase vazios. O vazio das "partes de cima", o único que poderia ter significação aqui, é destinado a fazer aparecer e desaparecer certas porções do cenário na direção oposta ao quadro, isto é, por baixo. Mesmo se esse assoalho dispõe de uma passagem pelo cenário, ele não conserva menos uma fixidez que nenhuma combinação jamais pôde vencer. A razão aí é muito simples. Nossa concepção cenográfica atual tem necessidade de um ponto de referência, de uma dimensão dada para estabelecer suas convenções; ora, trata-se de fato de dar uma dimensão do que parar a base do quadro cênico. O assoalho, para ultrapassar a moldura da cena a fim de se aproximar do público, assim como ele o faz em todos os nossos palcos, limita definitivamente o quadro. Se permanecesse

---

12 Faço aqui abstração de efeitos cenográficos de data recente, em que se negligencia tudo ou parte das disposições fixas da cena para erguer sobre as pranchas uma construção praticável. Essas são exceções que nada têm a ver com o princípio representativo em si mesmo e que, de resto, opõem-se a ele diretamente pelos quadros de uma mesma peça em que esta construção não pode ser aplicada.

aquém da moldura esse não seria o caso, e a convenção atual, indispensável a uma encenação que nada determina infalivelmente, seria impossível.

O império absoluto da música não começa senão além da moldura da cena; sua criação no espaço tem apenas um único limite: o espectador. A disposição do material cenográfico, que chamamos de plantação, porque a referimos ao ponto fixo do assoalho do palco, deve tomar um outro nome, e sobretudo responder a uma concepção bem diferente. Ela não se ergue mais sobre uma superfície plana, porém *se desenvolve a partir de um plano perpendicular*; em vez de ser horizontal, o corte é vertical. Nesse sentido, a abertura da cena assume uma dimensão absoluta: ela é *para nossos olhos* o ponto de intersecção entre nossa vida orgânica independente e nossa vida orgânica musical. Quanto às suas proporções, isto é, seu grau de abertura, a música não as limita de maneira direta, mas dita as qualidades do quadro, às quais, por nos chegar integralmente, determina à sua volta as proporções da moldura da cena.

Penetremos além dessa moldura. Não distinguimos nada que possa deter os olhos. É um espaço vazio, indeterminado, que espera a criação do poeta-músico.

Atualmente são os bastidores, os frisos e o assoalho que delimitam o quadro. Ora, como o *trompe l'oeil* das telas pintadas obrigam o cenógrafo a dar a tudo aquilo que está além da moldura da cena um papel *positivo* no quadro, ele obriga igualmente a dar a esse quadro seus limites materiais. Sua própria invenção encontra-se assim submetida a restrições muito incômodas. Se ele quisesse, por exemplo, emoldurar a cena, na sua profundidade, com motivos que não pertencem ao tema do quadro pintado (por exemplo, panejamentos, uma moldura uniforme etc.), ele anularia o efeito das telas; ele se veria, portanto, diante da alternativa de renunciar ao *trompe l'oeil* da pintura, para a qual a cena toda inteira é, no entanto, construída, ou de reduzir a escolha de seus temas diminuindo no mesmo lance o alcance geral do *trompe l'oeil* e, naturalmente, é nessa segunda disposição que ele se detém. Como poderá ele então obedecer à música?

Evidentemente, de maneira nenhuma.

A *mise-en-scène* do *Wort-Tondrama* não deve apresentar ao espectador nada que não pertença ao espaço evocado pelo texto poético-musical. Ora, os limites do quadro são tão determinados pelas exigências muito variáveis da acústica quanto pela qualidade especial da expressão cênica. Elas podem ter de apresentar desde um espaço estreitamente fechado até uma perspectiva considerável para o olho e para o ouvido. Não obstante, ao se impor diante dos olhos, esses limites assumem uma existência material que nem sempre a

A ENCENAÇÃO COMO MEIO DE EXPRESSÃO

música quis. É aí que a nova concepção representativa se mostra onipotente, pois essa dificuldade *não existe simplesmente para ela*. Ela não quer a ilusão que um objeto estranho tende a destruir, ela não quer o signo que tende a dar um sentido a todo e qualquer que seja o objeto. Ela quer a *expressão*; e o fato de que essa expressão só pode ser obtida renunciando à ilusão e ao signo lhe proporciona uma liberdade absolutamente imensurável. O mecanismo cênico, portanto, jamais terá *para o olho* exceto a expressão ou a significação que a música desejará de fato lhe doar.

Mas outra coisa ainda concorre para essa liberdade: é a hierarquia representativa, que interdita todo uso sem o assentimento do ator. Se, por exemplo, fosse preciso *exprimir* entre as paredes de um quarto a atmosfera colorida, límpida e movente da sombra de um bosque, isso seria impraticável em si; a intenção permaneceria inarticulada como em uma cena dramática apenas para a orquestra. Que coloquemos aí uma personagem e por cinco minutos de música lhe ditemos uma atitude, um desempenho qualquer, ou mesmo tão somente que a música passe através de seu corpo como um fluido que vá se difundir alhures: de repente, a atmosfera se anima, o espetáculo torna-se *expressivo* e as paredes do aposento, *não pertencendo a essa expressão, cessam de existir*. E acontecerá o mesmo com todas as instalações prescritas pela necessidade: se a sua aposta na expressão ou no signo for evidente, ou então sua presença justificada pela rigidez natural aos objetos, elas não existirão.

O leitor me perdoará agora por ter estabelecido um pouco prematuramente que o espaço ditado pela música jamais apresenta impossibilidades. A aparência paradoxal do axioma pôde chocá-lo; eu o introduzi antes do exemplo para tornar ambos mais ríspidos e levar à apreensão de uma maneira sensível do que simples palavras são impotentes para evocar.

Acabamos de ultrapassar a moldura da cena. Sem a evocação musical é impossível determinar um uso representativo, oferecer o menor exemplo. Ao fim desta primeira parte, eu me explicarei sobre este tema. No entanto, entre o exemplo impossível e a especulação puramente teórica há ainda um campo que é necessário percorrer: é o estudo dos instrumentos inanimados do encenador. Esses instrumentos podem ser localizados sob dois elementos principais: o "terreno" destinado ao ator e o aparelho complexo da iluminação. Isso que denominamos cenografia, misturando aí uma visão de telas recortadas e pintadas, está absolutamente subordinado ao terreno e à iluminação. Consideremos de início o terreno, pois ele é o primeiro na ordem hierárquica a partir do ator.

A disposição dos praticáveis é atualmente determinada pela superfície plana do assoalho da cena e pela superfície, plana também, mas perpendicular, das telas pintadas; daí resulta que, com exceção do pequeníssimo número de elementos praticáveis que realizam plasticamente a pintura de um motivo para o uso do ator, todo praticável é cortado em ângulo reto nas suas três dimensões. Eles o são de todos os tamanhos e sua reunião permite um grande número de combinações, que não permanecem menos monótonas por causa de seu princípio.

Compreende-se as dificuldades que a pintura de cenário apresenta tão logo o ator deva se misturar com suas evoluções; e compreende-se, sobretudo, que o jogo do ator fique completamente entravado pelo singular aparelho que o cerca. Se, num cenário ao ar livre, ele quer sentar-se no chão, seu lugar deve ser reservado com cuidado na pintura, o praticável disfarçado e coberto por um pedaço de tela pintada. O ator não sabe onde pôr suas pernas: deixá-las penduradas contra a pintura perpendicular das telas é ridículo, e a forma do praticável, que não é combinada a não ser para escorregar entre essas telas, não lhe oferece lugar conveniente. Suas mãos flutuam no ar; se ele quer apoiá-las em outra parte e não no praticável, o lugar exato deve antes ter sido preparado; há cantos de cenário, grandes como uma folha de plátano, onde as mãos de diferentes intérpretes do mesmo papel desgastaram e sujaram a tela até o fio. Se o episódio se prolonga e se a atitude do ator tem alguma importância, o praticável será feito em um pedaço de pintura plástica, o que fornece comumente um espetáculo bastante ridículo[13], ou então arrasta todo o cenário para um princípio contrário àquele que a construção da cena supõe e contrário igualmente à iluminação dessa cena. Um declive escarpado em uma paisagem heroica causa perfeitamente "ilusão" enquanto permanece pintada contra a tela; mas logo que o ator quer assumir nela sua parte, ela se torna uma colina artificial tal como são construídas nos parques públicos, cortada de veredas de suave inclinação e de escadas de degraus cômodos. O ator pode então cantar as coisas mais arrebatadas e, referindo-se o mais diretamente possível à natureza do solo onde estaria pisando, ainda assim ele permanece não menos sobre sua senda e se agita aí em pura perda; para compreender a razão de seu arrebatamento selvagem, devemos olhar a porção do cenário onde o ator não se encontra! As "arquiteturas" são de manejo mais fácil; contudo, com o objetivo de permitir, por exemplo, um cenário suntuoso

---

13 O leitor se recorda, sem dúvida, das *chaises-longues* relvadas, canapés de terra batida e várias poltronas e cadeiras soltas que compunham o mobiliário campestre de nossos teatros!

A ENCENAÇÃO COMO MEIO DE EXPRESSÃO

e uma pintura que indique muitas coisas interessantes, sacrifica-se de bom grado o jogo do ator e sua expressão, reduzindo a quantidade de cenário da qual ele pode se aproximar e tocar. Personagens em figurinos escrupulosamente históricos descem altivamente uma escada de madeira. Eles pisam com seus luxuosos e autênticos sapatos as tábuas enegrecidas dos praticáveis e se perfilam contra as paredes e as balaustradas cuja pintura, bem iluminada, indica mármore maravilhosamente esculpido. O figurino, em contato com o praticável e essas telas, e iluminado por uma luz que não lhe é destinada, é absolutamente despido de expressão; é uma etiqueta de museu e nada mais.

Alhures o pintor do cenário esgotará as fonte da perspectiva e das cores para apresentar uma bela oposição entre sombra e luz, uma galeria obscura com um fundo de ar livre luminoso, por exemplo; ou então, um ângulo de nave cuja arquitetura se perfila sobre vitrais longínquos e brilhantes; ou ainda uma pobre mansarda atravessada por um raio de sol, um pátio de albergue mergulhado numa sombra fresca enquanto o dia pleno ilumina os pavimentos superiores da construção etc. O ator, ao circular diante dessas telas, anula seu efeito, visto que ele permanece iluminado pela mesma luz factícia tanto do espaço supostamente obscuro quanto aquele atingido pela luz. O primeiro quadro do segundo ato de *Parsifal* (o torreão de Klingsor) fornece a esse tema um exemplo curioso. A cena deve aí ser muito pouco profunda por causa da mudança de visão que se seguirá; por consequência, a plantação do cenário é aí reduzida a uma tela de fundo, muito próxima do público, e a uma moldura do primeiro plano que mascara os frisos e os lados. Essa disposição parecia adequada para facilitar o jogo de uma iluminação expressiva. O que fez o cenógrafo? Submetido às necessidades da maquinaria, procurou uma compensação na ostentação de todo o seu virtuosismo sobre a única tela posta à sua disposição. Depois ele deu à moldura de primeiro plano um papel positivo na sua composição sobrecarregando-a de pormenores pitorescos. Resultou daí um quadro muito sedutor, pois a pintura não estava retalhada e pôde adquirir, assim, todo seu valor original; mas o próprio ator não tinha nada a fazer aí; sua presença mais do que nunca contraria o efeito da cenografia. Sem o ator, nos sentiríamos mergulhados em um grandioso e terrificante torreão; com o ator e os acessórios de seu papel, não temos diante de nós senão telas muito bem pintadas. O perverso mágico produz então o efeito de uma boneca entre biombos; seu jogo tornou-se assim supérfluo; a sombra inquietante de sua morada permanece fictícia, e a orquestra invisível, a qual só diz a verdade, ressoa no vazio.

Se o cenário, em certas peças modernas, deve reconstituir um lugar muito conhecido do público, algum canto de rua, um parque, um local de divertimento, o encenador dedicará cuidados minuciosos ao luxo realista dos acessórios, dos móveis, dos figurinos, das partes praticáveis do quadro, depois disporá todo esse material entre as telas onde, por sua vez, o pintor procurou a acumulação do detalhe *pintado* para tornar sua produção a mais semelhante possível. Portanto, as duas atividades se contrariam e, em sua reunião, conseguem apenas evocar a lembrança de um brinquedo de criança, quarto de boneca, curral ou arca de Noé, no qual a presença do ator é necessariamente ridícula e deslocada.

Em Paris, no teatro do Gymnase, em uma peça moderna, um dos cenários representava o peristilo de entrada do teatro onde o público se encontrava, isto é, do próprio teatro do Gymnase. Cada um dos espectadores acabava, pois, de atravessá-lo, e guardava na sua memória o *aspecto essencial*. Era, portanto, fácil de reproduzir esse aspecto. Em lugar disso, o pintor erigira um peristilo de papelão, como que recortado de uma fotografia, e havia, além disso, diminuído sensivelmente as proporções do modelo com o fim de mostrar tantas coisas quanto possíveis. Quanto ao encenador, tinha acentuado o realismo a ponto de colocar sobre o estrado de controle os mesmos três senhores cujo encargo era efetivamente aquele. A iluminação, destinada exclusivamente à *pintura*, não cuidava de valorar o material escrupulosamente reconstituído. Daí resultava que após ter, não sem custo, reconhecido o lugar, o espectador era tomado de uma louca risada ante sua ridícula reprodução. Ora, sem que fosse séria, a intenção dos autores não era a de provocar ostensivamente essa louca risada. Eles queriam surpreender seu público com uma nova invenção, e nada mais.

De resto, é inútil multiplicar esses exemplos; aqueles que frequentaram nossos teatros, seja qual for o grau de escala dramática, os conhecem perfeitamente: sob formas muito diferentes, a disposição técnica permanece em toda parte a mesma. Mas não se poderia insistir bastante sobre o fato de que *nossa economia cênica negligencia, em favor da ilusão fornecida pelas telas pintadas, o efeito representativo do ator*, daí resultando a impossibilidade tanto de um como do outro.

O *Sacrifício*, que é talvez o princípio mais essencial na obra de arte, se encontra aqui completamente ignorado. No desejo de tudo ter, caiu-se, do ponto de vista rigorosamente estético, no *nada*.

O terreno destinado ao *ator* do *Wort-Tondrama* é determinado *antes de toda outra consideração* pela presença do ator. Daí se compreenderá que por "terreno" eu entendo não apenas o que os pés do ator pisam, mas ainda tudo aquilo que na composição do quadro se relaciona à forma material da personagem e às suas evoluções.

Uma vez que a ilusão não é o alvo desses terrenos, poderemos construí-los com a exclusiva preocupação de exaurir o conteúdo expressivo das atitudes que eles devem provocar. Mas como é a iluminação que valoriza uma atitude, a construção do terreno deve levar em conta a parte da iluminação; e, embora chegando em primeira linha e não dependendo senão do ator, é impossível isolá-lo do papel da luz. No entanto, como o manejo da luz é de uma flexibilidade quase absoluta, sua importância técnica diante do "terreno" não tem nada que possa impedi-la de obedecer servilmente ao ator. Assim, ao combinar um terreno, não se tratará de saber se o jogo da iluminação torna possível tal ou qual disposição, mas apenas se essa combinação, *com* o auxílio da luz, é suficientemente expressiva perante o ator, isto é, se a atitude deste último incorpora o valor que a música lhe impôs.

Há, não obstante, necessidades materiais comuns a todo espetáculo e que seria bom resgatar do princípio cenográfico atual opondo-as às convenções arbitrárias indispensáveis à pintura a fim de nos proporcionar um ponto de referência na composição, necessariamente vaga e indeterminada, da nova encenação.

Quando um encenador quer transformar um quadro qualquer num cenário de teatro, procura instintivamente diminuir até o impossível todas as formas reais em favor de formas fictícias. Para ele, a única diferença essencial que há entre o quadro na sua moldura e o mesmo quadro no palco é que o segundo deve fornecer um lugar aos objetos obstrutores que se denominam atores, ao passo que o primeiro tem a ventura de dispensá-los. Esse lugar indispensável, trata-se de fornecê-lo perturbando o mínimo possível a pintura; o encenador irá, pois, retalhá-la para desenvolvê-la no espaço, em face do público; entre essas fatias de pintura, o ator encontrará muitos meios de circular se forem satisfeitas as necessidades elementares de seu papel. A tela de fundo se torna agora a única porção da cenografia que não constitui um compromisso lastimável, pois só ela pode apresentar ao público toda a sua pintura sem cometer violência contra o espaço real que é, no fim de contas, a cena. Mas, a partir da tela do fundo, todo o quadro é somente uma *assemblage* – amiúde muito hábil, sem dúvida – de fragmentos de telas pintadas recobrindo-se parcialmente uns aos outros.

O que caracteriza, pois, na plantação atual a convenção representativa indispensável ao jogo da pintura é que, para conservar nesta última alguma significação, o encenador deve dar à mostra diante dos olhos do público o mais possível de superfícies planas. Em compensação, o que se pode chamar de necessidade absoluta, válida para todo espetáculo e independente dessa convenção, deve ser colocada sob duas diretrizes: primeiramente, a obrigação de limitar o quadro; em segundo lugar, a execução fictícia de motivos cenográficos cuja realização plástica é impossível. Trataremos de início destes últimos.

Seja qual for a importância do próprio solo pisado pelo ator e da atividade da iluminação, e quaisquer que sejam as restrições que esses dois princípios impõem à composição geral do quadro, é evidente que o espaço vazio da cena deve, não obstante, se preencher de diversos motivos que não podem ser sacrificados. As árvores, os rochedos, as arquiteturas, as paredes do interior etc., para serem reduzidos às proporções autorizadas pelo papel ativo da iluminação, nem por isso deixam de existir; e se em muitos dos casos essas proporções mínimas permitem a realização plástica, há, entretanto, alguns para os quais essa realização permanecerá sempre impossível, ou ao menos pouco desejável.

O princípio das telas pintadas reunia todos esses motivos na *mesma* ficção. A expressão representativa do ator e a atividade da iluminação lhes dão formas distintas e variáveis de umas frente às outras conforme a natureza do quadro e da intensidade momentânea de sua expressão.

No entanto, entre a realização plástica positiva e a pintura sobre tela vertical, não há meio termo para a plantação por si só; os encenadores modernos o testemunham pelos esforços que fazem para mascarar o vazio que esses dois procedimentos deixam entre si. Mas a iluminação pode fornecer um artifício intermediário dos mais importantes, do qual devo fazer menção aqui, pois é parte integrante da nova plantação.

A luz necessita de um motivo para sustentar sua expressão; ela deve iluminar alguma coisa e deparar-se com obstáculos. Esses objetos não podem ser fictícios no sentido de que a luz real não tem existência fictícia. Ao iluminar telas pintadas é apenas essas *telas* como tais que ela atinge, e não os objetos que aí são figurados pela pintura. Ora, a forma expressiva do espetáculo subordina a existência convencional das telas à presença real do ator. Se, todavia, certos motivos cenográficos, necessários para proporcionar à ação seu valor cênico, não podem ser realizados de outro modo a não ser pelas telas cortadas, a livre atividade da iluminação será posta em causa. Verifica-se então que com muita frequência esses motivos indispensáveis encontram-se em relações tão estreitas com a luz que se pode negligenciar tudo ou parte disso se a iluminação, por um procedimento artificial, assume

A ENCENAÇÃO COMO MEIO DE EXPRESSÃO

sozinha o caráter que esses obstáculos lhe teriam emprestado. Por exemplo, a cena se passa no interior de uma floresta; o solo acidentado e diversas instalações praticáveis pedem a atividade da luz; as exigências positivas do papel do ator estão satisfeitas, mas continua a expressar a floresta, isto é, os troncos das árvores e a folhagem. Então, apresenta-se a alternativa de sacrificar uma parte da expressão do solo e da iluminação a fim de marcar sobre as telas recortadas a presença de árvores; ou então, não exprimir senão partes conciliáveis dessas árvores com a praticabilidade do solo e *encarregar a iluminação de fazer o resto devido à sua qualidade particular*. O primeiro caso poderia ser adotado onde a expressão representativa diminuiria na extensão do quadro: as telas recortadas, cuja pintura é imperfeitamente visível enquanto reina a luz ativa, tornam-se as detentoras do signo quando essa atividade tiver de se reduzir; elas *significariam* troncos e folhagens, e a intensidade da expressão cênica reencontraria nessa justa modulação o grau que ela perde ao admitir na cena o desenvolvimento das telas pintadas. O segundo caso constitui o máximo de expressão representativa: alguns troncos, executados plasticamente, se perdem nas frisas de onde a iluminação colorida, peneirada e posta em movimento em diversos modos, projeta sobre a cena a luz característica da floresta e permite entrever, por sua qualidade, a existência de obstáculos que o espectador não tem necessidade de ver; a quantidade mínima de telas recortadas, portanto, sem reduzir a atividade da iluminação, serve-lhe de signo ao explicar sumariamente a natureza acidental da luz, e as personagens e o material praticável do cenário estão mergulhados em uma *atmosfera* que lhe convém.

A faculdade que se tem de modificar a iluminação sem que seja sempre necessário que o cenário testemunhe causas dessas modificações, constitui, pois, do ponto de vista da plantação, um termo médio entre a realização plástica e as telas recortadas. O exemplo que acabo de dar bastará, sem dúvida, para permitir ao leitor apreender o elevado alcance de um artifício que, devido à flexibilidade natural da luz, é um dos mais produtivos que existem[14].

---

[14] Outra aplicação do mesmo procedimento: quando, por uma razão dramática qualquer, um cenário se vê reduzido ao seu mínimo de significação inteligível e que, não obstante, a ação exija que se especifique o caráter do lugar sem que isso diminua a expressão representativa, nem sobretudo aumente a quantidade do sinal fornecido pela plantação e pela pintura; se, por exemplo, é a vizinhança ou mesmo a presença positiva de uma janela, um edifício, um pórtico, um rochedo, uma orla de floresta, uma mastreação de barco etc., caso se trate de sensibilizar o espectador, a iluminação poderá operar isso pela natureza dos contornos que ela projetará sobre a cena, por seu grau de intensidade, por sua maior ou menor mobilidade, sua cor, enfim, por todas as modulações da qual ela tem o segredo.

Quando as telas pintadas e recortadas constituem o único modo possível de executar certos motivos, pode-se perguntar como sua superfície deve ser apresentada ao público em uma cenografia cujo princípio não é o da pintura inanimada. A obrigação de delimitar o quadro cênico, obrigação que faz parte das necessidades absolutas e válidas para todo espetáculo, parece que pode nos fornecer um ponto de referência e determinar por aí a disposição de todas as superfícies do cenário. Isso, no entanto, não ocorre assim. Em nossos teatros, os limites do quadro cênico fazem parte da pintura do cenário porque, como dissemos, tudo aquilo que aparece na cena deve, para os olhos do público, pertencer ao espetáculo. Em compensação, a *mise-en-scène* como meio de expressão anula a existência representativa daquilo que não faz parte de sua expressão ou da parte mínima de significação inteligível que ela autoriza ao cenário. Retirando da pintura seu ascendente sobre os outros fatores, renuncia-se à vantagem de poder atenuar por seu intermédio a existência inevitável dos limites do quadro; mas aquilo que a pintura fazia afirmativamente dirigindo-se aos nossos olhos, a forma expressiva do espetáculo o efetua de maneira mais soberana *negando* a existência de objetos que a pintura buscava esconder e forçando o espectador a negá-la igualmente.

Isso não quer dizer que a pintura não fornecerá jamais limites ao quadro, mas apenas que a intervenção de seu *trompe-l'oeil* não é mais indispensável para isso no *Wort-Tondrama*. Haverá, pois, aí muitos modos de limitar o quadro cênico desse drama, e não podemos nos apoiar nessa obrigação para determinar *a priori* a disposição de telas pintadas e retalhadas. Uma única coisa é certa, é que o papel da pintura jamais assumirá suficiente progressão para obrigar tais telas a pôr à mostra sua superfície em detrimento de elementos que lhe são superiores.

Quanto aos próprios limites, visto que eles não estão mais submetidos ao sentido formal do cenário, é apenas o texto poético-musical que poderá determiná-los por meio do ator; e nos é dado perguntar então como este último poderá fazê-lo. Com efeito, as leis de harmonia que presidem a composição do terreno não contêm implicitamente por si sós o caráter de limites cênicos. O papel do ator deve, portanto, comportar os dados especiais sobre esse tema e que cabe a ele precisar. Antes de tudo, não esqueçamos, as exigências da acústica estão no *Wort-Tondrama* entre as mais determinantes para as proporções do cenário e a qualidade de seus limites, uma vez que o ator é o órgão da música na cena. Essas exigências podem razoavelmente variar durante um mesmo quadro e requerer dele uma singular mobilidade.

A ENCENAÇÃO COMO MEIO DE EXPRESSÃO

Mas ele é ainda uma causa de mobilidade não menos determinante para a plantação, e que é necessário buscar na própria natureza do *Wort-Tondrama*.

Não é somente a existência de engenhos mecânicos visíveis que a expressão representativa anula, se isso for necessário, mas ainda, e sobretudo, a significação material da forma do espetáculo em geral. Eu me explico. A pesquisa atual da ilusão cênica obriga a dar a cada cenário um aspecto constante, e isso na medida em que é aplicada quase exclusivamente à pintura sobre telas verticais, pintura que, querendo ser vista, só permite à iluminação desvios muito restritos. Quando o lugar da ação escolhido pelo autor é realizado com o princípio de que se deve tornar seu aspecto *inanimado* o mais verossímil possível, não há razões para modificar sua forma durante seu uso. As diferentes horas do dia são indicadas pela cor e pela intensidade convencionais da iluminação e naturalmente quanto melhor o cenário for pintado, menos essas variações de iluminação serão expressivas, uma vez que elas não poderiam corresponder à pintura. Se a ação comporta uma intervenção sobrenatural, o cenário mudará, se transformará no todo ou em parte, a iluminação seguirá essas evoluções. No entanto, pouco importa o que se faça, fora do princípio expressivo, a mobilidade do espetáculo não consistirá jamais em outra coisa senão em uma sequência de estados *constantes* uns em face de outros, porque cada um deles deve fornecer um *trompe l'oeil* suficiente[15].

No *Wort-Tondrama*, as proporções variáveis entre o texto poético e o texto musical, entre a expressão exclusivamente interior e aquela que se difunde para fora, entre as durações, as intensidades, as sonoridades, tudo isso aplicado a uma única e mesma ação traz já um audacioso desafio àquilo que chamamos a "verossimilhança". Se, por ser expressivo, o espetáculo que resulta de uma tal partitura deve renunciar à busca da "ilusão", o simples bom senso parece, pois, lhe recusar desde logo esta vã procura. Não se trata mais para ele de realizar um lugar *tal como o veriam todos aqueles que aí seriam transportados*, mas antes tal como o exprime o texto poético-musical; as variações dessa expressão condicionam as do espetáculo na medida de sua relação comum. Se, portanto, do ponto de vista teórico, a mobilidade do espetáculo faz parte de sua forma expressiva, essa mesma mobilidade é, do ponto de vista do público, um elemento simplesmente técnico, cuja constatação não é um elemento constitutivo do drama: *o lugar da ação não é móvel em si, mas somente*

---

15 Mesmo *die sogenannte Wandeldekoration* [o assim chamado cenário transformável à vista] conserva esse caráter devido ao seu desdobramento de telas que são todas pintadas segundo o mesmo princípio.

a maneira como o dramaturgo quer que nós o consideremos. A significação material que essas variações têm para os nossos olhos é assim anulada pelo princípio expressivo do espetáculo; enquanto em um cenário moderno as modulações da iluminação e os casos mais raros de mobilidade do material têm sempre a significação positiva de um fenômeno natural ou sobrenatural: o que vemos em um tal cenário é suposto apresentar-se do mesmo modo para as personagens da peça.

A encenação do *Wort-Tondrama* é, pois, "ideal" no sentido de que sua realidade material está submetida a cuidados estéticos superiores à sua forma inteligível, e essa idealidade é onipotente porque ela se impõe ao público sem o apoio da reflexão, por meios perfeitamente concretos.

Os limites do cenário que fazem parte da plantação, não tendo mais necessariamente ilusão a dispor, poderão seguir as proporções variáveis do texto poético-musical, e particularmente da intensidade do drama interior, levando em conta exigências da acústica; ora, quanto mais a ação se torna interior, mais a expressão poético-musical se detém na exclusiva declamação das personagens e tende a isolá-las do meio onde elas se encontram; as exigências da acústica não estarão jamais em contradição com as do texto poético-musical e a plantação, estreitando seus limites em torno das personagens, obedecerá por si mesma ao poeta e ao músico.

A plantação completa de um quadro terá uma composição muito delicada e exigirá uma grande flexibilidade do material; a experiência indicará qual a maneira de obtê-la. É provável que até o acabamento dessa composição será preciso servir-se de meios mais ou menos grosseiros, cujos diversos planos serão em seguida levantados graficamente, para serem executados na matéria que cada um dos motivos comportará. A esses desenhos adicionar-se-á a notação da iluminação e da pintura, e o todo será unido definitivamente à partitura como parte integrante dela.

Essa maneira de proceder não exclui, é claro, nenhuma das melhorias subsequentes que poderiam levar ao aperfeiçoamento técnico deste ou daquele fator; são as proporções que são assim anotadas e não o grau de intensidade em si. Cabe observar, entretanto, que, se há progresso técnico, este deve poder se difundir em todo o quadro e que não se poderia adotar uma melhoria no efeito representativo de um ou de outro dos fatores se o conjunto das proporções se encontrasse alterado.

Em suma, a economia cênica atual negligencia o efeito representativo do ator pela ilusão produzida que as telas pintadas produzem; a hierarquia instituída pela música não autoriza tal estado de coisas, e é o ator que determina tudo aquilo que no quadro deve se relacionar à sua forma material e suas evoluções; ora, isso só é possível renunciando-se àquilo que se denomina a ilusão cênica. Os limites do cenário não estando mais submetidos ao cuidado dessa ilusão, podem então obedecer às ordens superiores do texto poético-musical e fornecer, se for necessário, uma mobilidade *material* correspondente à da partitura. No interior desses limites, os motivos cenográficos que não podem ou não devem ser executados plasticamente são figurados por telas pintadas e retalhadas, cuja disposição permanece, não obstante, completamente subordinada aos elementos superiores da expressão representativa. Entre a execução plástica e a tela pintada há um meio termo que a iluminação fornece e que consiste em produzir artificialmente na luz o caráter que certos obstáculos poderiam provocar ao interceptá-la.

Eu disse acima que a instalação provisória da cena para este ou aquele *Wort-Tondrama* não acarretava consequências tão definitivas e incômodas que fosse o caso de se instalar sempre de novo o mecanismo de nossas cenas modernas. Para quem conhece esse mecanismo, é supérfluo demonstrar quão mais simples seria sempre o arranjo *ad hoc* de qualquer encenação concebida nos termos do princípio expressivo ditado pela música, sobretudo se o espaço destinado a essa encenação não opõe ao dramaturgo convenções preestabelecidas, mas que cada quadro, fixo ou móvel, possa se apresentar em toda a ingenuidade de sua construção particular.

A Iluminação

A luz é na economia representativa o que a música é na partitura: o elemento expressivo oposto ao signo; e, assim como a música, ela não pode exprimir nada que não pertença à "essência íntima de toda visão". Sem que suas proporções sejam constantemente paralelas, esses dois fatores têm com o *Wort-Tondrama* uma grande analogia de existência. De início, eles necessitam, um como o outro, que sua atividade seja determinada por um fenômeno acidental: o poeta o faz pela música, quanto ao ator, pela luz (por meio da plantação). Em seguida, eles são dotados, ambos, de uma flexibilidade incomparável que lhes permite percorrer consecutivamente todas as gradações da expressão, desde um simples ato de presença até ao mais intenso transbordamento.

Há, porém, ainda mais. Entre a música e a luz existe uma afinidade misteriosa; como o diz muito bem H.S. Chamberlain (*Richard Wagner*, primeira edição, p. 196), "Apolo não era apenas o deus do canto, mas também da luz". E experimentamos quão profunda é a união desses dois atributos quando um feliz acaso no-los apresenta simultaneamente na comunidade de existência que esse deus lhes confere. Assim, a natureza soberana de sua expressão parece, tal como um axioma irrefutável, não comportar demonstração.

No entanto, cabe considerar que a sensibilidade estética da audição não é necessariamente em todo o mundo proporcional à da visão. Alguns podem ter necessidade de uma expressão representativa muito grande para uma música que, para outros, não sugere nenhum desejo desse gênero. Como eu já disse, ao tratar da ilusão cênica, o poeta-músico não deve examinar os diversos gostos e necessidades de seu público; ele evoca uma visão completamente independente das faculdades receptivas particulares de cada indivíduo. Diante do público, a harmonia de sua obra é absoluta; ela reside não em uma justaposição arbitrária, porém na constância do paralelo entre as modulações poético-musicais e as modulações representativas; e essa constância já fazia parte implicitamente do germe que a fantasia poética fecundou; ela é a manifestação de uma força latente própria a toda música.

Se, de um lado, a expressão poético-musical e, de outro, a expressão representativa, tomadas cada uma isoladamente, encontram graus distintos de sensibilidade e particulares a cada indivíduo, sua reunião, organicamente instituída pela música, cria uma *vida* independente e superior aos nossos limites individuais, porque essa vida repousa sobre "a essência íntima do fenômeno" e que sobre esse terreno, *se a expressão total abarca todas as nossas faculdades*, os limites pessoais não se manifestam.

Não apenas a ação soberana da luz permanece indemonstrável a quem não a percebe, mas também é muito árduo discorrer sobre a sua utilização técnica. O texto poético-musical, o ator e a plantação são dotados cada um de uma existência complexa e relativa que é interessante e útil estudar. A vida da luz é incomparavelmente e muito ingênua para ser redutível. A não ser indiretamente, refutando seu uso abusivo em nossas cenas modernas, é que podemos chegar, por uma espécie de indução ao jogo normal desse fator. Até aqui não nos faltaram oportunidades para isso, pois é em grande parte esse abuso e suas múltiplas consequências que determinaram a redação deste estudo. Portanto, posso reduzir as considerações em relação à iluminação às exclusivas noções que esta possa fornecer antes de sua aplicação positiva no drama, e me reservar o direito de aproveitar em qualquer outro momento, a oportunidade de sugerir seu alcance ligando-o aos outros fatores da representação.

A ENCENAÇÃO COMO MEIO DE EXPRESSÃO 185

A composição geral da plantação é executada quase simultaneamente com a da iluminação. Sobre um palco cujo solo e cujas dimensões não existem, por assim dizer, fora da forma acidental que lhes presta tal ou tal drama, é evidente que a iluminação não poderia ter nenhuma instalação fixa. Mas, seja qual for a impossibilidade que haja em determinar *a priori* a sua utilização, e sobretudo em isolá-la do jogo simultâneo dos outros fatores, há entretanto uma divisão fundamental que podemos estabelecer porque é extraída das próprias relações entre a luz do dia e a luz obtida artificialmente.

A luz do dia penetra a atmosfera por toda parte sem enfraquecer a sensação que temos de sua direção. Ora, a direção da luz só nos é sensível pela sombra; é a qualidade das sombras que exprime para nós a qualidade da luz. As sombras formam-se assim por meio da mesma luz da que penetra a atmosfera. Essa onipotência não se pode obter artificialmente do mesmo modo; a claridade de qualquer foco luminoso em um espaço obscuro não difundirá jamais luz suficiente para criar isso que se chama de claro-escuro, isto é, a sombra produzida (com mais ou menos nitidez) em um espaço já penetrado por luz. É preciso, portanto, dividir a tarefa e dispor, por um lado, de aparelhos encarregados de difundir a luz e, por outro, daqueles que pela direção precisa de seus raios provocarão as sombras que devem nos assegurar a qualidade da iluminação. Chamaremos uns de "luz difusa" e outros de "luz ativa".

Sobre nossas cenas, a iluminação se faz simultaneamente sob quatro formas diferentes:

1. As varas de iluminação fixas que, colocadas nos frisos, devem iluminar as telas pintadas e ser apoiadas nos bastidores e sobre o palco da cena por meio de ribaltas mais móveis, cujo objetivo é o mesmo.
2. Aquilo que denominamos "a ribalta", essa singular monstruosidade de nossos teatros, encarregada de iluminar o cenário e os atores pela frente e por debaixo.
3. Os aparelhos completamente móveis e manipuláveis para fornecer um raio preciso, ou diversas projeções.
4. Enfim, a iluminação por transparência, isto é, a que valora certos motivos transparentes da pintura, iluminando a tela pelo lado oposto ao público.

O jogo harmonioso de tudo isso é evidentemente muito complicado, tão complicado mesmo que ele o é perfeitamente impossível, e nossos espetáculos constituem prova. Há aí vários elementos contraditórios para poder jamais fornecer seja qual for a harmonia; por isso se renunciou e se fragmentou impiedosamente o exercício do mais poderoso de todos os engenhos cenográficos. Como conciliar, com efeito, uma luz destinada a iluminar as telas verticais e que incida igualmente nos objetos dispostos entre elas, com uma luz destinada a esses objetos e que incida do mesmo modo nas telas verticais?

Em um tal estado de coisas seria ridículo falar da qualidade das sombras! E, no entanto, não é de plástico, seja qual for seu tipo, animada ou inanimada, que se possa dispensar. Se não há sombra, não há luz, porque a luz não é de "ver claro"; para os mochos é a noite que é dia; "ver claro" só diz respeito a nós, o público; a luz se distingue, pois, por sua expressão. Se a expressão falta, não há luz, é o caso de nossas cenas: a gente "vê claro", mas sem luz, e é por essa razão que um cenário só é expressivo na ausência do ator, pois a luz fictícia pintada sobre as telas corresponde às sombras, não menos fictícias, que aí são pintadas do mesmo modo. O próprio ator é um corpo sólido, que nenhuma luz fictícia pode aclarar: para ter luz na cena, é preciso renunciar a um ou ao outro. Renunciando ao ator, suprime-se o drama e se cai no diorama; é, portanto, a pintura que é necessário sacrificar[16].

Uma vez que em nossos palcos o complexo material de iluminação é impotente para fornecer a *luz*, é inútil estudar seu jogo; porém, as fontes de luz podem ser consideradas independentemente do cenário; não são elas, portanto, que rejeitamos, e a experiência adquirida em um meio anormal pode ser, alhures, de grande utilidade.

Antes de tudo é preciso procurar em que categoria de luz (difusa ou ativa) cada aparelho pode ser colocado.

Do mesmo modo que é possível julgá-los *a priori*, os aparelhos serão os menos manipuláveis, os menos móveis e que difundem sua luz de maneira mais proporcional por toda parte, que hão de ser encarregados da *luz difusa*; isto é, as varas de iluminação, as rampas móveis e, em um grau evidentemente mínimo, as luzes da ribalta. Nenhuma dúvida de que o modo de as instalar e de empregá-las será muito diferente para um cenário que não rege mais a pintura em sucessão de telas paralelas, mas o princípio de sua construção particular não pode variar muito. Os aparelhos inteiramente móveis e manejáveis produzirão a *luz ativa* e serão objeto do máximo cuidado no aperfeiçoamento de seu mecanismo. Às instalações mais ou menos fixas da luz difusa serão acrescentadas telas de uma transparência variável, destinadas a atenuar o efeito muito

---

[16] Ao dizer a pintura, eu não falo a cor, e veremos como a pintura irá à desforra e ganhar por seu sacrifício uma vida até aqui desconhecida.

A ENCENAÇÃO COMO MEIO DE EXPRESSÃO

acentuado de sua claridade sobre os objetos de seu entorno imediato e sobre os atores que dele se aproximam. Uma parte essencial dos aparelhos móveis e manejáveis da luz ativa será constituída pelas diversas maneiras de interceptar sua claridade, e se o procedimento elétrico da luz puder ser fixado aproximativamente antes de seu emprego dramático, o da obstrução (embora invisível) *pertence ao próprio cenário*, e será sempre combinado *ad hoc*, de acordo com a plantação. Já vimos, em se tratando deste último, qual é a importância da obstrução parcial da luz ativa para conservar a integridade expressiva do quadro; a pintura irá nos fornecer novos exemplos disso. Quanto à iluminação por transparência das telas pintadas, ela faz parte exclusiva da pintura e não exerce influência sobre a luz ativa senão na medida em que é própria para lhe dar livre curso, visto que ilumina a pintura sem iluminar o restante do cenário.

A intervenção de uma dessas duas categorias de aparelhos diante da outra é uma questão de proporções e poderá acontecer que a linha técnica de demarcação que os separa não seja rigorosa.

A luz difusa e a luz ativa só existem simultaneamente por seu grau diferente de intensidade. A luz difusa sozinha é simplesmente "ver claro", o que no drama do poeta-músico corresponde ao signo. A luz ativa sozinha é a noite (lua ou tocha) ou o sobrenatural. A diferença de intensidade entre as duas luzes não deve ser inferior àquela que a existência de sombras torna necessária. Abaixo desse mínimo, suas combinações são de uma variedade infinita. Entretanto, um desvio demasiado grande, ao nos impedir de perceber a luz difusa, torna a iluminação exclusivamente ativa e a submete então às condições da média visual do público, assim como o veremos ao tratar da sala.

Para evitar sombras que alterariam a potência da luz ativa, a luz difusa deve aclarar todas as partes do material cenográfico (inclusive os atores). Quando por meio dela se passar a "ver claro" sobre a cena e quando as sombras lançadas se contrariarem suficientemente para se anular, a luz ativa poderá fazer sua aparição, pois, com exceção dos casos, sem dúvida raros, em que uma ou a outra das duas luzes deverá operar sozinha, é evidente que é por "ver claro" que se deverá começar. A intensidade da luz difusa será a seguir regulada pela intensidade da luz ativa.

Essa distinção fundamental das naturezas diferentes de luz é a única noção técnica que pertence como propriedade a iluminação no novo princípio cênico. Com a pintura, iremos ver de que modo a cor, para se exteriorizar e não mais depender de telas verticais, vem se unir tão estreitamente com a luz que é difícil separá-las uma da outra. Para a clareza de minha demonstração, no entanto, devo conservar nas páginas seguintes o subtítulo *pintura* e continuar assim a ordem hierárquica começada com o ator.

Mas, irão dizer, essa divisão em luz ativa e luz difusa não é um esforço para o realismo que os fatores precedentes sistematicamente negligenciaram? E a harmonia do espetáculo não será destruída pelo emprego realista da luz sobre uma construção eminentemente fictícia e povoada de personagens nas quais nenhuma entonação, nenhum gesto, nenhuma evolução correspondem à realidade cotidiana?

A imitação rígida e fixa de formas que não são conhecidas não reproduz o único modo de existência que conhecemos dessas formas: podemos facilmente representá-las para nós nas mais diversas combinações, supô-las em movimento e até mesmo mudando de dimensão e de natureza sob os nossos olhos. Por outro lado, a música é a demonstração mais convincente possível da flexibilidade do tempo no que diz respeito à nossa vida interior. Mas que outro modo de existência poderíamos de fato supor para a luz, que não o das oposições de intensidade proporcionadas pelas sombras, e como representar essas sombras produzidas por outra coisa senão pelos obstáculos diante do raio luminoso? Não há analogia entre a pura e simples existência da luz e a aparência cotidiana que conhecemos em relação às formas no espaço; a primeira é absoluta; a segunda é apenas uma modalidade além da qual nossa imaginação pode desdobrar-se amplamente[17]. A luz exprime aos nossos olhos, por sua exclusiva presença, "a essência íntima" de toda visão, uma vez que ela esgota de repente a ideia que temos dela. A forma assumida independentemente da *luz* só exprime essa "essência íntima" na medida em que ela participa da manifestação da vida orgânica, seja fazendo parte do organismo vivo, seja opondo obstáculos que o obrigam à atividade.

A idealidade do tempo, representada pela música na forma do ator, se difunde, pois, no espaço para criar aí uma idealidade correspondente. É evidente que as manifestações sempre absolutas não podem em tais circunstâncias ser colocadas no mesmo nível que a imitação servil e exclusiva de uma única modalidade da forma.

O realismo da iluminação não é, portanto, da mesma natureza que o realismo material da plantação; este repousa sobre a imitação de um fenômeno; aquele sobre a existência de uma *ideia*.

---

[17] Um dos principais atrativos das altas ascensões é certamente que elas nos oferecem o meio de *participar* em proporções e em um gênero de combinações no espaço às quais só nossa imaginação poderia chegar.

A ENCENAÇÃO COMO MEIO DE EXPRESSÃO

Essa posição excepcional da iluminação explica por que a ação desse fator – à maneira de um axioma indiscutível – não pode ser tratado em si, mas somente nas suas aplicações aos motivos acidentais que lhe fornecem os outros fatores.

A Pintura

A reprodução mais ou menos fiel da realidade num único plano traz nos seus procedimentos toda expressão e toda vida. Reinando, a luz verdadeira lhe retoma esta vida e priva por isso mesmo a cor dos princípios que guiaram sua distribuição. A colagem das cores, as formas que elas exprimem, por suas variedades e suas gradações, perdem assim não apenas sua expressão em presença dos meios vivos, mas ainda sua própria significação. Para recuperá-las, ambas, é preciso submetê-las a um novo princípio e, por ter sido a iluminação que lhes arrebatou a centelha da vida, será provavelmente junto desta que elas a reencontrarão. A pintura deve, pois, de qualquer maneira se exteriorizar, renunciar à vida fictícia que lhe é própria. Que existência ela encontrará para compensar esse sacrifício?

A pintura do cenário ocupou sempre um grau muito inferior diante daquela que se pode chamar de pintura independente, e isso com razão. É evidente que, sujeitando qualquer ramo que seja da arte a convenções que lhe são estranhas e, mais ainda, que lhe interditam um de seus mais vastos campos de atividade, tiram-lhe todo valor intrínseco que ela pode ter. Ora, não me contestarão que este seja o caso da pintura de cenário, pois as convenções cênicas nada têm a ver com aquelas que regem a pintura como tal, e o objetivo do cenário priva o pintor do elemento humano. Ao dar apoio ao drama, a pintura já faz, portanto, sacrifícios consideráveis e que nada vem compensar enquanto ela conserva o princípio de sua vida independente[18].

Essa Vida pode-se definir assim: exprimir, sobre uma superfície plana qualquer e por meio de matérias coloridas, aquilo que um tal procedimento comporta da visão particular do artista. A superfície plana e as matérias coloridas não são nada em si mesmas, mas apenas o material técnico da pintura. O essencial é a visão do artista. Para revelá-la, serve-se do material

---

[18] A doação parcial que a pintura faz assim de si própria pode se comparar ao que a música faz na ópera: ambas são absolutamente estéreis, pois se um fator ao se associar a outro nada faz senão ocupar um lugar sem poder difundir sua atividade ele se diminui, outro tanto, e restringe por sua presença o jogo dos outros fatores. A atividade deve ser comum para ser produtiva.

de sua arte somente como um meio, pois o verdadeiro virtuosismo terá sempre o efeito negativo de livrar o mais possível a visão do artista de sua execução técnica.

Diante de sua tela, o pintor é obrigado, quase sempre de maneira inconsciente, a extrair de sua visão aquilo que o procedimento que ele emprega não comporta. É nessa condição que ele é pintor; é um sacrifício definitivo em favor de sua obra. O artista, nessas condições, não poderia tolerar, entre as ferramentas de seu mister e a visão que deseja comunicar, outro intermediário que não seja sua vontade pessoal e, com efeito, o pintor possui, por si só, o procedimento técnico que ele emprega.

Conservando na cena seu princípio independente, a pintura perde a faculdade de obedecer a uma vontade pessoal, pois o drama se interpõe entre ela e o poeta. Ora, é o poeta que é *o artista* (o pintor da cenografia não é diante dele senão um instrumento) e o complexo aparelho da encenação não pode ser considerado como se emanasse diretamente de sua vontade pessoal, visto que sem a música a ação dramática não dita a sua forma.

Em compensação, tudo aquilo que na visão do poeta-músico tem necessidade de se exteriorizar, de assumir uma forma tangível para os nossos olhos, é transportado *pela música* para a cena. É na própria música que o poeta-músico encontra sua visão, portanto cabe à música manifestá-la por inteiro; aquilo que ela não oferecer aos nossos olhos, ela nos comunicará de outro modo.

A música confere assim ao dramaturgo o poder de comandar os fatores representativos com o mesmo rigor do pintor em relação às ferramentas de seu métier. De tal modo que, para o poeta-músico, a hierarquia representativa, a partir do quadro da cena, corresponde àquilo que as cores sobre uma superfície plana são para o pintor, os dois artistas representam *aos nossos olhos*, com os meios que dispõem, a parte de sua visão que esses meios comportam; e se, para um a natureza fictícia e uniforme de seu procedimento permite o manejo direto e pessoal, este mesmo manejo destruiria, para o outro, a vida orgânica de sua obra.

A pintura, ao exteriorizar-se, liberta-se assim dos procedimentos materiais que pareciam fazer corpo com ela; e como para exteriorizar-se ela não obedece a um capricho arbitrário, mas a uma necessidade orgânica, verifica-se que a própria ideia da pintura se alarga consideravelmente no *Wort-Tondrama*, pois, do seio de todo ritmo, de todas as proporções, o poeta-músico faz surgir para os nossos olhos um quadro tal como ele queria, sem que, no entanto, nenhum detalhe fosse arbitrário. O paradoxo da *necessidade artística*, isto é,

A ENCENAÇÃO COMO MEIO DE EXPRESSÃO

de uma obrigação superior manifestando-se numa obra acidental, encontra portanto sua mais alta e definitiva expressão.

O que distingue em primeira linha o quadro cênico tal como o criou o poeta-músico do quadro fictício que o pintor sozinho executa é que esse último se beneficia da absoluta imobilidade dos objetos que ele representa e cujo aspecto ele pode desse modo fixar definitivamente, ao passo que o poeta-músico está submetido a variações no tempo. Um "quadro vivo" é tão ridículo quanto uma pintura mecânica, pois o que a pintura sobre a superfície plana perde em atividade, ela o compensa por um gênero de perfeição que o encenador deve sacrificar à vida dramática: imobilizar esta última em quadro vivo, é lhe estabelecer, sem compensação, os limites da pintura propriamente dita, assim como tornar móvel esta última é lhe tirar seu maior privilégio.

A cor, forçada a renunciar a uma vida que a iluminação ativa da cena não lhe permite mais, perde desse modo todo o benefício da imobilidade. Se ela quer ganhar o da atividade representativa, é subordinando-se à iluminação que ela poderá obtê-lo, visto que a luz, ao cessar de ser fictícia, destruiu a significação relativa das combinações de cores. A mobilidade característica do quadro cênico exige, portanto, da iluminação uma parte considerável de serviços que a cor, por si só, proporcionava ao pintor. *É com a luz que o poeta-músico executa seu quadro*; não são mais as cores imóveis que figuram a luz, mas de fato a luz que assume tudo aquilo que, na cor, se opõe à sua mobilidade.

Torna-se, pois, necessário estudar com mais pormenor o jogo da iluminação do ponto de vista da cor para saber se a pintura, no sentido comum do termo, conserva um papel distinto na nova encenação, fora da concepção geral do quadro cênico.

A luz pode ser simplesmente colorida por sua qualidade ou pelos vidros que se lhes opõem; ou então ela pode projetar imagens, desde a mais insensível degradação de tintas até as mais precisas evocações. Um corpo opaco disposto diante do foco luminoso pode servir para dirigir o raio para esta ou aquela parte do quadro, com exclusão de outras, e fornecer uma grande variedade de efeitos, desde a simples e parcial obstrução até a obstrução dividida e combinada com corpos menos opacos. A iluminação, já móvel pelo fato de que os atores, participando de sua vida, a conduzem em seus desdobramentos, a desviam positivamente se o foco luminoso é deslocado, ou então se as projeções estão elas próprias em movimento diante de um foco fixo, ou ainda se a movimentarmos de tal modo que os corpos obstruam o brilho. Essas combinações de cores, de formas e de movimentos, combinando-se de novo entre si, depois com o restante do quadro, fornecem uma quantidade infinita de possibilidades. Elas constituem a paleta do poeta-músico.

Mesmo tendo necessidade de incidir sobre objetos para se manifestar, as luzes ativas e difusas não alteram a natureza desses objetos, mas apenas tornam sua presença mais ou menos sensível, isto é, mais ou menos expressiva. Ao se colorir, a luz muda de imediato a relação de cores que os objetos podem ter; projetando as disposições de cores ou de imagens, ela cria sobre a cena um meio ou até objetos que não existiam antes da projeção. Também para a simples iluminação e para a luz colorida, é apenas ao incidir sobre objetos que essas projeções se tornam visíveis. Mas neste último caso, a natureza dos corpos que elas tocam se encontra alterada (pelo espectador) e, ademais, esses esforços, por sua forma, impõem condições ao caráter da imagem projetada. Se, portanto, o jogo da luz colorida perante o material cenográfico é somente uma questão de proporções cromáticas, o da projeção torna-se, além disso, uma questão de forma. Por meio de ambos, alcançamos a cor dos objetos independentes da iluminação. Essa independência é naturalmente das mais relativas quanto ao efeito de conjunto, mas não existe menos de fato no uso distinto dos fatores.

O que a iluminação não extrai da cor permanece, pois, ligado aos objetos (animados ou inanimados) e constitui por aí, no sentido restrito e comum da palavra, o papel da *pintura* para a nova encenação. Ora, uma vez que essa pintura não se põe à mostra necessariamente sobre telas verticais, é na plantação e, por meio dela, no ator que voltamos a revê-la.

Tratemos de precisar em alguma medida a natureza das cores "inanimadas", ligando-as aos elementos cênicos que já conhecemos.

Eu disse que a plantação não possui por si só o meio termo entre a realização plástica e a tela pintada e dividida. A iluminação lhe fornece esse meio; no entanto, por outro lado, parece aumentar por sua atividade a distância que separa os dois extremos (execução plástica no espaço e ficção pintada sobre tela). Para impedir esse inconveniente, a plantação não poderia contar senão consigo mesma e com o pouco de pintura que a iluminação lhe deixou: o ator sacrificou uma parte considerável de sua independência em favor da expressão cenográfica; a realização plástica deve, sem dúvida, fazer o mesmo para as telas pintadas. Porém, sua transmissão em relação ao ator não ficará comprometida? Aqui como alhures, a rejeição da ilusão cênica dá a chave do problema, pois se essa ilusão não guia mais a execução plástica do cenário, será necessário encontrar em outro lugar uma norma válida para o grau de realismo que essa execução deve comportar.

A ENCENAÇÃO COMO MEIO DE EXPRESSÃO

As proporções anormais do texto poético-musical, difundindo-se no espaço, não criam necessariamente combinações equivalentes àquelas que conhecemos nos objetos por uma experiência cotidiana. As dimensões naturais do ator continuam sendo efetivamente o ponto de contato entre a encenação e a realidade, mas, para avançar na imitação dessa realidade, tudo depende do gênero de expressão que o texto poético-musical impõe; e é perfeitamente possível imaginar um ou mesmo uma sequência de quadros cuja composição seja independente das disposições acidentais que a natureza nos oferece. Nossa vida interior, objeto da expressão musical, é de fato independente de tudo isso; a existência da música o confirma. As mil necessidades que determinam o espetáculo complexo da natureza não têm razões para se impor exclusivamente à exterioridade do texto poético-musical. Esse texto pode comportá-las, como pode também negligenciar a parte ou o todo: somos senhores das formas, do movimento, da luz, da cor. As combinações que nossos olhos podem extrair daí comumente não são definitivas; o homem de ciência o sente muito bem quando ele acaba, por um procedimento qualquer (microscópico ou telescópico), de mergulhar seus olhares no infinito inacessível ao jogo natural de nossos órgãos; do mesmo modo o corpo humano, quando entra na sua vida cotidiana após ter momentaneamente saboreado sua vida rítmica. A alegria que nos proporciona o espetáculo do mundo exterior não se deve essencialmente à combinação, sempre acidental, de seus elementos, mas ao fato de que esses elementos *estão em jogo*: sua atividade é bela por si mesma. Ora, essa atividade só nos é sensível na medida em que ela obedece a leis não arbitrárias, porém sagradas. Uma combinação dos mesmos elementos, mas que não seria submetida a tais leis, perderia o benefício de ser experimentada como *atividade* e não conteria mais, portanto, o princípio da beleza. A música encontra sua justificativa suprema em nosso próprio coração, e isso de um modo tão incontestável que sua expressão é, na sua própria essência, absolutamente sagrada. As combinações no espaço, que resultam de suas proporções no tempo, não têm, assim, nada de arbitrário e revestem, ao contrário, o caráter de uma necessidade; nesse sentido, a atividade dos elementos representativos é então bela por si mesma. A arte maravilhosa dos sons, ao manifestar a essência íntima de nosso ser, cria a obra de arte por excelência, isto é, uma combinação de *artifícios* emprestados da natureza, mas cujas leis eternas estão em *nós mesmos*. Por isso, sua encenação só é dependente do mundo exterior por meio do ator.

Podemos concluir dizendo que não é do grau de realismo que se trata no tocante à execução plástica da cenografia, mas de proporções independentes do cuidado da imitação, sem, pois, excluir o papel acidental que esta última poderia ter e cujas formas se apresentarão como naturalmente belas devido ao fato de que são parte integrante da atividade geral ditada pela música.

Aquilo que constituía a independência que o ator sacrificou em favor da expressão de fatores inanimados eram as proporções arbitrárias de sua vida pessoal; em suma, é ao *realismo* de sua aparição que o ator devia renunciar. A execução plástica e praticável do quadro deve fazer outro tanto para aproximar de sua atividade no espaço os motivos da tela pintada: ela precisa renunciar à imitação exclusiva da realidade.

Falta um último passo a dar e é a pintura que vai transpô-lo.

É evidente que ela não poderia cobrir as telas de motivos e de cores que desnaturariam a independência da praticabilidade. O princípio cenográfico atual atribui à pintura um papel *multiplicador*, encarregando-a de suprir, pelo número e pela variedade de suas ficções, a infinita pobreza de realizações no espaço; diminuindo essa pobreza, o papel multiplicador da pintura tem menos relevância e cessa enfim de manifestar-se lá onde a atividade no espaço é o princípio primeiro da encenação. A pintura de motivos sobre tela, de acordo com as linhas formadas por seus recortes, apresentará, pois, a redução sobre um plano de formas plásticas independentes; e o princípio da praticabilidade não sendo mais, como em nossos palcos, uma combinação de superfícies cortando-se em ângulos retos e mascarada para o lado do público por uma tela vertical trazendo em pintura o tema do motivo, mas também uma construção feita *ad hoc* por um quadro dado e que estende escancaradamente suas diversas superfícies no espaço – esse princípio dá à cor uma nova importância: do mesmo modo que sobre as telas da pintura não haverá mais nada a completar nem ficções variadas a produzir, igualmente no espaço, ela deverá desempenhar o papel conciliador de *simplificadora*.

Essas cores, ligadas aos objetos, e que constituem o papel restrito da pintura na nova encenação, dizem respeito também à figura geral do ator e, mais particularmente, ao seu figurino. Qualquer parte desta última assumirá a rejeição da ilusão cênica; as proporções cenográficas independentes e o papel simplificador da pintura podem estender-se até a própria personagem?

Como é evidente que as dimensões do ator são a única norma para as de seu figurino, só resta saber onde o figurino encontra sua significação, e qual

A ENCENAÇÃO COMO MEIO DE EXPRESSÃO

dose ele pode comportar. A questão é delicada e difícil de resolver em definitivo. Podemos encará-la sob duas faces diferentes:

1. a harmonização da forma geral do ator com as proporções poético-musicais;
2. sua harmonização com o restante do quadro.

Começarei pelo primeiro desses pontos de vista.

Liga-se à pessoa do ator um grau de significação superior àquele que deve fornecer o quadro inanimado. Mesmo quando o texto poético-musical, ao se interiorizar, tende a deter-se nas personagens sem se difundir mais longe na hierarquia representativa, e reduzindo assim a expressão cênica, deixa ao cenário apenas sua significação inteligível – mesmo quando o grau de significação que se vincula ao ator permanece, de qualquer modo, independente da evolução de outros fatores. Ora, visto que a iluminação, por sua mobilidade, fornece a maior parte das variações na expressão representativa, é ela que se encarrega de marcar essa independência parcial e inteiramente relativa do ator.

É, pois, a maneira como o ator é iluminado que determina a parte relativa de significação que sua forma pode comportar.

Estudando a influência da iluminação sobre a forma do ator, voltamos, portanto, ao seu efeito puramente cenográfico e devemos procurar como harmonizá-lo ao papel significador da pintura.

Em nossos palcos modernos, a iluminação não tem *atividade*; o seu fim é apenas o de *deixar ver* a pintura do cenário; o ator participa dessa luz geral, sendo-lhe acrescentado a ribalta para que ele seja iluminado por todos os lados. A iluminação destinada às telas pintadas poderia a rigor conservar uma aparência de atividade diante do ator se a ribalta não viesse enfraquecer e esvaziar de uma vez o pouco de expressão representativa que a plantação lhe concedia.

A influência aniquiladora da ribalta se estende a todos os objetos praticáveis colocados no palco, isto é, a tudo aquilo que está em contato direto com o ator, e o separa assim definitivamente das ficções da pintura. No entanto, sua luz é destinada particularmente ao ator, com o objetivo de torná-lo nitidamente visível e de permitir o acompanhamento dos menores jogos de sua fisionomia. Reside aí, nós o sabemos, a condição primeira da encenação para o drama falado. Como se verá preenchida pela ribalta?

Um jogo de fisionomia é uma coisa *viva*, que não tem valor senão em concordância com o caráter essencial de todo rosto. A luz da ribalta desnatura as fisionomias porque enfraquece o relevo que forma seu caráter essencial.

Os traços, privados de seu valor autêntico, devem assumir um valor fictício, e como é impossível substituir por qualquer artifício seja qual for o relevo ausente, o que se faz é aumentar simplesmente os hieróglifos da face, isto é, os traços separados de seu caráter essencial.

A perspectiva teatral que se invoca para desculpar essa odiosa maquiagem não é senão uma razão bem secundária. Se um ator *mudo* era forçado a ler seu papel, que tinha em suas mãos, para o público, a grandeza que ele deveria dar às letras desse papel não seria a consequência essencial da perspectiva teatral, mas antes o fato de que o ator era mudo. Acontece o mesmo em relação à ribalta: ela destrói a expressão normal dos traços e deve substituí-la por um signo abstrato[19]. Os grandes atores procuram remediar esse fato infundindo-lhe sua maneira particular de atuar com uma maquiagem engenhosa; o resultado é muitas vezes notável, mas quantos esforços inúteis, quando um princípio de iluminação, não digo ativo do ponto de vista cenográfico geral, mas baseado na *expressão dos traços* (o que acarretaria naturalmente a expressão do corpo inteiro) poderia multiplicar por cem o efeito dos jogos de fisionomia, de atitudes, de evoluções, sem sobrecarregar o ator. Mas o público se lastimará então e diria que não "vê" suficientemente como as crianças que não podem "ver" um objeto que se lhes mostra sem esfregá-lo entre seus dedos[20].

Sob essa iluminação, o figurino do ator assume uma importância exagerada, porque em vez de projetá-lo em luz plena, deixa-se ver minuciosamente. A arte do figurinista cênico torna-se assim impossível e não há diferença essencial entre o métier de um grande alfaiate mundano e o do figurinista de um grande teatro.

Essas são as exigências especiais da ópera e do drama falado que regem atualmente o figurino. As primeiras respondem apenas a um cego desejo de luxo, sem nenhum alcance. As segundas são motivadas pela forma dramática à qual faz falta o meio de fundir o ator com o ambiente cenográfico e que tende, ao contrário, a aumentar a distância que os separa. Um ator sério, no drama falado, considerará sempre a composição e a adaptação de seu figurino como parte do estudo de seu papel; ele passará várias horas em meio a espelhos a procurar tudo aquilo que pode valorar reciprocamente o papel e o figurino;

---

19   Isso tem analogia com o procedimento ridículo de certos fotógrafos, que iluminam a figura de seus clientes de modo a não deixar escapar da objetiva nenhum dos defeitos da epiderme; depois, reconstituem demasiado tarde, por um retoque arbitrário, a harmonia que uma luz bem distribuída poderia estabelecer desde o início!

20   De um ponto de vista análogo, o público se queixa, em geral de um modo por demais grosseiro, de não "entender" quando um ator no drama falado é culto o suficiente para distinguir as passagens de seu papel cuja intenção poética se aproxima da música.

A ENCENAÇÃO COMO MEIO DE EXPRESSÃO

mas ele não estuda isso no palco; sabe que isso seria perfeitamente supérfluo; a iluminação da cena só é própria para "deixar ver" suas atitudes, sem de modo algum revesti-las de valor, e o cenário não tem relação com ele salvo por um mínimo de praticabilidade que é fácil conhecer de antemão. Ele pode, pois, fazer abstração do ambiente cenográfico como este último faz abstração dele.

Tal estado de coisas não é, todavia, precisamente anormal em uma forma dramática em que o ator é o único intermediário entre o autor e o público; são as pretensões do encenador que se tornam então ridículas e deslocadas, mas não os esforços isolados do ator e do cenógrafo.

Quando os fatores representativos devem agir em comum, como é o caso na encenação do *Wort-Tondrama*, a influência particular da ribalta, tal como acabei de resumi-la, deve ser rejeitada definitivamente. Pois ela é não apenas a negação de toda *atividade* para a luz, mas ainda desnatura a significação do espetáculo quando a expressão cênica daí se retira. De todo modo, é uma perversão positiva do gosto e não é por seu intermédio que as proporções poético-musicais poderão ser equilibradas no palco. Ora, é ela que determina a forma geral do ator, resulta daí que essa forma, à qual estamos acostumados, deve sofrer três sensíveis modificações a fim de fazer parte da nova encenação.

Em primeiro lugar, a acentuação artificial dos traços não tem senão uma importância secundária e relativa aí onde o jogo distinto da fisionomia deve ceder o passo a uma expressão mais poderosa e se subordinar assim ao efeito de conjunto[21]; em geral, a iluminação ativa decidirá a questão e se projetará de acordo com o grau de exterioridade do texto poético-musical; não para aumentar ou diminuir o relevo característico a todo rosto, mas, ao contrário, para isolar esse relevo ou confundi-lo com o restante do quadro conforme o autor amplie as proporções de seu papel ou as retenha.

As condições da iluminação para a fisionomia, sendo as mesmas que aquelas para o corpo inteiro, atuam, pois, igualmente sobre as atitudes e as evoluções do ator. Mas entram também no figurino considerações particulares relativas à sua cor e à sua confecção.

Atualmente os figurinos de teatro parecem querer, a seu modo, desempenhar o mesmo papel multiplicador que as telas pintadas, o que é natural, visto que é o único meio a seu dispor para se harmonizar com estas últimas. A atividade

---

[21] *Schon durch das Singen, während dessen die Gesichtszüge ihr natürlich-freies und daher ausdrucksvolles Spiel nicht beibehalten können, verliert die Wahrnehmbarkeit dieses Mienenspiels an Bedeutung*: ["A percepção deste jogo de fisionomia já perdeu sua significação com o canto, durante o qual os traços do rosto não podem conservar seu jogo natural e livre, portanto, expressivo."]

da iluminação, acrescida da subordinação do ator no *Wort-Tondrama*, reconduz o detalhe a seu justo valor; e se o grau de significação puramente inteligível permanece mínimo para o figurino assim como para o cenários, a expressão representativa, por sua vez, não autoriza na presença do ator nada que possa desnaturá-la. A cor dos figurinos será tratada, por conseguinte, de maneira análoga àquela ligada ao material cenográfico, e o efeito cênico das personagens entrará de novo na pintura do quadro, no sentido geral que vinculamos a esta palavra, ao dizer que o poeta-músico pinta com a luz.

Em qualquer obra de arte, o princípio do *sacrifício* repousa sobre os limites bastante estreitos de nossos órgãos. Nesse sentido, pode-se dizer que o artista não faz nada além de acomodar a natureza de tal modo que possamos apreciá-la. Ora, desde logo, é preciso que ele próprio possua a faculdade natural de reduzir e concentrar os motivos que a natureza lhe apresenta, pois é nisso que consiste a visão artística. Um grande pintor, por exemplo, vê muito menos objetos do que um simples particular, porque não tem de conhecer a natureza isolada de cada um deles, mas de apreender uma influência recíproca, o que ele não pode fazer a não ser reduzindo a quantidade de sua visão em favor de sua qualidade. Sem dúvida, o particular vê outra coisa que o pintor e, em espetáculo igual, suas duas visões são provavelmente pouco análogas. Mas, se elas diferem nesse quesito, não é, na origem, senão por uma questão de quantidade, a qual acarreta na sua sequência o próprio modo da visão. Em todos os ramos da arte, a intensidade de expressão corresponde a um sacrifício. Nesta que nos ocupa aqui, o *Wort-Tondrama*, onde o sacrifício é talvez mais considerável que em nenhum outro, pois o dramaturgo deve renunciar aí a toda uma ordem de coisas que não exclui a forma dramática como tal, enquanto o pintor, o escultor e o poeta renunciam àquilo que sua arte especial exclui por ordem de sua própria natureza – no *Wort-Tondrama*, a intensidade de expressão atinge seu máximo. Ora, o poeta-músico nos faz participar da própria origem de seu sacrifício, ao passo que todos os outros artistas apresentam apenas o seu resultado e exigem do leitor ou do espectador um ato tácito de reflexão para remontar à causa. Com efeito, é a utilização da música que obriga o dramaturgo a renunciar a tudo aquilo que permanece alheio à expressão musical, e essa música mostra ser a exata e constante expressão da disposição natural do poeta em reduzir e concentrar sua visão, pois a liberdade e poder incalculável da expressão musical no *Wort-Tondrama* depende do grau de concentração de que o *poeta* é capaz[22].

---

[22] Ver Wagner, IV, 241.

A ENCENAÇÃO COMO MEIO DE EXPRESSÃO

De modo que não apenas apreciamos sua obra, isto é, o resultado complexo de uma disposição excepcional do indivíduo, mas também *participamos*, sem o apoio de nossa reflexão, dessa mesma disposição; a música, por um ato de generosidade incomparável, faz de nós, no curso da duração de sua vibração, "videntes" *semelhantes ao dramaturgo*. Para alcançar "a essência íntima do fenômeno", o poeta-músico renuncia a exprimir as disposições acidentais deste; assim, o espetáculo que ele evoca resulta do mesmo motivo de seu sacrifício, da música: ele realizará, portanto, para os nossos olhos, a redução que a música lhe impôs, isto é, uma *Simplificação da Natureza* em prol da intensidade de sua expressão.

A Sala

Pode parecer estranho que um espetáculo tão pouco determinado nas suas proporções tenha de se adaptar a uma instalação fixa e estável, pelo lado do público e, visto que abarracamentos provisórios devem ser erguidos no palco, por que, com efeito, não se iria mais longe e não se construiria uma sala especialmente preparada para as condições de óptica e de acústica para este ou aquele drama? A questão parece muito natural. Contém, não obstante, uma inconsequência estética das mais graves.

A *Expressão*, como tal, só tem existência absoluta na alma daquele que a sente, e os meios que ela emprega para penetrá-la não têm, por si mesmos, senão um valor relativo.

O cantor grego vinha se colocar diante de seus ouvintes e lhes exigia somente bons ouvidos e bons olhos. Meio da expressão, ele se esforçava em opor a esta, por seu organismo, a menor resistência possível. O poeta-músico serve-se de meios mais complexos; seu organismo parece ampliar-se, multiplicar-se e assim deslocar os centros de resistência. No entanto, nada disso é verdade. É na sua alma de poeta que a resistência deve ser vencida: a visão que ele encontrou no seio da música deve, para se manifestar, vencer os obstáculos que lhe opõe uma personalidade circunscrita e acidental. Do feliz desfecho dessa operação depende a vida do texto poético-musical.

Então, de posse de um resultado tão glorioso, o dramaturgo coloca-se, invisível, entre a cena e o público. Com uma mão despótica, ele evoca sua partitura – obra de seu gênio; com a outra, afasta com respeito a cortina e nos convida a contemplar com ele o espetáculo – *a obra da música*[23].

---

[23] É assim que Wagner se exprime: *im Drama werden die Thaten der Musik sichtbar* (No drama, os atos da música tornam-se visíveis).

A ação interior que o poeta-músico comunica *diretamente* aos nossos ouvidos se impõe assim *por si mesma* aos nossos olhos. Na qualidade dos espectadores, viemos para ver e ouvir, e os nossos lugares só devem preencher as condições gerais da óptica e da acústica. A expressão vem então diante de nós com os meios que lhe são próprios e cujo jogo representativo sobre nossas faculdades receptivas ela sabe medir. Causaria dano à música adaptar de novo a disposição da sala para cada drama. A música não tem necessidade de nossa ajuda: dirigindo-se ao ser humano por inteiro – por meio do drama – apenas exige dele a integridade de suas faculdades, isto é, uma alma receptiva servida pelos sentidos em bom estado; todo o resto recai entre suas mãos poderosas. O próprio poeta-músico determina com o maior cuidado as condições acústicas da sala, mas ele conhece as inesgotáveis fontes representativas que a música possui e a deixa então agir com liberdade, preparando-lhe apenas um público disposto de modo favorável em face do espaço ideal em que ela irá se encarnar.

Em nossos teatros, não poderia ser mais um problema de acústica nem de óptica. Preocupações sem dúvida superiores deviam fixar sua disposição, uma vez que a de bem ouvir a orquestra e o canto e bem ver a cena não encontram aí lugar. É evidente que para o drama que nasce da música essas são condições colocadas pelas leis da acústica que determinarão em primeiríssimo lugar a construção da sala; e essas condições, como cada um de nós sabe, não são de natureza capaz de contrariar seja quais forem as exigências gerais da óptica.

A orquestra, que suponho instalada na sala tal como está no Festspielhaus de Bayreuth, pois não se pode atualmente conceber uma disposição mais ajustada, pertence à sala. De sua posição fora da cena depende seu papel de evocador. Se ela se transportasse para a cena a fim de fazer parte invisível do quadro cênico por combinações de sonoridades no espaço, destruiria a hierarquia representativa e daria por isso ao espetáculo um valor arbitrário; a encenação deixaria de ser um meio de expressão e a sala, a serviço da cena, deveria obedecer às suas injunções.

Ora, a orquestra evoca o quadro cênico por meio do papel do ator: é, pois, a cena que deve se encarregar de fazer chegar ao público a quantidade variável de sonoridades que comporta o papel cantado do ator. A abertura da cena deixa passar esse canto para a sala; depois dessa abertura, a sala é responsável por isso; além disso, a responsabilidade repousa inteiramente sobre a construção provisória, determinada pelo ator sob as ordens do texto

A ENCENAÇÃO COMO MEIO DE EXPRESSÃO

poético-musical. Assim, a sala só precisa, por sua acústica, ter em conta a orquestra e o alcance da voz dos atores a partir do quadro da cena.

No entanto, além desse quadro, o espaço determinado pela música permanece ainda um elemento de expressão cujo uso bastante legítimo parece inconciliável com a hierarquia representativa. Eu quero falar da música vocal ou instrumental que as personagens do drama (solistas ou corais) não fornecem diretamente e cuja presença não é mais motivada pela significação puramente inteligível do poema. Até aqui, em meu conhecimento, esse procedimento nunca foi empregado de outro modo salvo sob a forma elementar do *melodrama*[24].

Ainda que muito depreciado, o melodrama é igualmente a mais pura manifestação primitiva do desejo musical aplicado ao drama. Ele não tem, por si mesmo, nenhuma relação com a ópera, e seu objetivo é sempre *dramático*. Em um grau inferior, ele só serve para agir obscuramente sobre os nervos do público, seja para torná-los mais sensíveis à emoção dramática, seja para assinalar ao espectador um conflito, uma intenção oculta cuja ação cênica tende a embotar o efeito. Daí, passando por numerosas variações do caráter lírico, ele chega a revelar, sob a ação fortuita e simplesmente significativa da peça falada, a presença do elemento eterno, da Ideia. Quando em meio do tenebroso labirinto de nossa vida passional, tal como o poeta no-la expõe, a música eleva discretamente a voz, parece que passamos do estado atormentado da dúvida para o da cândida verdade. A música diz sempre a verdade, assegura Richard Wagner. Sem resolver nenhum problema, ela nos liberta por sua veracidade do desejo mesmo da solução e faz de nós, por um instante, "reine Subjekte des Erkennens" (puros sujeitos do conhecimento)[25].

A impossibilidade de harmonizar o texto falado com os sons musicais independentes constitui, sem dúvida, um vício radical do melodrama, mas esse mesmo vício é um elemento de força: em vez de se envolver hipocritamente nos figurinos suntuosos, como faz a ópera, o melodrama expõe publicamente sua inconsequência; resulta daí que sentimos nitidamente o caráter original de cada um dos meios em presença.

A encenação se aproxima do melodrama pelo lugar que se deve designar aos instrumentos (ou aos cantores) encarregados de executar a música. Conforme o caráter da composição, será necessário reunir uma orquestra completa ou

---

[24] Os dramas de Richard Wagner não fornecem nenhum exemplo disso: traço característico e que se explica pela situação do mestre perante a encenação, assim como veremos na segunda parte desse estudo.
[25] É assim que Schopenhauer define a disposição essencial do gênio.

então apenas alguns instrumentos. A orquestra se coloca habitualmente na sala diante da cena, assim como na ópera. Essa posição é evidentemente ruim, visto que desnatura as respectivas situações da cena, da sala, da música e do texto da peça. Em compensação, se os instrumentos puderem ser colocados no palco atrás do cenário, o melodrama, combinando suas sonoridades no espaço com o espetáculo, se vê na situação normal, pois a música não é aí nem a fonte do drama, nem seu comentário ativo, porém simplesmente *o ato de presença* de um elemento de expressão superior à palavra.

Melodramas tais como os de Schumann para o *Manfredo* de Byron, o de Bizet para *A Arlesiana* de Daudet são, apesar do talento que aí se manifesta, produtos muito grosseiros. O trêmulo sinistro pelo qual se sublinha a entrada de um assassino em qualquer drama popular grosseiro é de uma qualidade estética bem mais franca do que a bizarra colagem dessas obras brilhantes. Que alcance dramático pode ter uma música que confunde na sua expressão a ação cênica positiva e seu comentário, sem por isso prescrever o drama, o qual coloca sobre uma mesma linha abertura, entreatos, melodrama, coros, canção etc.? Não se sabe por que o próprio público não desataria a cantar para concluir uma tal comunidade de bens! Aí, como na ópera lírica, a música é tratada como objeto de luxo, do qual, por consequência, não se poderia infelizmente obter muito; e o compositor vai sombrear suas puras intenções na confusão produzida por sua própria crueza (*Rohheit*) estética. Se a ópera lírica não tivesse envenenado até a medula nossos ossos, a existência de semelhantes obras seria impossível.

Ao falar de melodramas, não é, pois, a esse gênero de partituras que faço alusão, mas antes a efeitos musicais muito modestos e em geral quase improvisados, cujo encanto todos os amantes de teatro puderam apreciar[26].

26 Até onde pode ir a inconsciência improvisadora do encenador nessa matéria, ao fim de uma representação de *A Taberna* de Zola (no Châtelet, em Paris), o autor o testemunhou. O cenário figurava aí um *boulevard* popular sob a neve. A fachada de um baile público, iluminada por lampiões de cor, contrastava por sua viva animação com os fiacres melancólicos e os bancos desertos que se perdiam na obscuridade. Uma mulher do povo, personagem central da peça, mendigava timidamente na calçada, sem nada receber, enquanto o alarido da festa noturna atraía os passantes para a sua fornalha. Exaurida, a pobre terminaria por se afundar na neve para morrer de fome e de miséria. A cena, de um tipo de realismo incompatível com a ideia de uma representação, corria o risco de perder seu efeito. Recorreu-se ao melodrama e eis pelo que se optou (sem dúvida ao acaso) para exasperar definitivamente os nervos já doentes do espectador: depois de subir o pano, um quarteto pouco numeroso de instrumentos de cordas, colocado na orquestra, diante do palco, se põe a executar com várias repetições, e muito delicadamente em pianíssimo, a pequena peça de Schumann intitulada "Träumerei" (Devaneio). Como teriam posto melhor em relevo o vício doentio e triunfante do que lhe justapondo esse final produzido com quietude diletante! Uma tal intenção é evidentemente por demais refinada para que possa ser atribuída a um encenador moderno. Houve aí, pois, sublime inconsciência.

A ENCENAÇÃO COMO MEIO DE EXPRESSÃO

Essas músicas de cena devem não apenas ser absolutamente independentes do sentido *inteligível* da ação (um coro de camponeses nos bastidores, um eco longínquo de baile, uma serenata etc., *não* são melodramas), pois é essa independência que, desde sua origem, caracteriza o melodrama e o distingue da ópera, mas ainda porque não se desenvolve fora do espetáculo (em abertura, entreatos etc.). Todo artista sensível compreenderá que essas duas condições implicam uma grande redução técnica na composição musical e interditam a sala aos instrumentos ou às vozes responsáveis por sua execução.

Assim definido, o princípio do melodrama é aplicável ao *Wort-Tondrama*; e se o é, como conciliá-lo com o papel da orquestra nesse drama e a respectiva situação da sala e da cena?

A orquestra, evocadora do espetáculo por meio da forma acidental do ator, não poderia ultrapassar o ponto de intersecção que separa idealmente sua duração no Tempo de suas proporções no Espaço. As leis puramente técnicas que regem a encenação não lhe dizem mais respeito: ele lhes abandona sua própria criação. Se então o poeta-músico deseja, por um motivo qualquer, mergulhar de novo o quadro que se volta aos nossos olhos na purificante atmosfera musical, é-lhe permitido fazê-lo; apenas não deve esquecer que a transformação *já foi realizada*, que a música do drama já foi encarnada na cena, e que assim isso não é senão o desenvolvimento de um espetáculo *dado* em que a música de cena assume a responsabilidade. A própria orquestra não tem outro objeto que o Drama; é, portanto, a expressão dramática que evoca o quadro cênico, e aquilo que esse último pode ainda comportar de sonoridades musicais se distinguirá da orquestra e do canto do ator pela ausência de expressão *dramática*. Por conseguinte, a música de cena jamais se dirigirá ao público sem justificar sua expressão pelo quadro cênico do qual ela é dependente[27].

Como se vê, o princípio do melodrama permanece o mesmo tanto no *Wort-Tondrama* quanto no drama falado: uma e outra dessas formas não toleram confusão entre a ação propriamente dita e seu desenvolvimento lírico. A admissão da música de cena não traz assim nenhum prejuízo à hierarquia representativa e, ao contrário, proporciona ao poeta-músico uma inesgotável fonte de expressão.

Quando, com pleno conhecimento de causa, as condições acústicas da sala estiverem estabelecidas, pode-se passar às da óptica; e aí se apresenta uma nova dificuldade.

---

[27] É evidente por si que a música de cena pode começar desde a subida de pano e mesmo antes, pois as condições restritivas que a concernem não residem no tempo, porém somente no espaço.

A disposição dos assentos reservados aos espectadores depende das dimensões do quadro cênico e, particularmente, da moldura da cena. Se, portanto, essas dimensões forem indeterminadas, como fixar de modo definitivo o lugar ocupado pelo público?

Eu disse que a abertura da cena se torna, na nova economia, uma dimensão absoluta no sentido de que *para os nossos olhos* ela é o ponto que separa nossa vida orgânica independente e nossa vida orgânica musical, e acrescentei que seu grau de abertura não é limitado diretamente pela música, mas que esta última dita as qualidades do quadro, as quais, por sua vez, determinam as proporções dessa moldura para chegar a nós integralmente a partir da cena. Essas últimas palavras contêm implicitamente a solução do problema. Com efeito, se para a encenação conservar sua potência expressiva a sala deve ser construída definitivamente sobre os dados mais gerais da acústica e da óptica, é que o caráter especial da Expressão é o de nada esperar de nós salvo a integridade de nossas faculdades. As convenções inerentes a toda manifestação artística têm duas causas diametralmente opostas: ou falsificadas por um estado de cultura corrompido, cremos dever impor à obra de arte as condições que nossa civilização impõe a nós próprios, ou então, são os limites de nossa natureza humana em si que nos obrigam a sacrificar tal elemento pela manifestação integral de um outro semelhante. As convenções indispensáveis a uma arte fundamentada na Expressão terão somente esta última causa e, coisa notável, a expressão compensa sempre os sacrifícios que nós lhe fazemos determinando *sem nosso auxílio* suas proporções sobre as de nossas faculdades receptivas: nós a havíamos chamado à vida por meio de nosso desinteresse; agradecida, *ela veio a nós*. Portanto, se a relação que existe entre o lugar do espectador e o quadro da cena exige para esse quadro um limite convencional de extensão, não somos nós que impomos arbitrariamente tal condição, mas é a expressão de que o império absoluto na cena *só tem a nós por objeto*.

A parede da sala contra a qual vem se colocar o drama em sua forma técnica provisória será, pois, perfurada por uma abertura máxima, e os lugares do público serão dispostos tendo em vista uma média tomada entre esse máximo e um mínimo arbitrariamente escolhido. O cuidado em conciliar essas dimensões com os limites especiais a cada drama diz respeito à própria cena, a qual não pode oferecer nenhuma dificuldade se ela for regida pelos princípios da Expressão. Sem dúvida, nenhum dos lugares deve desnaturar o sentido expressivo do espetáculo para quem se encontra nele; de modo que os lugares mais próximos e os mais afastados do palco, assim como os

A ENCENAÇÃO COMO MEIO DE EXPRESSÃO

laterais, não ultrapassarão o limite no qual, para uma visão média, o quadro conserva ainda a expressão. E, como eu disse mais a acima, essa é a única consideração capaz de influir diretamente na composição do quadro cênico, afora a música, porque a média a ser estabelecida para os lugares do espectador corresponde a uma média para se obter em todos os efeitos representativos e, mais particularmente, na iluminação, em que a "luz difusa" estabelece a condição primeira de todo espetáculo, isto é, a de apresentar aos olhos alguma coisa que estes possam distinguir.

Conclusão

> Glaubt mir, des Menschen wahrster Wahn
> wird ihm im Traume aufgethan.
>
> (Creiam em mim, a ilusão mais verdadeira do homem lhe é concedida nos seus sonhos.)
>
> HANS SACHS em *Os Mestres Cantores* de Wagner

O sonho, documento tão precioso, nos ensina melhor do que a mais sutil análise poderia fazê-lo sobre os votos essenciais de nossa personalidade. Um fio misterioso atravessa toda nossa vida de sono e vem criar a unidade que as relações de causa e efeito constituem em nossa vida desperta.

Quão inesgotáveis são as possibilidades do sonho, constata o observador respeitoso com admiração, muitas vezes mesmo com temor e pesar. Jamais, com efeito, a vida inteligível exporá com clareza suficiente os recursos de nosso ser, nem permitirá de modo tão livre o jogo de nossas forças latentes, nem realizará sobretudo com tanta plenitude e charme nossas volições mais secretas.

A vida do sonho é, em particular para *o artista*, uma incomparável fonte de alegria, pois, sem iniciá-lo em um mundo essencialmente novo para ele, ela lhe confere um poder ilimitado. Com Hâfiz, o artista exclama:

> *Ja, wenn du sehen willst, was ich bedeute,*
> *Komm in mein Reich,*
> *Mein jauchzendes!...*
>
> Sim, se tu queres ver o que eu entendo por isso,
> venha para o meu reino,
> ó, meu jubilante.

A ficção, da qual sua alma está saturada, festeja no sonho a íntima realidade de sua existência: ela não se manifesta mais em um laborioso trabalho para comunicar aos outros de um modo imperfeito o que, por hábito, eles só têm infelizmente de fazer ; mas ela resulta do agrupamento de elementos pacificados e por fim dóceis à vontade daquele que conhece seu valor eterno. Esse agrupamento é uma operação espontânea, advinda apenas de seu desejo. A felicidade muito especial que proporciona se deve porque o ordenador não tem mais de lutar contra a inércia natural das coisas e das pessoas: a função cerebral se encarna nela mesma.

O caráter inexprimível de uma tal criação deixa sua marca profunda na alma do artista. Se a mística tem a nostalgia do céu, o artista tem a do sonho, e toda sua produção sofre a influência disso.

Nas horas de vibrante alucinação, o poeta experimenta, sem jamais querer confessá-lo, quão rígidas e impotentes são as palavras para comunicar até um vago símbolo da imperiosa visão de sua alma; o melhor dessa visão, o essencial mesmo, permanece intacto, não expresso e, parece, inexprimível. Quando, após ter considerado por muito tempo sua produção concluída, o poeta retorna à fonte de sua inspiração e se esforça por reviver a hora da embriaguez que a constrange, tão fatalmente, a se disseminar entre outros que não ele mesmo, o poeta deve constatar que o elemento que ele não teve o poder de transcrever é a *Mobilidade*. Seus esforços tinham por objeto, na maior parte, a necessidade de fixar em uma espécie de síntese definitiva o movimento perpétuo de sua visão. Ora, ainda que ele não explique a natureza disso, ninguém melhor do que o artista sente o valor dessa mobilidade. Ele procura, pois, *sugeri*-la ao leitor e desnatura por isso os meios que emprega. Como não pode evocar, assim como em sonho, e por seu exclusivo desejo, a Ficção de sua alma! Quão recalcitrantes são na vida desperta os elementos que durante o sonho realizam espontaneamente os desejos mais ocultos!

Há, no entanto, uma Reveladora incomparável. Do mesmo modo que o Sonho, *ela obedece ao desejo para criar uma indubitável realidade*. Que o poeta a possua, que sua fantasia não satisfeita lhe mostre seu caminho... e sua incurável nostalgia se transforme numa ardente e tangível necessidade: a vida desperta *pode* criar o Sonho, e ele sabe disso, ele o vê; ao concentrar suas forças vivas, o artista pode realizar esse milagre, e isso lhe parece doravante o único objetivo desejável.

Ora, essa reveladora, a Música, lhe fornece mais ainda: com a evocação ela *exprime* o profundo desejo que é sua origem e desvela ao próprio poeta-músico

A ENCENAÇÃO COMO MEIO DE EXPRESSÃO

de que natureza é a mobilidade que ele acreditava estar fora de seus domínios. Este último compreende então que é a justaposição constante do elemento eterno e do elemento acidental, da ideia e do fenômeno, que dá à sua visão essa infinita e *movente* variedade de planos, esses relevos sempre mutantes e inexprimíveis pelas palavras. A música, ao permitir ao artista contemplar aquilo que até então ele não havia experimentado a não ser passivamente, o torna capaz de comunicá-lo aos outros. Aquilo que ele fazia em sonho, inconscientemente e para si mesmo, o poeta tornado músico, ou antes, no qual o "músico" se revelou, irá manifestá-lo em plena consciência e para todos os homens. Para esse efeito, ele deve examinar minuciosamente as leis que regem os elementos submetidos à música e dispô-los para sua mais completa obediência. De seu mais profundo desejo resulta um gênero de concentração da qual a música se apodera para fazer irradiar a expressão pelas ondas luminosas e moventes. Quando escreve sua partitura, o dramaturgo se serve implicitamente da mediação do ator como de um pincel vivo; o ator vem então distribuir na cena a luz da qual está impregnado e criar aí a realidade tão ardentemente almejada pelo artista.

A hierarquia representativa, que do ponto de vista técnico parecia resultar somente dos limites necessários à vida comum de muitos fatores, deve, pois, ser considerada como uma função equivalente à do sonho, como uma espécie de objetivação espontânea do desejo estético. Seu valor leva ao mais alto grau um caráter de humanidade, e aí se alinhar é simplesmente constatar a perfeita concordância de nossas faculdades.

Ao leitor que me terá seguido até aqui explica-se agora a seriedade que apliquei a questões cuja aparência não se afigurava precisamente comportá-la. Quer se tratasse da construção de uma ponte ou de um aparelho elétrico, ou de alguma outra combinação material, toda consideração técnica liga-se a uma importância que os termos do ofício contêm implicitamente sem, todavia, poder exprimi-la de modo evidente. Em matéria de arte vem juntar-se o princípio da Beleza, o princípio superior a todos os outros e, por consequência, inacessível à demonstração. O que distingue o homem do mister do simples amador não é apenas o conhecimento técnico do procedimento que ele emprega, mas também a constante associação deste último com seus elevados destinos. Por exemplo, a conversação entre pintores só é insípida para quem o jargão técnico permanece um jargão sem evocar a visão sempre inexprimível das formas e das cores.

Ora, a visão contida na demonstração teórica que foi objeto desta primeira parte não poderia ser evocada integralmente senão por uma partitura fundamentada nesses princípios. Com efeito, como dar um exemplo para a aplicação da hierarquia representativa, quando o texto poético-musical, causa determinante desta hierarquia, faltar? A rigor, pode-se inventar situações dramáticas e envolvê-las em explicações bastante minuciosas para substituir artificialmente a existência de sua partitura; depois, sobre esses fundamentos imaginários, elevar grau após grau o quadro cênico. É isso que o autor procurou fazer. Mas, após longos esforços, ele se convenceu de que um tal exemplo, longe de ilustrar a teoria, desnaturaria, ao contrário, completamente seu alcance, na medida em que o leitor teria o direito de ver aí a aplicação exata de princípios cuja existência e beleza são, no entanto, inseparáveis da sonoridade musical.

É a Música, e é somente a música, que sabe dispor os elementos representativos em uma harmonia de proporções superior a tudo aquilo que nossa imaginação poderia evocar. Sem a música, essa harmonia *não existe* e não pode, pois, ser experimentada, e hão de concordar comigo que seja tão ilusório substituir a música pelas palavras quanto explicar um agrupamento de cores a um cego de nascença.

Os dramas de Richard Wagner nos revelaram uma nova forma dramática, e sua maravilhosa beleza nos convenceu do elevado alcance dessa forma. Sabemos agora qual é o objeto da música e como ele pode manifestar-se. Mas, revelando-nos a onipotência da expressão musical, esses dramas nos iniciaram nas relações particulares que existem entre a duração musical – ofertada aos nossos ouvidos – e o espaço cênico – onde o drama se desenrola para os nossos olhos; e experimentamos à sua representação um mal-estar doloroso proveniente da falta de harmonia entre a duração e o espaço. A causa de nossa impressão reside na convenção cênica atual, convenção incompatível com a utilização da música no drama. Essa constatação nos levou a estudar as consequências que o uso da música podia ter sobre o espetáculo, de onde resultou a descoberta do princípio hierárquico entre os fatores do drama, princípio que conduz a uma transformação completa da técnica teatral. Ora, o próprio Richard Wagner, não obstante, colocou seu drama na cena atual, e não é senão aí que podemos vê-lo representar.

As condições presentes do *Wort-Tondrama* não são, portanto, as condições normais dessa obra de arte e, se quisermos possuir com os dramas de Wagner a forma que esses dramas nos revelaram, é indispensável pesquisar em que medida a visão do mestre estava de acordo com a cena moderna e a influência que uma tal concepção representativa pôde exercer sobre a feitura de seu drama. É esse ponto delicado que será o objeto da parte seguinte.

A ENCENAÇÃO COMO MEIO DE EXPRESSÃO

Então, com pleno conhecimento de causa, o leitor poderá julgar retrospectivamente a parte que esses dramas deviam ter tomado no estabelecimento de princípios teóricos precedentes e, na falta de exemplos mais concludentes, servir-se deles para livrar do termo técnico a visão que aí se encontra implicitamente contida.

Quanto ao futuro do *Wort-Tondrama*, futuro que as considerações teóricas precedentes supõem, muitos me contestarão não apenas sua importância, mas, sobretudo, sua possibilidade. Creio, portanto, que essa dúvida repousa sobre um mal-entendido. A reunião dos fatores poético-musicais e representativos é em si uma coisa da qual não poderíamos nos dispensar. Wagner, ao nos revelar o objeto que comporta uma tal reunião, nada fez senão regularizar uma necessidade imperiosa de nossa natureza; e se a qualidade específica de sua obra é inimitável – como a de toda obra de gênio – isso não implica, no entanto, que o *objeto* de seu drama e os *meios* necessários à sua manifestação estejam doravante fora de nosso alcance. O estudo desse objeto, podemos fazê-lo extasiando-nos na contemplação dos dramas do mestre; em compensação, o estudo dos meios de expressão exige uma grande independência ante os dramas iniciadores, e nossa civilização extraviada o torna atualmente muito difícil. Ora, é do seio da música que deve nascer sempre de novo a sublime expressão dos elementos eternos de nossa humanidade, e a música, em troca, nos exige uma confiança sem reserva. Para responder à sua voz, cumpre tornar-se consciente da resistência natural que ela nos opõe e procurar vencê-la.

Foi, portanto, a serviço da Música que o autor empreendeu este estudo, e o leitor julgará que para com tal mestre não há esforços supérfluos.

9
A Encenação do Drama Wagneriano

Estas poucas páginas parecerão, talvez, a quem tiver o cuidado de lê-las, concisas demais e, em consequência, dada a natureza do tema, um pouco obscuras. Mas, não sabendo se terei algum dia a oportunidade de publicar a série bastante considerável de trabalhos que esse assunto comporta, quero, ao menos, ter apresentado uma espécie de sumário deles.

Compreende-se que se trata aqui muito menos dos dramas de Richard Wagner em particular, do que das condições de equilíbrio da forma de drama criada por ele. Essas condições possuem por certo uma importância artística considerável e este estudo tem de fato por alvo resumi-las, mas esse não é, no entanto, o único objetivo que persigo.

Que uma arte de um alcance tão extenso não tenha podido encontrar em nossa cultura atual os meios mais elementares de viver e de se manifestar, é um sintoma significativo da falta absoluta de harmonia que domina nossas faculdades receptivas diante de uma obra de arte. Por isso, todo esforço na tentativa de reconstituir a harmonia nativa dessas faculdades, adquirirá um alcance muito mais extenso que não poderia parecer à primeira vista; e minha única esperança, ao publicar este pequeno trabalho, é, pois, a de atrair a atenção sobre essas questões e assim, talvez, empenhar-me em um ensaio prático de representação normal, que por si só seja capaz de ser convincente junto a um público esclarecido.

NOÇÕES PRELIMINARES

Wagner criou uma nova forma de drama[1]. Nos seus escritos teóricos, ele fixou definitivamente o que se pode denominar de condições abstratas. A aplicação que deu a elas em seus dramas parece dar a entender como resolvidas as condições representativas. Ora, não é o caso; e um grande número de mal-entendidos e de dificuldades amontoado na contramão dessa obra de arte tem sua origem na desproporção entre os meios de que o autor se serviu para a notação do drama, e aqueles que ele encontrou no estado atual da *mise-en-scène* para a sua realização. Eu não falo mesmo aqui das novas exigências impostas por esse drama aos intérpretes; elas são evidentes.

Há, pois, um vazio a preencher. No entanto, ao olhar mais de perto, percebemos que se trata sobretudo de um trabalho para se pôr as coisas no lugar, e que todos os elementos a serem ordenados são fornecidos tacitamente pelo próprio drama.

A sequência destas páginas esclarecerá o que tais afirmações podem ter de paradoxal. A fim de evitar que seja relembrado com muita frequência o ponto de vista em que me coloco, e adocicadas certas asperezas necessárias nos argumentos, devo dizer que esse ponto de vista é exclusivamente o do encenador, o qual, embora dê vida à obra de arte, não toca de nenhum modo na realidade da obra.

É o drama falado, e não a ópera, que deve fornecer o ponto de partida. O que distingue o drama wagneriano do drama falado é a utilização da música. Ora, não só a música dá ao drama o elemento expressivo, mas fixa também peremptoriamente a *duração*; portanto, podemos afirmar que, do ponto de vista representativo, a música é o *Tempo*; e eu não compreendo por isso "uma duração no tempo", mas o próprio Tempo. Ela fornece, por conseguinte, as dimensões: de início as proporções coreográficas na sua sequência,

---

[1] Ele a designa em alemão pelo termo *Wort-Tondrama*, o que significa um drama no qual o poeta se serve da *palavra* e do *som musical*. Essa espécie de drama é de alguma maneira a síntese do *Wort-drama*, ou "drama em palavras", ou seja, drama falado, e do *Ton-drama*, o único verdadeiro "drama musical", no qual o poeta só emprega a música, como Beethoven em *Coroliano*, na *Sinfonia Heroica* etc., Berlioz na sua *Sinfonia Fantástica*, Liszt nos seus *Poemas Sinfônicos*. Não seria preciso lembrar reiteradamente que Wagner protesta formalmente contra o termo "drama musical" aplicado a suas obras de teatro. Visto que a língua francesa não se presta a um equivalente *Wort-Tondrama*, eu diria "drama wagneriano" ou "drama do poeta-músico"; peço apenas observar que por "drama wagneriano" não tenciono designar apenas os dramas de Richard Wagner, mas, em geral, a nova forma criada por ele.

A ENCENAÇÃO DO DRAMA WAGNERIANO

depois os movimentos de multidão até os gestos individuais, daí, em seguida, as proporções do quadro inanimado com maior ou menor insistência.

No drama falado, é a vida que proporciona aos intérpretes os exemplos de duração (Tempo); o autor não pode fixar a duração da palavra, embora imponha um mínimo de exigências pela quantidade do texto; e a ação não torna precisos nem o desenvolvimento das evoluções, nem as proporções do cenário.

Ao contrário, no drama do poeta-músico, a duração é rigorosamente fixada, e fixada pela música, que altera as proporções que a vida teria fornecido. Pois a maior parte de nossos gestos acompanha a palavra, ou então eles são subentendidos a partir da palavra; e alterar a duração desta última é alterar a duração daqueles. Além disso, por sua natureza, a música tem necessidade de se desenvolver, de tal modo que as evoluções que a palavra (subentendida) não fixa, mas que aliás a vida nos ensina, também são alteradas pela duração dos desenvolvimentos indispensáveis a esse meio de expressão, porém estranhos (enquanto encenação) à vida dramática, e não se referindo a ela senão imprecisamente, ou até forçando o seu sentido.

Eis condições essencialmente diferentes das do drama falado. Se a ópera não houvesse vulgarizado a mudança na duração natural, não teria sido possível compor todas as peças do drama wagneriano sem levar em conta essa alteração capital.

Logo, não é mais a vida que dará aos intérpretes os exemplos de duração e de sequência, mas a música, que as impõe diretamente; e esta última, ao alterar a duração da palavra, altera as proporções dos gestos, das evoluções, do cenário. O espetáculo inteiro se vê assim transposto.

O que caracteriza o drama do poeta-músico e constitui seu alto valor é o meio que ele possui, graças à música, de *exprimir* o drama interior, enquanto o drama falado só pode *significá-lo*. Visto que a música é o Tempo, ela dá ao drama interior uma duração que deve corresponder a um espetáculo. Na vida, os movimentos da alma, do corpo e do espírito são simultâneos. Se a música expressasse os movimentos da alma por um simples acréscimo de intensidade o problema (representativo) não existiria. Mas não é o caso; e resulta daí que na alteração na duração da palavra vem juntar-se esta coisa complexa que é a duração necessária à expressão do drama interior. Ora, dada a natureza especial da música, o drama interior não pode encontrar nos exemplos de duração que a vida fornece ao drama falado lugar suficiente para seu desenvolvimento.

É isso que distingue definitivamente o drama wagneriano do drama falado, do ponto de vista prático do encenador, e sem entrar nas considerações de outra ordem que separam as duas formas desde sua origem.

Trata-se, pois, de um drama no qual todas as proporções de duração e de sequência que a vida fornece ao drama falado são alteradas, e ao qual vem somar-se uma nova duração: a do drama interior, que a vida não lhe fornece (enquanto duração)[2]. Os meios representativos do drama falado não poderiam, pois, servir-lhe; e os da ópera, que por sua duração teriam um emprego cômodo, devem igualmente ser descartados, visto que são motivados apenas por um prolongamento arbitrário no tempo, sem necessidade dramática. Resulta daí que a *mise-en-scène* do drama wagneriano deve ser composta dos únicos elementos que o drama wagneriano lhe proporciona e que é a técnica teatral (cujas condições atuais só têm em vista o drama falado e a ópera) que deve se conformar às novas exigências.

Essas exigências jamais poderão ser fixadas? Não, visto que dependem apenas do próprio drama e não se apoiam nem sobre uma convenção, como a ópera, nem sobre a imitação mais ou menos fiel da vida, como o drama falado. Cada drama determina, pois, sua encenação, e a técnica teatral propriamente dita serve aí tão somente de limite flutuante, sem nada determinar.

A conclusão inevitável é que o drama do poeta-músico recai *inteiramente* sobre seu autor e que este não pode esperar unidade, se a parte representativa (a direção) – que no final de contas fixa rigorosamente as proporções (a duração) pela música – não entra na própria concepção do drama. E aí está o que opôs, e opõe ainda, as insuperáveis dificuldades à manifestação dos dramas de Richard Wagner e à compreensão da *ideia* do novo drama do qual eles são a aplicação.

Pode-se, portanto, tratar a encenação do drama wagneriano apenas teoricamente, uma vez que os próprios princípios da encenação, para cada obra em particular, só são determinados por essa mesma obra; e a parte abstrata desta teoria, que constitui o tema do presente capítulo, é necessariamente muito restrito, porque pode levar em consideração somente nossas exigências mais gerais de equilíbrio, sem atrever-se a dar a si própria um objeto preciso.

Quando se fala de representação, supõe-se um público. A representação de um drama tem o único objetivo de convencer esse público da realidade da vida que anima esse drama.

---

[2] Não pretendo dizer com isso que a música não possa exprimir simultaneamente o drama interior e a ação representativa; faço alusão apenas ao exclusivo fato de que a *duração* do drama interior exige cenas que ela possa preencher, e pode também transbordar sobre um espetáculo vazio (espetáculo no sentido necessário ao drama falado).

A ENCENAÇÃO DO DRAMA WAGNERIANO

Qualquer um que deseje induzir outrem à convicção, irá se deixar guiar pelos índices que poderá encontrar nas capacidades das pessoas às quais ele se dirige. Se quisermos convencer o público atual da *realidade* do drama wagneriano, quais índices esse público nos fornecerá para nos guiar em nossa tarefa?

De início, ele tem o gosto falseado, daí resulta que ele é fraco, fato que o deixa numa grande passividade. Essa passividade se manifesta de muitas maneiras: inércia para sair das formas aceitas sem exame; impotência para suportar a intensidade musical, e, sobretudo, incapacidade de reunir as partes constitutivas do drama ou, em outros termos, impotência de concentração.

Examinemos essas três manifestações, que resumem bem a situação atual. A inércia para sair de formas aceitas necessita que se apresente ao público o drama sob uma forma que não possa se prestar a nenhum mal-entendido. Sua impotência em suportar a intensidade musical, impotência que o paralisa e lhe tira o uso de seus outros meios, obriga a dar ao espetáculo dos olhos uma intensidade correspondente, que permita ao espectador se dar conta de todas as suas sensações. Quanto à impotência de concentração, fica desde logo sensivelmente diminuída, se forem realizadas as duas condições precedentes; e quando a concepção representativa seguir *pari passu* com a do próprio drama, a representação não exigirá mais do espectador senão os esforços dos quais ele é facilmente capaz.

Dessas três condições, somente duas dependem de nós; a terceira (a concepção representativa que segue no mesmo ritmo a concepção do próprio drama) constitui um problema que só o dramaturgo pode resolver. No futuro, é, pois, a ele que incumbirá o cuidado com o equilíbrio de sua obra em face do público. Temos atualmente outros exemplos do drama wagneriano além dos dramas do próprio Richard Wagner; e, visto que essa terceira condição não foi satisfeita por ele, segue-se que as condições presentes do drama wagneriano não são as condições normais dessa obra de arte; e que, ao examiná-las, somos forçados a fazer abstração dessas condições normais que permanecem desconhecidas para nós. O problema dos procedimentos a serem encontrados a fim de convencer o público atual é, portanto, duplamente delicado, e esse público tem direito a eles sob todos os pontos de vista.

Dissemos que sua fraqueza exigia uma forma representativa que descartasse o mal-entendido, e uma intensidade de espetáculo que correspondesse à intensidade da música. Do ponto de vista representativo, o drama wagneriano distingue-se do drama falado porque, em vez de servir-se da duração na vida, ele próprio a fixa rigorosamente: uma inteligência precisa desse fato fornecerá somente o caráter distintivo que não poderá deixar dúvida acerca da existência original do drama assim compreendido. A partir desse ponto de vista superior, o perigo da ópera desaparecerá completamente.

Quanto à intensidade do espetáculo, é preciso entender o sentido do termo "intensidade" em matéria representativa: trata-se do maior ou menor aporte do gosto na escolha do luxo cenográfico, de uma pesquisa sutil de coloridos, de violência ou de lirismo na mímica etc.? Em relação a um drama que não fixaria por si mesmo a duração (a sequência e as proporções), seria possível hesitar; quanto ao drama do poeta-músico, é nele próprio que devemos buscar toda vida, é ele quem a fornece, e qualquer intensidade vinda de fora permanece letra morta para o público e cessa assim de existir do ponto de vista dramático. Resulta daí que a maior ou menor intensidade representativa desse drama está em razão direta com as relações mais ou menos adequadas de sua encenação com a vida dada pelo drama. Quanto ao drama wagneriano do futuro, a responsabilidade incumbirá ao dramaturgo; atualmente é a nós que ela incumbe, e a tarefa é pesada.

Vemos que nos resta uma única e exclusiva condição teórica para que possamos fixar antes de toda aplicação; e essa condição que se deve considerar como a base da encenação do drama wagneriano é que a vida *nos é dada exclusivamente pelo próprio drama*.

Portanto, em suma: a música, sendo o Tempo, fornece as proporções; de tal maneira que a encenação do drama wagneriano não precisa mais procurar exemplos de duração na vida, mas que toda vida se encontra fixada rigorosamente pelo próprio drama; daí resulta que esse drama recai *por inteiro* sobre o dramaturgo, que cria, de algum modo, o Tempo e o Espaço, e que, possuindo o meio de justificar sua criação, se torna seu mais poderoso evocador. Visto que os dramas de Richard Wagner não satisfazem essa condição, e sendo os únicos que possuímos desse novo gênero, as condições atuais dessa obra de arte não são, por conseguinte, suas condições normais. Se, não obstante, quisermos convencer o público de sua vida original, a maneira de apresentá-la torna-se uma questão das mais delicadas. Ora, verifica-se que as condições impostas por esse público estão de acordo com a condição fundamental do drama wagneriano, a saber: que é nesse drama apenas que vamos encontrar a vida. Assim, o encenador dos dramas de Wagner deverá se deixar guiar exclusiva e servilmente por tudo aquilo que o drama que ele quer representar lhe revelará de sua própria vida.

Wagner, portanto, ao fixar as condições abstratas de seu drama, fixava tacitamente suas condições representativas, visto que elas estão aí necessariamente contidas; e é somente na aplicação que ele lhes deu, que Wagner negligenciou a necessidade de perseguir rigorosamente a consequência.

A FORMA REPRESENTATIVA

É aos dramas de Wagner que devem agora se limitar nossas observações. Muito embora seu autor os tenha situado nas atuais condições representativas, essas condições, nós o vimos, não poderiam fornecer a intensidade requerida, isto é, adequadas à vida do drama. Essa vida sendo dada pela música, nos resta saber qual é a natureza da intensidade musical do ponto de vista representativo, para que possamos opor-lhe meios análogos.

Até aqui, o ator se vê numa situação independente em um quadro inanimado, ao qual ele não podia por nenhum meio se misturar. A ação dramática fixava esse quadro sem precisão, e o ator só estava preso a ele pelas necessidades materiais de seu papel. Como era impossível supor a existência de um elemento conciliante, procurava-se preencher o vazio com tudo aquilo que a ação podia sugerir, ou mesmo subordinar a ação às possibilidades representativas. Mas rapidamente veio o cansaço com essas pesquisas de encenação, e o drama se mostrou então em sua insignificância, ou de fato descobriu que ele mesmo era independente dos meios representativos que haviam sido considerados como parte de um só corpo com o drama. Ele não podia senão desembocar no quadro mais ou menos vivo, ou recair em uma das formas anteriores. A necessidade de ligar o ator ao quadro inanimado não existia suficientemente para justificar tantos esforços, e ela entravava a ação, por falta de um meio que exprimisse não essa necessidade, mas o *fato* da fusão dos dois elementos.

Wagner resolveu o problema: em toda parte, por onde o drama demanda a fusão dos elementos representativos, a música fornece o meio ao poeta-músico. Aquilo que se procurava realizar pela escolha da ação dramática adaptada às possibilidades de encenação, existe, pois, originariamente, no drama wagneriano; e a ação, em vez de ser limitada, apresenta-se com uma variedade inesgotável.

A intensidade musical, do ponto de vista representativo, consiste, portanto, naquilo que *a música conduz a todos os elementos, e os grupos seguem as necessidades da expressão dramática*; de modo que o espetáculo deve adquirir uma flexibilidade tal que lhe seja possível obedecer sem réplica às exigências musicais. Como isso é um caso de proporções, só temos de examinar os elementos da técnica teatral, e subordiná-los uns aos outros de um modo que corresponda aos meios da expressão do poeta-músico.

O quadro inanimado se compõe da pintura, da plantação (isto é, a maneira de dispor o material cenográfico) e da iluminação. A plantação serve de intermediário entre a pintura e a iluminação; a iluminação, do mesmo modo, entre os outros dois meios e o ator.

O mais novato em matéria cenográfica compreenderá que a pintura e a iluminação são dois elementos que se excluem, pois iluminar uma tela vertical é simplesmente torná-la visível, o que nada tem em comum com o papel ativo da luz, e até lhe é contrário. Em contrapartida, a plantação traz prejuízo à pintura, mas pode servir eficazmente à iluminação. Perante o ator, a pintura está inteiramente subordinada à iluminação e à plantação.

Dos elementos representativos, o menos necessário é, portanto, a pintura; e é inútil provar que, fazendo-se abstração do ator, é a iluminação que aparece na primeira fila. Qual desses meios está submetido às convenções mais restritas? A pintura, sem nenhuma dúvida, porque a plantação a limita de modo considerável, e o papel ativo da iluminação tende a excluí-la por inteiro. A iluminação, ao contrário, poderia ser considerada como onipotente, não fosse sua antagonista, a pintura, que falseia seu uso. A plantação participa da sorte de todas as duas: ela se vê restringida ou desenvolvida em razão direta à importância da pintura ou da iluminação.

O elemento menos necessário, a pintura, trava, pois, sensivelmente, o desenvolvimento dos dois outros elementos, que lhe são superiores. Essas relações paradoxais têm sua fonte na própria concepção da forma representativa.

Ninguém contestará que a *mise-en-scène* tomada como finalidade seja para sempre estéril; podemos, portanto, fazer abstração dela em nosso raciocínio.

A forma representativa é dada pela forma dramática ou, de modo mais preciso, é o público que impõe tacitamente a forma exterior da qual tem necessidade para ser convencido da vida do drama. A pintura tem por objetivo essencial apresentar aos olhos aquilo que nem o ator, nem a iluminação, nem a plantação podem realizar. Se ela é desenvolvida de forma desmesurada, a razão disso é porque o público tinha necessidade de indicações que só ela podia fornecer, o que significa dizer que as formas dramáticas lhe impunham a condição. Vimos que o meio de operar a fusão do ator com o quadro inanimado não existia antes da criação do drama wagneriano. A encenação devia se encarregar dos pormenores que, completando-se uns aos outros, provocavam a sugestão necessária ao drama. Igualmente, na falta de poder exprimir o drama interior, o poeta se limitava a indicá-lo por uma ação representativa: drama e espetáculo eram, pois, adequados; ambos eram impotentes para expressar o *fato* e obrigados a indicar apenas, um pelas manifestações exteriores da vida e o outro pelos signos inanimados. A pintura, encontrando-se particularmente apta a fornecer esses signos, assumiu uma grande importância, e conduziu a plantação e a iluminação na sua sequência, para seu uso particular. O público se acostumou ao esforço de transposição exigido pelas telas verticais e pela falta de luz *ativa*; ele tomou gosto por essa apresentação da vida por meio dos signos, cujo manejo permitia uma enorme liberdade de escolha, e sacrificou, à factícia necessidade de ver "indicado" muitas coisas sedutoras, a vida verdadeira que só a iluminação e a plantação podiam proporcionar.

Ao encaminhar a fusão de todos os elementos, o drama wagneriano desvelou a impotência da forma representativa assim compreendida; e se Wagner não estabeleceu sua obra em outra forma senão nessa, não é menos incontestável que essa obra não poderia aí manifestar sua vida.

Os meios de expressão que o autor pode atualmente conduzir por meio da notação (poético-musical) adquiriram nos dramas de Wagner sua mais alta potência, ao se subordinarem uns aos outros; o mesmo deve ocorrer com os meios representativos. Examinemos as relações de hierarquia que essa subordinação acarretará.

A encenação atual coloca todos os meios de que dispõe a serviço do *Signo*, cujo principal auxiliar é a Pintura. Mas, uma vez que a pintura é o elemento mais incômodo e o menos expressivo, devemos desde o início subordiná-la ao seu antagonista, a Iluminação. Vimos que é a Plantação que serve de intermediário, de termo conciliante, entre a pintura e a iluminação; a parte essencial da plantação é a combinação dos praticáveis, o que chamamos de "a Praticabilidade"; ora, é o Ator, são as exigências de seu papel, que ditam e determinam essa "praticabilidade". Quanto ao ator, não possui, no drama wagneriano, nenhuma liberdade de iniciativa, porque seu papel inteiro se encontra fixado nas proporções dadas pela Música. A música, por sua vez, é a alma do Drama. É, pois, em última instância, o drama que determina a encenação. Porém, o que cabe sobretudo assinalar é que o drama não poderá jamais determinar a encenação sem passar pelo ator.

A vida imposta ao ator por meio da música difere daquela que ele deve procurar para o drama falado, no fato de que a duração aí é fixada para sempre, transpondo o espetáculo segundo a vontade da intenção dramática. Decorre daí que o papel dado contém desde logo não apenas proporções no tempo, mas também no espaço, resultando estas últimas daquelas: a união entre o quadro inanimado e o ator ocorre, portanto, antes de qualquer representação, de modo implícito, em estado latente. Sendo a plantação determinada pelo Ator, e o papel deste último existindo tão somente nas proporções dadas pela Música, segue-se que a própria Plantação assume uma importância musical, o que, para o drama wagneriano, equivale a um papel dramático. É, pois, ao jogo da pintura cenográfica feito por ela mesma que é preciso renunciar, visto que ele reduz a nada o sentido dramático da plantação e açambarca a iluminação em proveito unicamente próprio, destruindo assim os fatores essenciais para atravancar o quadro cênico de signos com os quais o drama wagneriano nada tem a fazer. Quanto à iluminação, se conta usufruir de sua vida própria, não pode esperar a liberdade de expressão, pois permaneceria sem objeto; e ambas, a iluminação e a pintura, não poderão fazer nada sem a plantação, à qual o ator impõe as proporções dadas pelo drama. Se, por sua vez, a plantação satisfaz sua dupla missão de permitir que a pintura exista apesar da iluminação, e a iluminação de funcionar malgrado a pintura, obteremos assim, para a forma representativa, um conjunto orgânico correspondente ao organismo do drama abstrato; e os meios de expressão, subordinando-se uns aos outros, adquirirão a flexibilidade desejada[3].

A perfeição atual da pintura cenográfica torna seu sacrifício cruel. Esse sacrifício será compensado pelas vantagens que o novo papel da iluminação proporcionará? Não esqueçamos que, devido à sua qualidade de intermediário entre o ator, de um lado e, de outro, entre a plantação e a pintura, a iluminação constitui o elemento de fusão mais importante da encenação: o que perdemos na quantidade dos signos (pintura) nos é, pois, dado pela vida da expressão direta. Ao sabor das proporções dadas pela música, cada elemento representativo poderá fornecer a exata medida de expressão exigida, e essa flexibilidade só lhe será possível pela colaboração dos outros elementos.

Aliás, seria um erro exagerar esse sacrifício, pois a pintura cenográfica, ao perder sua independência, descobrirá, provavelmente, nas suas novas relações, uma fonte de invenção mais pura do que aquela que lhe concedeu

[3] A encenação não pode alcançar o grau de um *meio de expressão* a não ser no drama wagneriano, porque essa obra de arte, ao absorver todas as nossas faculdades, torna impossível que um dos fatores se extravie ou se estenda em um espaço indeterminado. Ela não é, pois, mais como antes uma simples constatação material; e, por conseguinte, *a Ilusão não é mais o objetivo*. Em *Tristão*, por exemplo, a encenação deve se reduzir ao mínimo, de tal modo que não poderia se tratar de ilusão. *Os Mestres Cantores*, em compensação, necessitam de um máximo de vida realista.

sua pretensa sorte atual. Se o drama devia lhe exigir às vezes um retorno à sua vida própria, em conhecimento de causa ela executaria a si própria; e o público não se deixaria mais enganar por suas brilhantes aparências, em que ele não veria senão uma necessidade dramática[4].

O quadro inanimado assim compreendido só existe pelo ator, que, servindo de intermediário entre o drama e a forma cenográfica, determina esta última de tal modo que ele mesmo possa fazer parte dela. Sua posição é, pois, transformada, porque o autor não lhe dá mais um papel a criar, mas o papel lhe é imposto, desde logo vivendo sua vida definitiva, da qual o ator só tem que se apoderar. Se, no drama falado, o ator, para entrar em seu papel do momento, deve renunciar à sua personalidade, esse papel permanece, no entanto, em grande parte como sua propriedade; e o público tem de tal modo consciência disso, que o êxito do ator, de sua "interpretação", ocupa-o muitas vezes mais ainda do que o da peça. Para o ator do drama wagneriano, esse sucesso não existe mais, porque ele abdica não apenas de sua personalidade, como também de todo *direito* ao seu papel; e quanto mais essa renúncia for completa, melhor o ator concluirá sua missão.

Como o poeta-músico consegue sozinho apreender as exigências de sua música, só ele pode resumir suas consequências do ponto de vista representativo e impô-las. É, pois, a perfeita flexibilidade no tempo (proporções) que deverá ser objeto de estudos minuciosos do ator, porque ele precisa moldar, sobre uma duração estranha, uma mímica que lhe é prescrita, embora ele a execute com seus meios independentes.

O problema sempre novo que constitui a dificuldade das relações do autor com seus intérpretes se verá assim definitivamente resolvido, pois ele repousa menos sobre a obstinação e a vaidade do que sobre o fato inegável da liberdade concedida ao ator. Segue-se que o interesse do público se concentrará exclusivamente na própria obra e que os cuidados da interpretação, os quais constituem atualmente a morte do drama, serão reduzidos ao mínimo dificilmente apreciáveis.

Para os dramas de Richard Wagner, é impossível e continuará impossível evitar o cuidado da interpretação, pois se essa ordem de preocupações já é muito viva no drama falado, em que o ator se encontra, no entanto, em condições normais diante da obra, o que sobrevirá a um drama que deverá fixar peremptoriamente o papel *completo* e que se limita, pela música, a tirar

---

[4] Ver mais adiante o caso do *Crepúsculo dos Deuses*.

do ator toda liberdade, sem lhe dar em compensação a vontade precisa do autor? Não é nunca completamente a obra de Wagner à qual assistimos, e a colaboração evidente do ator se impõe na medida em que suas dificuldades parecem invencíveis.

Só existe uma maneira de sair desse impasse: é confiar a uma única pessoa a responsabilidade de toda a parte representativa. O ator tomará assim, ao menos artificialmente, a posição que o futuro do drama wagneriano lhe consigne e será obrigado, desde logo, a uma grande flexibilidade. Por isso, ao lado de estudos de dicção e de pura música, deve-se incluir aquilo que se pode denominar o estudo da "flexibilização"; mas esse estudo, servindo-se talvez de procedimentos já conhecidos, terá como propósito um outro objetivo.

Essa meta suprema do ator do drama wagneriano é a Renúncia: renúncia do ser todo inteiro, para se tornar estritamente *musical*, no sentido de que a nova forma dramática dá a esse termo, isto é, para poder se manifestar no Tempo musical com toda a vida dramática exigida. O ator inteligente convirá que ele não poderia ter um objetivo mais elevado.

Para ilustrar essas considerações teóricas, vou analisar a encenação de um dos dramas de Wagner. Esses dramas, como vimos, só se encontram em suas condições normais, de modo que meus exemplos só poderão ser aproximativos. Não obstante, irei me esforçar em mostrar como o encenador deve procurar e encontrar a Vida no próprio drama, e como tudo aquilo que ele poderá se propor, por mais engenhoso que seja, permanecerá um efeito nulo do ponto de vista do drama, se isso não decorrer direta e estritamente das intenções dramáticas do autor.

NOTAS SOBRE A ENCENAÇÃO DE O ANEL DO NIBELUNGO

De todos os dramas de Wagner, O Anel do Nibelungo é aquele que oferece mais variedade e maior soma de desenvolvimentos[5]. Esse drama, de tão colossal envergadura, necessita de uma escrupulosa unidade representativa para se manifestar. Os exemplos seguintes o provarão,

---

5   Suponho que o leitor tenha um conhecimento mais ou menos aproximado do drama, pois não me é possível resumir aqui a obra inteira. Quanto às passagens escolhidas para ilustrar o emprego desta ou daquela combinação representativa, limitar-me-ei, se for necessário, em resumi-las. Não é preciso dizer que é a partitura alemã que me serve de guia; toda tradução, boa ou má, desfigura inevitavelmente a relação dos meios de expressão entre si.

A ENCENAÇÃO DO DRAMA WAGNERIANO

demonstrando que essa unidade é indispensável à própria compreensão da obra e desempenha assim um papel dramático em toda força do termo.

O encenador, para obter o controle e a garantia de sua visão a cada instante, deve apoiar-se sobre uma base sólida, o que ele só poderá fazer partindo rigorosamente do geral para o particular. Eu vou, pois, seguir esse andamento.

A vida do drama é dada pelo deus Wotan; o espetáculo consiste no cumprimento da vontade desse deus; isso significa dizer que Wotan provoca o espetáculo, e que, sem Wotan, o drama cessa de existir. Trata-se, portanto, de uma questão de relação; e será necessário referir todos os eventos ao seu ponto de partida, a vontade de Wotan, e de regular a manifestação segundo as flutuações dessa vontade. Temos assim duas condições fundamentais, a saber, que essa vontade esteja sempre presente, e que os eventos sejam dotados de uma vida correspondente àquela que essa vontade lhes impõe. E será preciso jamais perder de vista essas duas condições, e se deverá tirar partido de tudo aquilo que o drama pode fornecer de elementos próprios para manifestar essa vontade.

O que constitui a essência do drama é que os eventos provocados pelo deus encontram-se em contradição com o móvel íntimo de sua atividade, fato de que ele se torna consciente. Assim, impotente para detê-los ou para desviar seu curso, renuncia a dirigi-los e se coloca, a despeito dele mesmo, como espectador passivo, esperando o desenlace que deve consumar sua ruína. O drama se divide, pois, em duas partes; a primeira põe em cena a vontade ativa e a segunda, a vontade passiva de Wotan: seja, por um lado, *O Ouro do Reno* e *A Valquíria* e, de outro, *Siegfried* e *O Crepúsculo dos Deuses*. Ora, *O Crepúsculo dos Deuses* inteiro se passa na ausência total de Wotan, e o drama nem por isso deixa de continuar seu curso. Graças à música, o poeta-músico pôde realizar essa coisa estranha que é a de uma ação cênica servindo de duração ao drama essencial estabelecido nas partes precedentes; e essa combinação lhe permitiu atingir um grau de sugestão extraordinário, fornecido exclusivamente pela música. É, pois, necessário opor à intensidade dessa sugestão uma forma representativa correspondente, o que parece impraticável, visto que a vida cênica se afigura independente do drama interior. Tratar-se, por conseguinte, de apresentar ao público uma vida em parte dupla, sem cometer violência contra a ação dada, isto é, encontrando no próprio drama o procedimento a empregar. A sugestão musical em questão deve sua potência às partes que precederam, sem as quais a expressão, tornada puramente musical em *O Crepúsculo dos Deuses*, permaneceria ininteligível. Se queremos tornar sensível a via independente seguida pelo drama interior, será, portanto, necessário ter estabelecido com precisão uma forma representativa adequada à vida das partes precedentes, e depois, de súbito, substituir aí uma forma mui sensivelmente diferente: a sinfonia continuará a visão já conhecida; e a ação dramática colateral, que lhe serve de duração, encontrará na nova encenação um meio de se afirmar independentemente da sugestão musical.

O drama nos fornece um motivo suficiente para o emprego desse procedimento. Wotan cessa de aparecer na cena desde o momento em que deixamos o mundo heroico para entrar na sociedade arbitrária dos simples mortais: a encenação pode facilmente marcar essa queda, mas ela deverá forçar essa nota para evitar todo mal-entendido.

Cumpre, pois, encontrar aquilo que caracteriza representativamente o mundo heroico e o distingue do mundo arbitrário. *O Anel do Nibelungo* de Wagner não pode basear sua encenação senão de maneira muito indireta sobre o fundo mítico de onde foi retirado. A significação, não simbólica, porém *típica*, atinge aí uma precisão que eleva o drama bem acima de qualquer cor mitológica; e essa significação é de tal natureza que desejamos poder vestir as personagens à nossa vontade, e colocá-las em um quadro que as aproxime de nós. Só há um modo de responder a essa necessidade, que é a de apenas enfeitar as necessidades mais elementares do figurino e do cenário. Eis, pois, um caráter que nada tem de contrário à manifestação do mundo heroico, e parece antes dever exprimi-lo com muita clareza. Quanto ao mundo arbitrário, ele será tratado arbitrariamente; e como não bastaria para isso carregar o palco cênico de pormenores supérfluos, mas que é preciso mudar o próprio princípio, o estado atual geral da encenação poderá nos render aí grande serviço.

É difícil, sem entrar nos pormenores técnicos, tornar de fato inteligível aquilo que pode diferenciar de uma maneira capital dois princípios cenográficos. Eu me limitarei a notar que é particularmente a pintura que deverá marcar o contraste, afirmando-se com mais independência em *O Crepúsculo dos Deuses*; sem, todavia, prejudicar de modo sensível a iluminação nem o grau de praticabilidade que a ação requer. Ela conduzirá os figurinos sob o mesmo princípio: esses figurinos serão compostos arbitrariamente e entregues à fantasia, o que os colocará em oposição aos primeiros, os do mundo heroico os quais só deverão ser adornados – de um modo harmonioso – nas mais estritas necessidades. Os representantes desse mundo heroico se destacarão sobre uma miscelânea de cores sufocante: o que marcará a possibilidade de uma relação entre a sugestão musical e o espetáculo.

A ENCENAÇÃO DO DRAMA WAGNERIANO

Examinemos agora a relação das quatro partes da tetralogia entre si e vejamos se é necessário, além da diferença indicada acima, opô-las umas às outras.

O Ouro do Reno é uma espécie de prelúdio (*Vorabend* – Véspera). A rigor, ele pode constituir, isoladamente, um conjunto inteligível para o espectador; mas, se não servir de ponto de partida, nenhuma das outras partes tem significação. Estabelecendo o dilema que amarra a ação, ele fixa os elementos da expressão dramática, cujos desenvolvimentos servirão para a trama das partes seguintes. A encenação deve fornecer, do mesmo modo, um conjunto de características suscetíveis de desenvolvimento.

A força soberana desse prelúdio consiste no fato de apresentar um estado de coisas *elementar*, de tal modo que a precisão necessária ao enunciado dos motivos sobre os quais repousa um drama tão considerável é facilitada pela própria forma de sua expressão. Cada uma das personagens permanece em sua esfera limitada; o drama brota de seu contato. O choque só será compreendido se cada esfera tiver sido nitidamente especificada por sua encenação, pois as características que deverão seguir o curso do drama não podem ser extraídas diretamente dos elementos desse mundo primitivo. Elas são, por assim dizer, as centelhas resultantes do choque desses elementos, de modo que o quadro inanimado, tomado isoladamente, não poderia fornecer essas características. É, portanto, a mímica que religará a encenação de *O Ouro do Reno* com a do resto do drama; enquanto a forma puramente decorativa, devendo realizar um estado de coisas elementar que não se reencontra nas partes seguintes, tenderá a isolá-la.

Entre *A Valquíria* e *Siegfried* há paralelismo evidente, mesmo do ponto de vista representativo. Essas duas partes do drama apresentam cada qual, de início, um interior, depois uma selva a céu aberto, e ambas terminam no mesmo quadro, o rochedo das valquírias. O que as distingue, no entanto, definitivamente, uma da outra é que *A Valquíria* é ainda dominada pela vontade de Wotan, ao passo que *Siegfried* não é mais do que o drama perseguindo seu fluir sem a intervenção direta da vontade. *Siegfried*, por sua própria essência, forma, pois, mais "espetáculo" do que *A Valquíria* o faz.

O último quadro de *A Valquíria* representa um ápice abrupto, local de encontro favorito das valquírias. Ele é puramente cenográfico até o momento em que o deus o envolve em um círculo de chamas para proteger o sono de Brunhilda; mas a partir desse instante ele adquire uma alta significação. Pois esse sono vem a ser a única garantia de Wotan contra a sua própria vontade; isto é, que o deus, tendo renunciado à direção dos eventos, deve reduzir a confidente de seus desejos à impotência. Esse fato quase concede ao cenário o valor de um papel dramático, porque não somente o retorno do mesmo cenário em *Siegfried* e em *O Crepúsculo dos Deuses* constitui para o olho o traço de união entre as três partes, mas também porque ele reconduz sempre o espectador ao ponto mais sensível do drama. Com *O Crepúsculo dos Deuses* começa a segunda divisão, motivada pela ausência de Wotan; o rochedo das valquírias aparece aí, no entanto, duas vezes: de início, em um prelúdio isolado; depois, após haver-se tocado no mundo da sociedade convencional dos homens. Essa disposição é das mais favoráveis, porque o espectador que não teria percebido suficientemente a diferença das encenações se verá forçado a fazê-lo pela superposição repetida delas[6].

Compreende-se que, para um drama dessa extensão, seja desejável lembrar no fim o ponto de partida e satisfazer assim o anseio de unidade. Aqui, o encenador não precisa tomar cuidado, pois o próprio drama lhe proporcionou isso: o fim de *O Crepúsculo dos Deuses* reapresenta os elementos cenográficos de *O Ouro do Reno*, e para que o intuito que motiva seu retorno seja compreendido, eles devem se apresentar do mesmo modo que no começo da obra, na sua simplicidade típica.

Logo, em suma: *O Ouro do Reno*, embora isolado por sua parte puramente cenográfica, relaciona-se por sua mímica ao resto drama; o último quadro de *A Valquíria* encontra-se em *Siegfried* e em *O Crepúsculo dos Deuses*, e torna assim as três partes dependentes uma da outra; há paralelismo entre *A Valquíria* e *Siegfried*, até mesmo quando o motor do drama, a vontade de Wotan, os separa definitivamente; enfim, a encenação arbitrária de *O Crepúsculo dos Deuses* encontra um precioso realce no cenário das valquírias, e a unidade representativa do drama inteiro é salvaguardada pelo retorno do mundo elementar que o encerra.

Para lançar luzes sobre os princípios enunciados no começo deste estudo, darei exemplos pormenorizados. A encenação de um drama de Wagner deve constituir um todo orgânico; é, pois, difícil extrair dele fragmentos que permaneçam inteligíveis. Aqueles que citarei foram escolhidos por um projeto completo e detalhado, do que este capítulo é uma espécie de resumo; é preciso, pois, encará-los como motivados pelo organismo ao qual pertencem.

6 O vestuário, assim como o cenário, se apresenta como ligação das três partes: o equipamento deve ser exatamente similar para todas as valquírias, incluindo aí Brunhilda. Ora, esse equipamento, do qual Siegfried despoja Brunhilda no terceiro ato de *Siegfried*, é aquele que ela lhe abandona em *O Crepúsculo dos Deuses*; de modo que Siegfried se apresenta na casa de Gunther com o equipamento de uma valquíria.

A ENCENAÇÃO DO DRAMA WAGNERIANO

Como *A Valquíria* é a parte melhor conhecida do público francês, eu a tratarei mais longamente do que as outras. Mas é impossível falar de *A Valquíria* sem tratar de todas as partes de *O Anel do Nibelungo*; começo, portanto, por *O Ouro do Reno*.

O Ouro do Reno apresenta três elementos: a água (o fundo do Reno), o céu aberto (um cume separado do Walhall pelo Reno) e o fogo (as forjas subterrâneas dos nibelungos). Para representá-los com a típica nitidez indispensável, é preciso não apenas conseguir uma grande simplicidade de aspectos, mas também que a aparência do mecanismo seja elementar, ainda que sua realidade seja provavelmente complicada.

Só é possível tornar manifesta a presença da água, dando a sensação da profundidade; portanto, o lugar da ação deve ser cercado de uma vaga obscuridade e sem contornos. A ação exige uma praticabilidade medida pela duração musical. Ao reduzir o material cenográfico às estritas necessidades, iremos tê-lo inteiramente praticável, o que favorecerá a iluminação e acentuará a fluidez ambiente.

O céu aberto não se tornará sensível sem que o cume que serve de lugar da ação se destaque claramente sobre o plano de fundo vaporoso. Esse contraste se obtém conservando o cume como um praticável por inteiro, sem um único detalhe que não seja construído plasticamente. A sua composição deverá, pois, ser muito simples: uma cumeada coberta de relva cortando a cena numa linha horizontal, as ondulações verdes se perfilando diretamente sobre a margem oposta do Reno, que se estende igualmente em linha monótona, e no centro da qual se eleva o Walhall, cujo pico ultrapassa o quadro da cena. A plantação desse cenário não pode motivar nem bastidores, nem pedaços de céu; o procedimento para adornar esse inconveniente é simples, mas por demais exclusivamente técnico para que haja aqui razão de indicá-lo.

O fogo alumia apenas lá de onde ele vem: de um lugar onde se forja, ele não partirá, pois, do alto. Esse quadro tem por característica o fato de ser iluminado artificialmente, por oposição ao céu aberto – e de um modo intermitente, porque supõe-se que a luz vem de fogos avivados por foles. A leitura do poema não pode fazer com que se preveja a grandeza trágica com que a música reveste esse lugar, onde se forja aquilo que deve perder o mundo, e onde a mais cruel tirania é exercida por aquele que amaldiçoou o amor. O encenador deve alcançar nessa direção a nota extrema; e o drama lhe oferece assim ampla matéria para desenvolvimentos dessa natureza. A impressão geral será a opressão e a necessidade de luz. As proporções do cenário terão algo de esmagador. Baforadas de clarões ardentes descobrirão de súbito tal ou qual pormenor da plantação; e a própria plantação, ao opor obstáculos à iluminação, produzirá por suas sombras projetadas um conjunto caótico. Vale dizer que as personagens participarão desse estado de coisas.

Eis os três quadros que mergulham sem alternativa o espectador no espírito desse prelúdio e cuja forma isola *O Ouro do Reno* das partes seguintes.

São as personagens que fornecem, como dissemos, os motivos que a sequência do drama deve reproduzir ao desenvolvê-los. A composição de seus papéis exige, portanto, a máxima precisão; e a dificuldade consiste na escolha da mímica e das atitudes. Por um lado, é preciso misturá-los ao meio cenográfico, e, de outro, lhes dar um relevo inesquecível. O figurino nos proporciona aqui um serviço notável, o menor ornamento, o mínimo detalhe arbitrário separariam o ator do meio elementar, e alterariam a precisão de seu jogo de atuação. Para as filhas do Reno e os nibelungos, é evidente que o figurino de algum modo deve ser visível. Para os deuses, a questão parece mais delicada. Não há aí, no entanto, compromisso possível; não são os deuses mitológicos, mas simplesmente os membros de uma sociedade superior. Eles serão vestidos de tecidos absolutamente lisos; e é preciso insistir que o papel do Ouro, nessa primeira parte, interdita por si só todo outro objeto desse metal, e até mesmo qualquer joia.

Observaremos que, desde a aparição de Wotan, a ação se concentra exclusivamente nele, de modo que, de acordo com a forma cenográfica elementar, ele deverá estar sempre no meio da cena. Quanto às precauções a tomar no tocante à mímica, citarei como exemplo a maldição do amor pelo nibelungo Alberich. Trata-se de um momento capital, cuja reminiscência percorre toda a obra. Esse mesmo anão pronuncia pouco depois uma segunda maldição sobre o anel que acabam de lhe arrebatar: é indispensável dar a cada uma delas um gesto distinto. Para a primeira, Alberich está a ponto de arrancar o Ouro que brilha no cume do rochedo; é natural que com suas duas mãos ele aperte o lingote; é um gesto de posse, cujo retorno não poderá escapar, e que lhe permite pela segunda maldição lançar as mãos sobre o anel. Assim, quando do transcurso do drama uma personagem deverá nos rememorar um desses momentos, não haverá aí confusão possível.

Os três cenários de *A Valquíria* são, em certa medida, dependentes uns dos outros. O primeiro, um interior grosseiramente estruturado em torno de um freixo, serve de realce para o seguinte, o a céu aberto rochoso característico dos altos Alpes, que não deve de modo algum mostrar o céu, para

A ENCENAÇÃO DO DRAMA WAGNERIANO

aumentar o efeito do cimo das valquírias, onde o céu tem uma importância capital. Esse segundo cenário marcará assim sutilmente seu parentesco com o do segundo ato de *Siegfried*, as profundezas da floresta, onde mesmo o céu não deve ser visível. O cimo das valquírias permanece independente; todos os cenários que envolvem, nas três partes, são apropriados a fazê-lo reaparecer, porém não há por que se preocupar em relação a ele com outra coisa senão com o que lhe concerne diretamente.

De todo drama, o primeiro ato de *A Valquíria* somente apresenta um resultado *direto* da vontade de Wotan. Os eventos que decorrem daí em seguida, entregues a si próprios pelo deus, que, consciente de seu erro, se retira impotente. A intensidade desse ato é, pois, ordenada por Wotan, que preparou seus elementos. A fim de que essa situação não pareça, com razão, deslocada, todos os meios devem ser empregados para marcar a presença do deus invisível.

Notar-se-á, desde o início, que nada é entregue ao acaso nesse reencontro do irmão e da irmã, e que, para acentuar esse fato, a parte cenográfica parece posta em movimento pelo próprio deus: o fogo lança subitamente no momento oportuno sua claridade sobre uma espada; a tempestade, após ter obrigado Siegmund a procurar um abrigo, se aquieta; e quando a atmosfera purificada é banhada pelos raios lunares, a porta se escancara e deixa entrar o sopro da primavera. O encanto do espetáculo tende a debilitar essas intenções; será, pois, necessário sublinhá-las.

Nas relações de Siegmund e Sieglinde, é a *afinidade* que reina soberana, e não simplesmente a paixão amorosa. Quando a irmã olha seu irmão, ela encontra sua própria imagem; e a imagem que Siegmund conserva no fundo de sua alma se encontra encarnada nos traços de Sieglinde; tudo aquilo que não são eles, lhes parece estranho, pois eles são originários de um deus. Os representantes desses dois papéis terão de estudar sua parte em comum, para adquirir o mesmo andamento, a mesma sequência no gesto; suas atitudes devem, de alguma maneira, refletir-se reciprocamente. A posse amorosa, assim preparada, poderá exprimir-se com toda paixão exigida pela música e atingir uma intensidade pouco comum, justificada por seu ponto de partida.

O pormenor do cenário é dado pelo autor, e a duração musical fixa com poucas exceções quase toda direção. O papel ativo da iluminação comanda um cenário cuja pintura esteja absolutamente submetida à plantação. O fogo ou a lua somente aclaram a cena; de modo que as sombras projetadas sejam levadas em consideração. Isso não apresentará dificuldades se não se enfeita senão as necessidades mais elementares, sem a menor procura de um pitoresco inútil. Para aumentar o efeito das evoluções, e dar ao primeiro plano todo o seu valor, será preciso aproveitar o pretexto das raízes do freixo e do solo batido, para acidentar o assoalho do palco com ondulações compostas com cuidado.

Eis dois exemplos para o detalhe da iluminação: Hunding desempenha um papel apagado; ele é o obstáculo, e nada mais; de resto, a música exprime isso. O fogo situa-se numa das extremidades da parte central da sala de espetáculo; quando as três personagens estão à mesa, na outra extremidade, será desejável fixar, contra a parede acima da cabeça de Hunding, a tocha que os ilumina. Hunding permanecerá assim na sombra, enquanto os dois heróis se encontrarão sob a luz. Diante do encantamento da noite, entrando como raio da lua, Siegmund murmura para Sieglinde suas impressões íntimas, falando-lhe da primavera que veio liberar sua irmã, o amor[7], do qual estava separado pela porta fechada. A duração e a cor musical permitem que durante uma frase bastante curta, em tom confidencial, Siegmund, inclinado sobre Sieglinde, a cubra com sua sombra projetada e até mesmo ele permaneça em silhueta obscura. Depois, com a palavra "reunidos" (*vereint*), declamada de modo muito amplo numa expansão da orquestra, ele deverá virar-se um pouco, o que voltará a expô-los à luz. Os meios de expressão que a palavra e o som musical forneciam – meios que não bastavam para realizar a intenção do autor – assumem assim todo o valor que eles são suscetíveis de adquirir. Ao buscar pelo terceiro meio de expressão, a encenação, realizar para o olho esse momento dramático, esgota definitivamente seu conteúdo emocional[8].

Quanto à afinidade do irmão e da irmã, os exemplos são numerosos, e a música fornece outros mais característicos. Eis um cuja significação corre o risco de passar desapercebido à representação: Siegmund, no curso de seus recitativos, fala de seu pai, do qual ele perdeu um dia o rasto e que ele não reviu mais. Esse pai é Wotan. A música, interrompendo de súbito os acordes discretos que sustentavam a declamação, nos faz ouvir em pianíssimo (metais) um motivo largo e solene, que em *O Ouro do Reno* caracteriza mais particularmente a majestade divina, enquanto o narrador permanece em suspenso, e só retoma em seguida seu recitativo com hesitação. Aqui, no caso, a fusão é completa; o próprio espectador participa. Parece que nada possa representá-la mais exatamente do que uma atitude *idêntica* dos dois sujeitos:

---

7 A palavra amor, *Liebe* em alemão, é feminina.
8 "Die bräutliche Schwester – befreite der Bruder; – zertrümmert liegt – was je sie getrennt; – jauchzend grüsst sich – das junge Paar: – vereint sind Liebe und Lenz!"

A ENCENAÇÃO DO DRAMA WAGNERIANO

o busto erguido, a cabeça alta, os olhos nos olhos, como captando a voz da misteriosa atração que impele os dois amantes um para o outro.

O prelúdio do segundo ato expressa um heroísmo tão grandioso, que o espectador mal pode suportar o choque doloroso da realidade cenográfica, na medida em que a cortina sobe até o ponto culminante da expansão orquestral. O problema se complica pelo fato de que esse ato não oferece unidade *representativa*. Todas as combinações aí se sucedem, e o vínculo que as une não parece exprimível pela encenação. Qualquer procedimento tomado fora da vida do drama permaneceria sem efeito; é preciso, pois, contentar-se com aquilo que esta vida nos dá, e tirar o melhor partido possível. Um exame atento mostra que a iluminação poderia fornecer o termo conciliador. As principais cenas passam a comportar cada qual dois elementos simultâneos: de um lado, o cuidado ou a dor, e de outro, a alegria despreocupada, a majestade ou a beleza divina. O cenário representa um vale estreito fechado por uma garganta elevada. Nessas condições, a luz bate comumente numa das paredes, ao passo que a outra lança sua sombra sobre uma parte do terreno. É, portanto, possível colocar na parte sombreada o elemento que sofre, ao lhe opor seu antagonista em plena luz; e uma tal disposição apresenta ao olho um sujeito de qualquer maneira imaterial, que não é desprovido de grandeza.

A cena principal de *O Anel do Nibelungo* faz parte deste ato: Wotan nos torna aí confidentes do drama íntimo de sua alma. O amplo cenário não é favorável a semelhante concentração dramática. Para evitar esse inconveniente, será necessário compor o arranjo de praticáveis – muito importantes nesse ato – de modo a proporcionar às cenas secundárias uma localização suficientemente fora do primeiro plano, e a conservar para este último o seu valor, restringindo-o muito. Será preciso, pois, compor uma paisagem que possa fornecer uma disposição desse gênero. Visto que, como é impossível reservar esse primeiro plano exclusivamente a Wotan, é necessário caracterizar o lugar onde ele fica por uma espécie de contraforte que o tira ligeiramente do cenário, empurrando-o para o público. As personagens às quais ele se dirigirá permanecerão além desse contraforte e o mais das vezes na luz, enquanto ele, na sombra, se encontrará em um plano sensivelmente mais próximo do público. A cena, em grande parte cenográfica, na qual Brunhilda vem anunciar a Siegmund sua morte próxima, encontra-se bem realizada por essa combinação. A valquíria, em plena luz, desce para o primeiro plano; Siegmund, de frente, permanece sentado na sombra, ao fundo do ângulo formado pelo contraforte, onde ele se encontra, pois, assim duplamente apagado.

Com o terceiro ato, chegamos em *Siegfried* e em *O Crepúsculo dos Deuses*; e a composição do cenário só é possível com o conhecimento aprofundado de todas as cenas que esse cenário comporta nas três partes onde ele aparece. Trata-se aí de uma tarefa infinitamente complexa. Limitar-me-ei, pois, a citar os pontos mais marcantes.

Para as evoluções das valquírias (duração musical), o cume que a cena representa deve fornecer uma certa extensão e muita variedade; por outro lado, como o cenário permanece exatamente o mesmo nas partes seguintes, onde o desdobramento do grupo das valquírias não se repete mais, é preciso que se haja previsto no arranjo dos praticáveis as figurações mais restritas que aí deverão aparecer. Mas essa condição é apenas preliminar, pois se trata principalmente de combinar um conjunto expressivo por sua simplicidade, e cujos detalhes só se acentuam ao longo da ação. As sutilezas, as mais hábeis, continuariam a ser impotentes para resolver esse problema, se um princípio independente não comandasse seu primeiro esboço. Esse princípio é o de estudar as razões do papel dos diversos planos da cena e da importância a lhes atribuir antes de qualquer aplicação. A expressão do drama interior, quando ela é confiada diretamente à declamação das personagens, separa estas últimas mais ou menos do cenário[9]. O primeiro plano lhe será, pois, reservado. A partir daí, ao passar pelos mil matizes que dispõe o poeta-músico, chega-se à vida puramente cenográfica. É evidente que a visão nada tem de rigorosa e deve deixar espaço de jogo para certas considerações de pormenor; mas os acasos individuais de cada uma das cenas não poderão ser tratados com segurança a não ser que cada cena ocupe de início o plano ao qual ela tem direito.

Analisemos, desse ponto de vista, o terceiro ato de *A Valquíria*. Para mais clareza, vou supor o cenário já dividido em três planos: a crista rochosa do cimo, atravessando da direita para a esquerda toda a cena; uma plataforma inferior mais avançada; e o primeiro plano. Até a chegada de Brunhilda, as valquírias desempenham um papel exclusivamente cenográfico e devem até ceder o passo ao papel ativo do céu, que elas se limitam a comentar. O cume lhes será, pois, consignado. Desde a entrada de Brunhilda com Sieglinde, que ela quer salvar da cólera de Wotan, a ação se fixa sobre um terreno que faz esquecer momentaneamente o estado do céu e remete ao conjunto do drama. A plataforma encontra aí sua utilização, sem prejudicar o cume que as

---

[9] A menos que o drama *inteiro* não se exprima no espetáculo: é, pois, *Parsifal* que nos dá o exemplo rematado. *Tristão e Isolda* apresentam o exato oposto.

valquírias ocupam. Quando Brunhilda se decide a enfrentar a cólera de seu pai, resta-lhe ainda mostrar a Sieglinde o caminho para fugir, e encorajá-la ao lhe revelar que ela carrega em seu seio o maior herói do mundo. Como Wotan se anuncia no céu pela aproximação de uma formidável tempestade, é natural que Brunhilda conduza aquela que deve fugir na direção oposta, portanto, ao primeiro plano; mas, em compensação, a forma e a duração musical daquilo que ela confia a Sieglinde constituem um súbito parêntese, que nada tem em comum com o estado de coisas que o espetáculo exprime, se este não é o movimento um pouco precipitado. O primeiro plano será de natureza a aumentar a intensidade da passagem, isolando-o. Quando Sieglinde desapareceu, a voz de Wotan, saindo da tempestade, interpela Brunhilda; esta sobe de novo à plataforma, depois sobre a crista, que se mistura assim mais uma vez ao meio cenográfico. Mais tarde, Wotan, que permaneceu sobre o cume após sua chegada, anuncia a Brunhilda que ela rompeu o laço que os unia e que ele a baniu de sua vida; ele se aparta, pois, do espetáculo e pode indicar esse fato ao ganhar a plataforma, onde logo mais todas as valquírias envolvidas no drama poderão se precipitar. Enfim, quando o deus, que fica sozinho com aquela que ele deve castigar, toca em sua conversação no ponto mais sensível do drama, ele atingirá o primeiro plano, seguido de Brunhilda; e as mais delicadas nuances poderão ser observadas até o momento em que ele retorna ao presente. O ato termina na plataforma.

Algumas palavras nos bastarão agora para indicar desse ponto de vista um uso da mesma cenografia nas duas outras partes do drama.

O terceiro ato de *Siegfried* não pode motivar o emprego do primeiro plano senão no final, quando Brunhilda se torna consciente do fato de sua transformação e, diante da importância da sensação que ela experimenta, perde momentaneamente Siegfried de vista. Mas ela deverá bem depressa reentrar no meio cenográfico. Em *O Crepúsculo dos Deuses*, uma valquíria escapa do Walhall para suplicar a Brunhilda que renuncie ao Anel ao qual a perda do mundo está ligada. Brunhilda, toda entregue à ebriedade de poder contar seu amor, não se apercebe da angústia de sua irmã. Para essa passagem, elas permanecerão as duas sobre a plataforma do segundo plano, nos próprios lugares onde os eventos que Brunhilda menciona ocorreram. Subitamente, ela nota a expressão da valquíria; ela pode então dirigir-se ao primeiro plano, onde o recitativo que concerne a Wotan se isolará do meio cenográfico.

A riqueza imprevista que o encenador encontra na divisão metódica dos planos parece provar a realidade do princípio que a comanda.

Citemos ainda dois detalhes da encenação do terceiro ato de *A Valquíria*. Wotan chega em um ciclone terrível, que se aplaca quando toca o cimo. As valquírias esconderam Brunhilda no meio delas e procuram dobrar seu pai. O conjunto musical é muito curto, mas à incomparável polifonia deve corresponder um espetáculo que a torna, de alguma maneira, sensível ao olho, sem, no entanto, que as filhas do deus se separem umas das outras. Trata-se de um ligeiro contraponto, no qual as entradas sucessivas marcam a tímida súplica de um modo todo individual; e cada valquíria deverá sublinhar sua entrada, segundo sua parte, com um passo adiante[10]. As últimas medidas se expandem implacáveis: o entrecruzamento das vozes se destacará igualmente, no sentido da notação musical, e de maneira tal que todo o grupo, inclinado para Wotan, possa reerguer-se e recuar sobre o acorde seco que torna a trazer a palavra cortante do deus. Não se poderia levar muito adiante, nessa cena, a minuciosa busca de evoluções musicais.

A evocação do fogo (*Feuerzauber*), que deve proteger o sono da valquíria, é um episódio cujo efeito não é puramente cenográfico, mas antes pantomímico e que nada tem em comum com a atmosfera ambiente. Trata-se de um fenômeno dependente da vontade do deus e que deve, pois, obedecer-lhe servilmente. Para caracterizar esse fato, é preciso tornar a noite límpida e vagamente estrelada, e renunciar a toda ostentação de fogos de artifício, dando o mais possível de individualidade à chama e às suas evoluções, que a duração musical, na qualidade de pantomima, fixa rigorosamente.

Dissemos que *Siegfried* é essencialmente um espetáculo. Isso se aplica, sobretudo, aos dois primeiros atos: Wotan não age mais, ele observa. Os meios de expressão encontram-se em perfeito e constante equilíbrio, de modo que a tarefa do encenador será aí das mais completas. Para cada um desses dois atos, a intenção dramática é semelhante, mas o caráter cenográfico os opõe um ao outro de modo interessante. Mime, irmão de Alberich, recolheu Siegfried, filho de Siegmund. Um anão não irá se instalar numa enorme gruta: esse primeiro cenário apresenta, portanto, um interior exíguo, mesquinhamente arrumado para o uso de um homem pequeno e sedentário. A bela envergadura de ombros de Siegfried se encontra perturbada, e é preciso dar ao público a impressão desse mal-estar. Se nesse quadro cada detalhe tem seu lugar indicado, que fixa a intenção e o uso, o seguinte, em compensação, é de uma beleza sem objetivo, e nada na aparência deve levar a prever

---

[10] "Zu uns floh die Verfolgte" (Para nós fogem os perseguidos).

A ENCENAÇÃO DO DRAMA WAGNERIANO

aí uma combinação dramática. Os meios representativos serão, pois, diferentes nesses dois atos; e os atores, para se conformarem a isso, terão, no primeiro, de se mover livremente, sem olhar seu caminho, como se faz em casa; enquanto na floresta, sua atenção será cativada por tudo que o envolve. A música exprime essa distinção.

Não se pode destacar nada da encenação do primeiro ato; é um todo homogêneo. Os meios representativos, do mesmo modo que a notação poético-musical, devem realizar aí o perfeito equilíbrio. O segundo ato está submetido a uma circunstância fortuita que determina sua qualidade: os ventos da floresta (*Waldweben*), dos quais a iluminação sozinha deve se responsabilizar, por meio de movimentos de sombras e de luzes. Ainda que a construção da cenografia desse ato seja demasiado complicada, nada disso deve aparecer. A importância da caverna onde o gigante Fafner vela o ouro do nibelungo proporciona à beleza da paisagem alguma coisa de severo e um pouco de uniformização pretendida pela música. Uma das faces da caverna atrairá o olhar para o centro, por um perfil composto com cuidado; esse é o único detalhe do quadro que pode levar a supor uma intenção dramática.

Um exemplo interessante nos é dado pela iluminação: Siegfried acaba de matar Fafner e, a conselho de um pássaro, ele escolheu no tesouro o anel fatal. O mesmo pássaro o adverte que o anão Mime, que o criou para essa façanha, irá lhe lançar mentiras e lhe oferecer um veneno para beber. A música presta a Siegfried uma majestade de inconsciência muito característica, em oposição às lisonjas do anão, e o momento, para todos os dois, é crítico: Mime crê que pode chegar a seus fins, e Siegfried, de posse do anel, que ele não sabe que é um anel maldito, se verá forçado a adquirir a liberdade pela morte do anão. É, portanto, desejável sublinhar mais particularmente essa passagem na encenação, pois a música aí é imperiosa. Mime avança passo a passo agitado pela preocupação que ele tem de enganar Siegfried, o qual, absolutamente imóvel sobre uma prominência, segue com o olhar sua vinda. O cenário é verde e a luz filtrada envolve as personagens de verde. Ora, ocorre que alguns instantes mais tarde, Siegfried, todo suado, vai procurar a sombra de uma árvore, e que a música exprime essa sensação de repouso e de frescor com tanta precisão, que é necessário ter-lhe oposto precedentemente uma outra sensação, de luz e de calor. Será preciso, portanto, um raio de sol penetrando a folhagem e caindo espessa sobre o herói. Esse raio pode se anunciar por uma mancha luminosa rompendo insensivelmente a sombra verde debaixo da ramagem. Siegfried está no mesmo lugar nessas duas passagens; a luz começará, pois, no momento em que, saindo da caverna, com o anel na mão, ele vê Mime que se aproxima. A natureza inteira o favorece; a própria maldição que Alberich proferiu sobre o anel não pode atingi-lo; aquela auréola lhe assenta, pois, a maravilha.

A primeira cena do terceiro ato, a evocação de Erda, é um complemento à cena principal do segundo ato de *A Valquíria*: uma nos comunica o problema que tortura a alma de Wotan; a outra, a altiva solução que ele encontrou. A cenografia é episódica, mas a intensidade espantosa da expressão dramática necessita de uma forma que nada tem em comum com aquilo que a precedeu e que irá segui-la. Nas condições em que deve se passar essa cena, será preciso que tudo apareça, por assim dizer, simplesmente em silhueta.

Siegfried atravessa o fogo para ir despertar Brunhilda. Há aí motivo para uma mudança à vista, e mesmo necessidade de fazer assim essa mudança[11]. A música exprime a resistência do fogo e a alegria insana do herói; e a intensidade com que ela chega exige um espetáculo que lhe seja adequado, ao qual nenhum procedimento pode pretender se o que se visa é o realismo. Do mesmo modo, no final de *A Valquíria* temos aí uma pantomima; a sua expressão, é verdade, é complexa, mas o ritmo é estritamente pantomímico. A intensidade cenográfica consistirá, pois, no acordo *rítmico* do espetáculo e da orquestra.

O Crepúsculo dos Deuses encontra no seu segundo ato abundantes motivos para manifestar a forma arbitrária que constitui a característica dessa quarta parte do drama. O cenário desse ato comporta muitos pormenores tão igualmente importantes e sem laços positivos entre eles. A plantação deverá favorecer a pintura, tendo em conta não obstante o papel que uma iluminação violenta, cortada por sombras, desempenha nesse ato. As pedras consagradas aos deuses, indicando a sociedade em que se está, guarnecerão o centro do quadro.

Hagen, filho de Alberich, fruto de seu ódio, e que deve lhe entregar o anel, é a única personagem da ação cênica de *O Crepúsculo dos Deuses* que toca de modo consciente o drama interior. É como uma sombra ameaçadora, lançada sobre toda vida; e a música o exprime com uma grandeza que a nada se iguala. Esse papel deve, pois, ser considerado pelo encenador como o mais

---

[11] Assinalemos a esse propósito que Wagner não se serve da mudança à vista a não ser se a duração musical, por uma razão derivada do próprio drama, não possa nem se interromper nem ressoar no vazio.

A ENCENAÇÃO DO DRAMA WAGNERIANO

importante de *O Crepúsculo dos Deuses*. Todos os meios de expressão deverão ser, portanto, postos à disposição do ator. Citemos aqui dois exemplos.

Em um dos quadros do primeiro ato, Hagen é responsável por vigiar a casa de Gunther, onde Siegfried foi recebido, e onde, sob a influência de uma bebida, esqueceu-se de Brunhilda. A luz muito viva do a céu aberto cai como um véu sobre o chão da sala, que permanece no claro-escuro. Hagen, sentado contra uma pilastra externa, se perfila sobre o brilhante horizonte do Reno, e lança sua sombra alongada através da soleira, à qual é atribuído o poder de resguardar de todo perigo. Mais tarde, no começo do segundo ato, nós o reencontramos na mesma posição, sempre montando a mesma guarda; mas a cenografia apresenta os acessos da sala, dos quais não se vê senão a entrada. É noite. A lua, ao atravessar uma nuvem, descobre de súbito Alberich agachado contra seu filho, ao qual ele faz jurar de manter sua promessa de lhe entregar o anel. Se o raio de luz atinge o grupo por trás, obtém-se de novo uma sombra projetada através da soleira da sala.

Siegfried chega de barco pela primeira vez à casa de Gunther, onde, sob a instigação de Hagen, querem explorar seu valor. Hagen, complacente, facilita a abordagem e, de pé sobre um rochedo, prende o barco contra a encosta. A música, sem se referir diretamente ao espetáculo, é muito violenta; a maldição vinculada ao anel por Alberich, estoura em um extraordinário *fortíssimo*, enquanto Hagen, sobre o próprio motivo dessa maldição, apresenta a Siegfried profusos votos de boas-vindas. Se Hagen permanece sobre o rochedo, ele pode cantar diante do público, estendendo a mão acima de Siegfried, que lhe volta as costas. No instante seguinte, ele galga alguns degraus de uma escada interior para chamar Gutrune que está destinada a Siegfried, e que deve trazer a bebida enganadora. Ele pode deixar a jovem passar diante dele e permanecer no alto dos degraus, com os olhos postos em Siegfried, até o momento crítico em que o encanto opera. Enfim, no primeiro quadro do terceiro ato, Siegfried, contando suas aventuras de juventude, chega ao ponto em que Brunhilda deve ser nomeada; mas ele a esqueceu. Hagen, que procura um pretexto para matá-lo, esprime em um chifre algumas ervas e lhe oferece a bebida que deve refrescar sua memória. O cenário representa a encosta de um vale selvagem. Siegfried está sentado sobre um degrau que domina ligeiramente a cena; mas atrás dele o terreno ainda se eleva. Hagen sobe nessa direção para procurar as ervas, depois ele empunha o chifre permanecendo sobre o degrau em que Siegfried está sentado. Este último reencontra suas lembranças e, num estado singular de êxtase, desvela a traição da qual ele é inconsciente. Essa passagem é um tanto extensa e as revelações que ela contém ocorrem na multidão de vivos movimentos de assombro. Hagen, permanecendo imóvel, de pé sobre o degrau, domina toda a cena que provocou; Siegfried está a seus pés; e logo Hagen mata-o. Hagen, que é o motor do drama *representativo* de O Crepúsculo dos Deuses, e sua relação consciente com o drama interior que duplica sua importância, comanda, pois, literalmente toda a situação.

É evidente que a *mise-en-scène* só pode se exprimir com essa precisão se sua linguagem estiver fixada por uma única vontade que mede cada uma de suas nuances, pois o motivo deslocado anula todos os outros.

O público não contesta ao poeta-músico a oportunidade de sua música, porque sabe com que cuidado esse meio de expressão é anotado. Caso se possa persuadi-lo de que o encenador desempenha sua tarefa com a mesma consciência, sua fé na significação do espetáculo dobrará de intensidade.

A extensão do tema me forçou a ser breve e muito fragmentário. Levando mais adiante este esboço, poderia chegar ao ponto em que o estudo da partitura, compasso por compasso, torna-se indispensável; somente aí começa o real trabalho do encenador, aquele que exige a máxima liberdade, justificada pelo máximo respeito.

Espero, todavia, haver tornado sensível o papel da forma representativa em O Anel do Nibelungo e, por aí, ter lançado alguma clareza sobre a primeira parte deste estudo. Mas sinto a impossibilidade de convencer o leitor, se não houver a música e a evocação musical sempre presentes na memória, pois essa evocação, por ser inexprimível, não deixa de ser não menos a única razão determinante sem a qual muitas de minhas proposições podem, com justiça, parecer pueris. O exemplo vivo, isto é, a coisa *vista* durante a *vibração*, eis o único exemplo irrefutável. Os argumentos teóricos têm pouca utilidade, com efeito, em um domínio onde a discussão não poderia realmente ocorrer, visto que não se trata de *opiniões* mais ou menos bem fundamentadas, porém de *fatos* que só podem ser provados pela demonstração prática de uma realização na cena. Os teatros atuais não podendo fornecê-la a esta demonstração, é necessário deveras, apesar de tudo, recorrer a simples exposições como esta; e qualquer um que tenha a alma aberta para a linguagem do drama wagneriano compreenderá que nada pode ser negligenciado para a manifestação de semelhante obra de arte.

Este livro foi impresso na cidade de Cotia,
nas oficinas da Meta Brasil, em agosto de 2022,
para a Editora Perspectiva